LETTRES

INÉDITES

DU CHANCELIER D'AGUESSEAU;

PUBLIÉES SOUS LES AUSPICES

DE SON EXCELLENCE M.GR LE COMTE DE PEYRONNET,

GARDE DES SCEAUX DE FRANCE,

MINISTRE SECRÉTAIRE D'ÉTAT AU DÉPARTEMENT DE LA JUSTICE,

PAR D. B. RIVES,

DIRECTEUR DES AFFAIRES CRIMINELLES ET DES GRÂCES
AU DÉPARTEMENT DE LA JUSTICE.

TOME II.

DE L'IMPRIMERIE ROYALE.

1823.

LETTRES

INÉDITES

DU CHANCELIER D'AGUESSEAU.

LETTRES INEDITES

DE

M. LE CHANCELIER DAGUESSEAU.

A M.LLE DE FRESNES.

A Fresnes, le 19 octobre 1725.

Vous ne devez pas douter, ma chère fille, du plaisir que j'aurai de porter sur ma tête l'ouvrage de vos mains. Quoiqu'il soit le premier que vous ayez fait en ce genre, il ne m'en paroît pas moins bien travaillé, et d'ailleurs il a pour moi le mérite de l'ouvrière, qui me touche encore plus que celui de l'ouvrage. Si je fais tant de cas de l'œuvre de vos doigts, vous pouvez juger combien les productions de votre cœur me plaisent davantage; j'en vois tous les jours dans les lettres que vous écrivez à votre mère ou à moi. Je suis charmé de voir la simplicité, la vérité et les sentimens qui y règnent : ils me dédommagent de votre absence et d'une si longue séparation; je ne vous connoîtrois guère mieux si j'avois le plaisir de vous voir, que je ne vous connois par vos lettres. Vous vous y peignez si fort au naturel, que je crois vous voir et vous entendre. Ce n'est pas, ma chère fille, sans une véritable satisfaction que j'y reconnois l'épanchement d'un cœur qui, grâce à Dieu, n'a rien que de bon à montrer. Je le prie de vous conserver toujours, et d'augmenter de plus en plus, ce fonds de raison et de religion qu'il vous donne. Il vous fait sentir, par sa miséricorde, que vous ne l'achetez point trop cher par les croix qu'il vous envoie; elles passeront à la fin, je l'espère de sa grande bonté : mais l'effet en demeurera, et vous le bénirez, dans le temps et dans l'éternité, de vous avoir accoutumée à porter son joug dès votre plus tendre jeunesse, et dans un âge où l'on jouit ordinairement d'un excès de santé qui détourne l'ame des réflexions que les infirmités lui font faire, et qui lui inspire trop de pente et de goût pour le monde. Je me flatte que c'est pour vous affermir pleinement dans ces réflexions, qu'il prolonge encore une épreuve dont sa grâce vous fait faire un si bon usage. Ainsi, plus vous croîtrez en vertu, en foi, en détachement de tout ce qui n'est point Dieu, plus vous approcherez du terme de votre guérison, parce que vous aurez fait tout l'usage qu'il veut que vous fassiez de ce qui est pour vous un remède plutôt qu'un châtiment.

Jetez-vous donc toujours entre ses bras, ma chère fille, et demandez-lui qu'il me fasse la grâce de m'y jeter avec vous, en m'abandonnant sans réserve, comme vous, à sa sainte volonté, qui fera pour nous, si nous y sommes vraiment soumis, plus que nous ne pouvons comprendre et même lui demander. Je serai toujours occupé de cette pensée en portant votre ouvrage, et je ne saurois vous mieux témoigner combien je suis touché de cette marque de votre amitié.

A M. RACINE LE FILS.

A Fresnes, le 12 novembre, 1725.

Vous voilà donc confiné dans vos salines, Monsieur, et réduit à étudier la physique financière, dans laquelle vous m'avez paru avoir fait de si grands progrès, que je crois que vous n'avez plus rien à y apprendre! Je souhaite fort qu'on ne vous y laisse pas long-temps, et qu'on vous rapproche de nous; mais je ne l'espère pas autant que je le desire. Vous n'en jugez pas trop bien par tout ce que vous avez vu en ce pays-ci. C'est beaucoup de se soutenir dans le temps présent; c'étoit trop de penser à s'avancer. Vous avez donc pris le seul bon parti, je veux dire de retourner à votre poste pour y mériter ou plutôt pour y attendre une meilleure fortune. Je ne sais pas quand je serai en état d'y contribuer; mais je sais du moins que rien ne sauroit me faire un plus grand plaisir.

Vous portez un jugement bien rigoureux sur votre ancien ami*. Est-il bien surprenant qu'un homme qui a ruiné sa santé par un excès de travail, cherche à la rétablir par un excès de dissipation honnête, et qui a même son utilité par les connoissances que ses voyages pourront lui faire acquérir? Je n'ai pas les yeux aussi pénétrans que vous, et j'avoue que je n'ai rien trouvé en lui qui me fît entrevoir quelque changement dans son esprit. J'en ai encore moins remarqué

* M. de Pouilly, dont il a déjà été parlé dans la lettre du 13 janvier.

dans son cœur; et j'espère qu'on pourra dire de lui, dans un meilleur sens que celui d'Horace:

Cœlum non animum mutant qui trans mare currunt. *

Peut-être y serai-je trompé; mais je gagnerai du moins à ma manière de penser, le plaisir de l'être long-temps. Réformez donc votre morale d'Aristote, et dites plutôt avec le même Horace:

At, pater ut gnati, sic nos debemus amici,
Si quod sit vitium, non fastidire...... **

Je vous laisse avec ces réflexions, et je souhaite qu'elles adoucissent cette humeur critique à laquelle je crois que les vapeurs de la saline et la tristesse de votre emploi ne contribuent pas peu. Personne n'est à vous, Monsieur, plus véritablement que moi.

* Horat. lib. I, epist. XI, v. 27.

** Horat. lib. I, satir. III, v. 43 et 44.

A M. DAGUESSEAU FILS AÎNÉ.

A Fresnes, le 2 janvier 1726.

Vous pourriez bien agir comme un fils trop prévenu en faveur de son père, dans les vœux que vous faites ou pour moi ou pour le public. Souhaitez, mon cher fils, que Dieu me donne cette tranquillité parfaite, et cette confiance sans bornes en sa Providence, au lieu de vous réduire à ne lui en demander que la continuation, pendant que j'en suis à peine aux premiers commencemens. Souhaitez que Dieu me fasse la grâce de mériter, dans ma retraite, le secours dont j'aurois un si grand besoin s'il me rappeloit au service du public: voilà les seuls vœux que je puisse accepter, et les seuls qui conviennent véritablement à votre vertu autant qu'à votre tendresse pour moi. Je n'en fais pas moins de ma part en votre faveur, et je demande à Dieu, tous les jours de ma vie, qu'il continue de répandre de plus en plus ses bénédictions sur vous, et d'y former, comme il a commencé de le faire par sa grâce, le chrétien autant que le magistrat. Plus les temps deviennent difficiles, plus vous avez besoin qu'il conduise et dirige vos démarches. A la vérité, les grands événemens qu'on attend à la cour * ne rouleront pas sur vous, et je m'estime heureux de n'être pas plus exposé à y avoir part; je ne sais même s'ils seront aussi grands que bien des gens se l'imaginent. L'idée que j'ai des combattans me porteroit à croire qu'ils pourront bien se regarder long-temps sans s'approcher d'assez près pour se battre sérieusement, et qu'ils se feront réciproquement plus de peur que de mal **. Si la Reine profitoit vérita-

* Ces grands événemens, dont on ne cessoit de se flatter, étoient le renvoi de M. le duc, et les changemens qui devoient en résulter dans les affaires. M. de Fleury, ancien évêque de Fréjus, gagnoit de plus en plus la confiance du Roi.

** Mécontent de n'avoir pu entrer dans l'appartement de la Reine, où le Roi travailloit avec M. le duc, M. l'ancien évêque de Fréjus prit le parti de se retirer à Issy. Louis XV « le redemanda vivement, dit Voltaire, non pas comme un enfant qui se dépite quand on change sa nourrice, mais comme un souverain qui commence à sentir qu'il est maître. M. le duc fut obligé d'écrire lui-même au prélat,

blement de l'avis qu'on lui a donné, et qu'elle se laissât conduire par M. de Fréjus, ce seroit alors qu'il pourroit arriver des changemens qui vraisemblablement ne tomberoient, en ce cas, que sur les subalternes; mais M. de Mortemart sera peut-être la victime de ce qui s'est passé *. Je doute fort néanmoins que M. le duc soit assez mal conseillé pour faire un éclat contre lui. Le temps nous en apprendra davantage, et vous savez que je n'aime guère à faire des *almanachs*, où l'on devine ordinairement toute autre chose que ce qui arrive dans la suite. Je donne beaucoup plus d'attention aux affaires où vous avez quelque part. La suppression de la lettre du

et de le prier, au nom du Roi, de revenir. Il revint le lendemain, affecta de ne se point plaindre; et, sans paroître demander ni satisfaction ni vengeance, il se contenta d'abord d'être en secret le maître des affaires. » *(Précis du Siècle de Louis XV.)*

* Tandis que son maître s'impatientoit de ne pas voir son ancien précepteur, M. le duc de Mortemart, premier gentilhomme de la chambre du Roi, « combla Sa Majesté de joie en lui apprenant qu'elle pouvoit, sans péril, le redemander, et que personne n'oseroit contrevenir à ses ordres. » Il lui remit une lettre dont M. de Fréjus l'avoit chargé au moment de son départ.

clergé * a ses inconvéniens par rapport à M. le duc; mais si c'est lui qui la desire, elle n'en a point, ou du moins je n'y en aperçois aucun par rapport au Parlement, qu'il est très-bon de remettre en possession de prendre connoissance de ces sortes de matières. De toutes les manières

* L'assemblée du clergé de 1725, où dominoient les évêques zélés pour la constitution *Unigenitus*, craignoit de ne pouvoir faire condamner plusieurs propositions émises par les appelans. Pour suppléer à cette mesure, et dans la prévoyance qu'elle ne pourroit l'obtenir, elle imagina d'adresser à tous les évêques du royaume, une lettre circulaire qui déclareroit la bulle *Unigenitus* loi irréfragable de l'église et de l'État, et commanderoit à chaque évêque de refuser l'entrée du bercail à tout bénéficier qui ne voudroit point s'y soumettre, et jurer que les cent une propositions condamnées par cette bulle, méritoient toutes individuellement quelqu'une des vingt-deux qualifications qu'elle leur donnoit. C'étoit contrevenir à la défense faite par le Roi de s'occuper de doctrine.

Instruit de ce projet, Louis XV ordonna de suite à l'assemblée de se dissoudre, et lui défendit de rédiger la lettre projetée. Que firent dans cette conjoncture les évêques *constitutionnaires?* Ils composèrent une adresse au Roi, pour se plaindre de ce qu'on leur fermoit la bouche, et lui démontrer que la parole de Dieu ne pouvoit être liée. Cette adresse faisoit connoître la substance de la circulaire; elle étoit offensante pour M. le duc, qu'elle représentoit, sans le nommer, comme un tyran, qui abusoit

de faire la chose, la plus modérée me paroîtra toujours la meilleure. La moindre note devient grande par la dignité de ceux sur qui elle tombe. D'ailleurs, il faut avouer que si le clergé ne s'est pas bien conduit à l'égard des affaires ecclésiastiques, il s'est acquis néanmoins beaucoup

de l'autorité du Roi, pour imposer silence aux évêques, dans un temps où la foi couroit un péril extrême, et où les hérétiques (c'est-à-dire les *anti-constitutionnaires*) avoient la liberté de tout dire et de tout faire. Ce ministre fit partir pour Paris, muni d'une lettre de cachet, M. de Maurepas, qui força les agens du clergé à bâtonner le procès-verbal de la séance du 27 octobre, dans laquelle avoit été prise la délibération relative à l'adresse au Roi.

Elle n'en fut pas moins imprimée dans le cours de décembre, et envoyée à tous les Parlemens. Celui de Paris la condamna par un arrêt du 18 janvier 1726. Mais, pour ménager M. l'ancien évêque de Fréjus, dont le crédit augmentoit à la cour, on se contenta de supprimer la lettre, en rappelant la déclaration du Roi, du 4 août 1720, qui défendoit les *formulaires*.

M. l'avocat général Gilbert avoit insinué, dans son réquisitoire, qu'on attendoit du pape des explications sur ces bulles. Les évêques *constitutionnaires* en furent très-offensés, parce que cette opinion faisoit dire qu'elles n'étoient point considérées comme *règle de foi*. Ils ne furent pas moins de ce qu'avoit avancé ce magistrat, que leur lettre « étoit capable de renouveler les justes inquié-» tudes du gouvernement sur les derniers troubles de

d'honneur par sa résistance au Parlement, dans l'opinion publique ; et comme il me semble que sa lettre en fait mention, ceux qui parleront sur ce sujet auront sans doute beaucoup d'attention à ne faire tomber ce qu'ils diront que sur ce qui regarde les troubles présens de l'Église. Je

» l'église, et que, plus cet écrit se paroit d'un nom véné» rable, moins il étoit possible de le négliger...... « Que » n'auroit-on pas à craindre, ajoutoit M. l'avocat général, » si les extrémités dont il semble menacer pouvoient avoir » lieu? Depuis que l'église de France s'est vue malheureu» sement affligée de dissensions dans ces derniers temps, » elle n'a cru pouvoir trouver de remède efficace que dans » les voies pacifiques de conciliation ; et l'autorité royale » appuyant le concert charitable des évêques, a fait, par » la déclaration du 4 août 1720, tout ce qu'on pouvoit » attendre d'elle sur cette matière. Aujourd'hui cependant » paroît un écrit où l'on ne craint pas de dire au Roi que » son nom sacré est employé pour fermer la bouche aux » ministres de Dieu sur les périls de la foi ; que son au» torité s'appesantit sur eux, et semble vouloir les réduire » à la triste nécessité, ou d'être désobéissans, ou d'être » prévaricateurs. On ne garde point de mesure, parce qu'il » ne juge point à propos d'embrasser les voies extrêmes, » dont une profonde sagesse découvre le danger. On n'est » point arrêté par les défenses solennelles que la déclara» tion a prononcées, d'exiger, même indirectement, aucune » nouvelle formule de souscriptions. On suppose, sans » hésiter, qu'il s'agit de combattre une hérésie déclarée, et

suis fort aise d'apprendre les dispositions de M. Gilbert * sur cette matière : le temps fait à la fin, sur les hommes qui ont de bonnes intentions, ce que la raison et la réflexion auroient pu faire d'abord. Vous ne sauriez trop l'affermir dans la pensée où il est de pécher plutôt par l'excès de la modération et des ménagemens que par l'excès contraire **. S'il étoit possible même d'éviter de donner aux évêques de la dernière assemblée, la mortification de voir leur lettre, déjà biffée par l'ordre du Roi, supprimée encore par un arrêt du Parlement, je ne sais si ce ne seroit pas le meilleur parti dans la conjoncture présente, pour ne pas aigrir les esprits par rapport à ce qu'on attend de Rome. Mais comme, d'un autre

» de fermer aux loups l'entrée du bercail de J.-C. &c. &c. » On verra plus loin quelles furent les suites de ce plaidoyer et de l'arrêt du Parlement.

Le Roi avoit un autre sujet de mécontentement contre la majorité de l'assemblée du clergé de 1725 : elle lui avoit refusé la contribution du cinquantième denier, imposée par l'édit du 8 juin de cette année.

(N. C.)

* M. Gilbert de Voisins.

** On vient de voir que ce conseil ne fut guère suivi.

côté, le Parlement ne peut guère refuser de se prêter sur ce point aux desirs de M. le duc, je conclus au moins de cette réflexion que, si l'on est obligé d'agir, on ne sauroit le faire avec trop de mesure et de circonspection. Il seroit très-bon même que M. Gilbert dît dans son discours, qu'on ne sauroit attribuer au clergé l'affectation avec laquelle on a répandu sa lettre imprimée, et qu'il a lieu de croire que, s'il étoit encore assemblé, il désavoueroit hautement une démarche si contraire au respect qu'il a pour le Roi. Cela ne vaudroit pourtant rien s'il y avoit lieu de soupçonner, comme quelques spéculatifs se l'imaginent, que ce soit M. le duc qui ait lui-même fait répandre cette lettre, afin d'avoir une occasion de la faire supprimer avec plus d'éclat; conjecture que je crois être du nombre de celles qui vont au-delà du but. Ce qu'il y a de plus vraisemblable, c'est que ce sont les *Constitutionnaires* qui ont fait imprimer et distribuer cette lettre, pour forcer le Parlement à la flétrir par un arrêt. Ceux de l'autre parti ne l'auroient pas envoyée à tous les membres de cette compagnie, dont il ne se flattent pas sans doute d'avoir la protection. Quoi qu'il en soit, je ne vous explique ici tout ce qui me vient dans l'esprit, qu'afin que vous puissiez en faire l'usage convenable, en y joignant d'ailleurs ce que vous savez pour inspirer à M. Gilbert les tours qui vous paraîtront les plus pacifiques et les plus propres à ménager des têtes échauffées, dont on peut avoir besoin pour faire les affaires de l'Église, ou du moins pour ne pas les mettre dans une situation plus fâcheuse.

Il n'y a qu'à rire après cela de ce qui regarde votre nomination à la chaire de professeur royal en droit françois, à Poitiers. M. le procureur général a saisi lestement l'occasion de proposer de suivre en tout l'exemple de 1720.

Le rire de M. le duc, et le silence qu'il a gardé depuis quelque temps, quand on lui parle de mon retour, sont des signes trop vagues et trop équivoques pour en tirer aucune conjecture; c'est donc ici le cas de la chanson :

Le voyant rire ainsi,
Se mit à rire aussi.

Je vous laisse avec cette belle application, mon cher fils, et je vous assure, toujours avec un nouveau plaisir, de toute la tendresse que j'ai pour vous.

A M.me LA COMTESSE DE CHASTELLUX.

A Fresnes, le 7 janvier 1726.

Il faudroit en effet avoir une belle patience, pour soutenir le procédé d'une fille qui s'en va tout exprès à cinquante lieues d'ici, afin d'ajouter une lettre de plus à l'importunité des complimens de la nouvelle année. Elle s'imagine réparer tout cela par la beauté de son style, et en faisant l'éloge des différens talens de ses frères, qu'elle caractérise chacun par un trait de malignité, afin d'avoir le plaisir de se mettre dans son esprit au-dessus d'eux, et de faire entendre que ses complimens doivent être les mieux reçus. Il y a trop long-temps que je connois le caractère des petites filles pour être la dupe de tous ces tours d'esprit. J'étois bien tenté d'abord de n'y point répondre, et ç'auroit été le seul bon parti, si j'avois eu un peu plus de fermeté; mais j'ai une ame trop molle, et les petites filles, qui le savent bien, ne manquent pas d'en abuser. Il vaut donc autant vous le dire, ma chère fille, puisque je ne saurois m'empêcher de le sentir. Malgré toutes vos importunités, je suis destiné à vous aimer cette année comme les précédentes; je sens même que votre absence ne fait qu'augmenter en moi ces sentimens, et j'aurai peut-être besoin que vous me reveniez voir, pour empêcher qu'ils n'aillent trop loin. Je vous souhaite, en attendant, une santé exempte de tout soupçon, une garde fidèle et vigilante qui vous mette en sûreté contre ces attaques nocturnes qui, après vous avoir fait perdre votre argent, vous exposent encore à beaucoup de mauvaises plaisanteries; enfin, des dehors et des retranchemens capables de mieux assurer le corps de la place, à qui il faut bien d'autres fortifications pour garder la femme de César, qu'elle n'en avoit besoin autrefois pour garder sa *maîtresse* *. Voilà, ma chère fille, une partie de ce que je desire pour vous. Je n'aurois ja-

* Allusion à l'opinion où l'on est en Bourgogne que Jules César fit bâtir le château de Chastellux pour une dame gauloise, sa maîtresse, qui se nommoit *Lucie*, et qu'il l'appela, pour cette raison, *Castellum Luciæ*. L'usage de donner le nom de César à presque tous les aînés de cette maison, peut avoir contribué à fortifier cette idée populaire. Le château de Chastellux est, au reste, fort ancien, flanqué

mais fini si je voulois tout dire; car pour parler plus sérieusement, il me seroit impossible de vous exprimer tous les vœux que je fais en votre faveur, et encore plus toute la tendresse qui les forme dans mon cœur.

Il a échappé à votre éloquence de me faire les complimens de vos marmots, quoique je ne doute pas qu'ils ne vous en aient bien priée. Je ne tomberai pas dans le même oubli, et je vous chargerai de les embrasser très-tendrement pour moi, sans oublier le père, ce que vous ferez peut-être encore de meilleur cœur.

A M. DAGUESSEAU FILS AÎNÉ.

A Fresnes, le 26 janvier 1726.

VOTRE lettre de ce matin m'a tiré, mon cher fils, de l'inquiétude où la démarche du courrier

d'un assez grand nombre de tours, et entouré d'un rempart construit sur un rocher qui domine de plus de cent pieds à pic le cours de la Cure, dans l'arrondissement d'Avallon. D'après la chronique de Saint-Pierre de Sens, une assemblée de barons y fut tenue en 1116. Depuis lors, cette terre n'a pas cessé d'appartenir à la maison de Chastellux.

qui vint ici avant-hier, et ce qui avoit été dit à M. d'Ormesson, m'avoient mis. La chose paroît assez éclaircie à présent pour ne plus craindre une proposition qui m'auroit jeté dans un grand embarras, sur-tout si elle avoit été fondée sur un ordre exprès de M. le duc. Je suis fort aise que le chef de votre conseil ait approuvé ma réponse; et je fais assez de cas de vos sentimens, mon cher fils, pour voir aussi avec plaisir qu'elle y est conforme. Je doutois que celui à qui elle a été faite la reçût aussi bien que vous m'assurez qu'il l'a fait : c'est une marque qu'il n'est pas mal intentionné par rapport à moi, et qu'en général il entend raison. Je ne tire encore aucun augure de ce qui s'est dit dans le conseil dont vous me parlez; mais le plan de ceux qui en sont l'ame est le meilleur de tous ceux que j'ai entendu faire jusqu'à présent par rapport à mon retour. Il y a bien long-temps qu'il m'étoit venu dans l'esprit, et je l'aurois fait proposer si je l'avois cru aussi avantageux au public qu'il pourroit convenir à mon intérêt. Comme je ne suis point consulté sur ce sujet, et qu'il n'est point à craindre que je le sois, je ne serai pas responsable des suites d'un pareil arrangement, et il n'y a que sa possibilité qui puisse être l'objet de mes réflexions. J'y prévois comme vous de grandes difficultés, soit dans le déplacement de celui qu'il faudroit renvoyer pour rendre le poste vacant, soit dans le choix de celui que les auteurs du plan veulent lui donner pour successeur; et il est bien à craindre que tout ce qui sera long, et qui ne s'exécutera pas tout d'un coup, dans un moment d'embarras et d'inquiétude pour l'arbre que le vent fait pencher, ne soit toujours traversé par ceux qui croient avoir intérêt d'empêcher mon retour. Je ne puis donc que continuer de m'abandonner sans réserve à la Providence, qui est fort au-dessus de toutes les prévoyances des hommes, et des mesures qu'ils peuvent prendre.

M. d'Ormesson a très-bien fait de différer son voyage, soit par rapport à lui, soit par rapport à moi. Je serai pourtant fort aise de raisonner avec lui sur tout ceci, lorsqu'il aura rassemblé tous les éclaircissemens nécessaires, quoique, grâces à Dieu, la chose se tourne de telle manière que je n'ai rien à faire de mon côté sur les mouvemens présens.

Je n'approuve point du tout que celui qui est venu ici parle de ma délicatesse sur les conditions de mon retour : il sera assez temps de le faire si on en propose. J'approuve encore moins qu'il en fasse l'application à la commission qu'on paroît avoir envie de former : il n'y a rien à dire ni à faire quant à présent; il faut seulement écouter, et avoir plus d'oreilles que de langue. Cette lettre est pour M. d'Ormesson comme pour vous.

DE M.ME LA CHANCELIÈRE,

A M.me LA COMTESSE DE CHASTELLUX.

A Fresnes, le 8 février 1726.

Les bruits de guerre qui avoient cessé se renouvellent, ma chère fille; mais il n'y a rien de positif qui doive vous alarmer non plus que moi. Je ne comprends rien à vos postes; ce n'est pas seulement vos lettres et les nôtres qui sont si long-temps à arriver; celles que vous écrivez aux autres ont le même sort. M.me d'Héricourt*, qui a passé les jours gras ici avec M. de Valin-

* Adrienne-Perrine-Élisabeth de Bréda avoit épousé M. Louis du-Trousset d'Héricourt, neveu de M. de Valincour.

cour *, étoit étonné de n'avoir point entendu parler de vous; je lui en ai dit la raison, et que sûrement elle verroit, par la date de la lettre qu'elle recevroit de vous, que vous n'aviez point différé à lui marquer tous les sentimens de votre cœur en cette triste occasion. Il sont tous bien édifians : il n'y paroît pas du tout; ils en raisonnent avec autant de sang-froid que si c'étoit un malheur arrivé à leurs amis. La belle humeur de M. de Valincour n'en est point changée, et cela sans qu'il y paroisse nul effort. Il a perdu cependant des trésors précieux et irréparables, et l'on dit qu'à n'estimer qu'en argent ce qui s'y trouvoit, il y en avoit pour plus de cent mille livres **. Que c'est une belle chose que la religion!

* Jean-Baptiste-Henri du Troussét de Valincour, mort en 1730, fut très-lié avec les hommes les plus distingués de son temps, mais sur-tout avec Boileau et Jean Racine; il remplaça ce dernier à l'Académie françoise et dans la charge d'historiographe du Roi. C'est à lui que M. le Chancelier écrivit toutes les lettres que l'on trouve dans le tome XII de ses Œuvres in-4.° Elles attestent l'amitié dont cet illustre magistrat étoit rempli pour lui, et sont l'éloge le plus flatteur que l'on puisse faire de son savoir, de ses vertus et de son mérite.

** M.me la Chancelière parle de l'incendie qui, dans la

elle seule fait les vrais héros, et sert de contentement vrai et solide en cette vie. Sans elle, quelle ressource M. de Valincour auroit-il? Il périroit de douleur. Heureux qui, comme vous, ma chère fille, en a fait une ample provision! J'espère pourtant qu'elle ne vous servira jamais que pour soutenir les prospérités, et que les adversités seront, par la providence de Dieu, si éloignées de vous, que vous n'en aurez pas besoin pour ces temps fâcheux.

Il y avoit du temps que je savois, avant l'arrivée de M. l'abbé Boisot, le dérangement de votre bonne santé; je ne vous en avois point parlé, parce que je ne veux point vous entretenir de choses désagréables. Je suis fort aise d'apprendre que vous n'êtes guère incommodée; et si un petit-fils nous procure le plaisir de vous revoir plutôt, je l'en aimerai davantage: les aînés auront pourtant toujours la première place dans mon cœur.

nuit du 13 au 14 janvier de la même année, avoit entièrement consumé *la précieuse bibliothèque et la maison que M. de Valincour possédoit à Saint-Cloud.*

A M. DAGUESSEAU FILS AÎNÉ.

A Fresnes, le 18 février 1726.

IL seroit bien difficile, mon cher fils, de vous donner un conseil sur ce que vous m'écrivez, sans avoir vu le mémoire qui a été envoyé à M. le procureur général, ou sans savoir exactement ce qu'il contient. Je n'entends pas bien même comment, dans la deuxième proposition du mémoire, où il ne s'agit que de faire condamner le mandement de M. de Montpellier**, on peut faire entrer ce qui regarde la conduite

* Aigri par plusieurs circonstances, M. Colbert, évêque de Montpellier, l'un des appelans de la bulle *Unigenitus*, s'étoit donné des torts graves. On lui attribuoit d'abord un mandement, daté du 17 octobre 1724, dans lequel il étoit censé se plaindre de ce que la puissance civile opprimoit l'épiscopat, et déclarer qu'il n'obéiroit plus qu'à l'église universelle assemblée en concile œcuménique. Il désavoua, dans une *lettre pastorale*, ce mandement, que ses ennemis dénonçoient en le distribuant eux-mêmes. Une circonstance accréditoit le soupçon qu'il en étoit l'auteur. La publication qu'il avoit faite, au mois de juin 1724, de remontrances adressées au Roi, avoit motivé la saisie

des évêques qui exigent des souscriptions contre la déclaration de 1720. M. de Montpellier n'est pas certainement de ce nombre. A quel propos donc le Parlement iroit-il régler ce que les évêques de l'autre parti peuvent ou ne peuvent pas faire? D'ailleurs, quand le Parlement le voudroit faire et à cette occasion, auroit-il une autorité suffisante pour y pourvoir, et ne faudroit-il pas que ce fût le Roi même qui interprétât la déclaration? Il faut donc qu'il y ait sur tout cela du plus ou du moins, et il n'est pas possible de délibérer sur ce que l'on ne sait pas exactement. Je vous dirai seulement, en général, qu'il

du revenu de son évêché; l'arrêt du conseil qui l'avoit ordonnée, portoit en outre qu'il seroit procédé contre ce prélat par les voies canoniques. L'assemblée provinciale de Narbonne, tenue en 1725, pour élire des députés à l'assemblée générale du clergé, demanda, sur la proposition de M. l'archevêque, que celle-ci nommât un comité provincial pour juger M. l'évêque de Montpellier. M. l'archevêque de Rouen (Louis de la Vergne de Tressan), président d'une commission chargée d'examiner les écrits et la conduite de ce prélat, l'accusa de renouveler les erreurs de Baïus et de Jansénius, condamnées par l'église : il ouvrit, au nom de la commission, l'avis de solliciter près du Roi la permission de tenir un concile provincial à Narbonne, pour le juger. Le Roi différa d'accorder son con-

ne convient nullement que le Parlement ou le parquet s'assujettisse à concerter ses ouvrages avec des évêques, de quelque mérite qu'ils soient : il n'en faudroit pas davantage pour faire échouer ce qu'on médite, si ce concert venoit à être su, comme il le seroit infailliblement. Les gens du Roi ne peuvent pas sans doute se refuser de lui rendre le compte dû à un premier ministre, de ce qu'ils doivent dire au nom de Sa Majesté ; M. le premier président ne peut pas non plus se dispenser, quand le Roi l'exige, de lui faire voir le projet d'un arrêt qu'il croit sa compagnie disposée à rendre dans une affaire publique; mais

sentement à cette proposition, contre laquelle M. l'évêque de Montpellier protesta. L'assemblée fut dissoute le 24 octobre; le 20 du même mois, ce prélat avoit publié une *lettre pastorale*, qui fut suivie, le 1.er décembre, d'une autre lettre dans laquelle il se répandoit en plaintes amères et persistoit dans son appel. MM. les évêques *constitutionnaires*, à la tête desquels étoit M. le cardinal de Bissy, vouloient faire révoquer l'arrêt du Parlement contre la *lettre du clergé au Roi;* mais comme le Parlement, de son côté, s'obstinoit à le maintenir, on transigea, et le prix de cette transaction fut, à ce qu'il paroît, la condamnation des *lettres pastorales* de M. l'évêque de Montpellier; elle fut prononcée par arrêt du 15 avril 1726.

(N. C.)

aucun autre que le Roi et ses ministres ne peut demander qu'on traite ou qu'on négocie directement avec lui sur un arrêt qui doit être rendu. Ainsi, vous pouvez bien vous engager à faire voir à M. le duc le projet de discours qui sera fait par M. Gilbert; mais il seroit très-indiscret d'aller plus loin. A la vérité, vous n'éviterez pas plus là la censure que vous pouvez craindre en un sens; mais au moins la bienséance sera gardée, parce que vous pourrez ignorer qui sont ceux que M. le duc aura consultés sur ce sujet; et, après tout, il vaut mieux savoir ce qu'ils peuvent avant l'arrêt, que de ne l'apprendre qu'après. Mais comme, d'un côté, je sens le désagrément qui pourroit se trouver dans tout cela, et que, de l'autre, on ne peut guère espérer que des évêques se contentent de ce que le Parlement voudra faire, ou que le Parlement veuille se prêter à toutes les idées des évêques, le meilleur de tous les partis, comme je l'ai dit ici, seroit de s'en tenir à la pensée de ceux qui ont proposé de faire un plan de conduite pour les évêques, et un autre pour celle des Parlemens : il paroît même que cette idée n'est point rejetée, puisqu'on pense à écrire sur ce sujet une lettre circulaire aux procureurs généraux. C'est donc à quoi il faut ramener ceux qui auront le plus de part à la résolution que l'on prendra sur cette matière. Mais cela a besoin de beaucoup d'esprit, de tour et de dextérité, pour être bien conduit, et je ne vois que M. le procureur général qui soit capable de réussir. Il m'a écrit pour me faire part de son mariage, ou plutôt de celui de sa fille, qu'il sait bien que je n'approuve guère; mais aussi il ne me paroît s'y déterminer que parce que la nécessité est au-dessus de toutes les règles : vous avez raison de dire qu'un tel mariage prouve si bien sa mauvaise fortune, qu'il ne justifie que trop sa vertu.

Je ne vous dirai rien sur M. de Fréjus; vous ne pouvez qu'écouter ce qu'il vous dira, et répondre avec sensibilité et reconnoissance à ses honnêtetés sur ce qui vous regarde. Je doute qu'il vous parle de moi; mais, s'il le fait, vous ne sauriez aussi lui parler en mon nom avec trop de politesse. Je suis bien aise d'apprendre qu'il témoigne de la modération au sujet de votre arrêt; cela pourra vous être d'un grand secours pour empêcher qu'on ne se porte aux partis extrêmes, et je ne doute pas que M. le procureur général ne sache s'en servir avantageusement.

Il n'y a peut-être pas trop de sens dans tout ce que je vous écris, mon cher fils, car je le fais si à la hâte que j'ai à peine le loisir de vous dire ce que je pense en partie; mais vous y suppléerez aisément. Je suis bien sûr au moins que vous n'avez rien à deviner par rapport à la tendresse avec laquelle je suis à vous, mon cher fils, au-delà de toute expression.

AU MÊME.

A Fresnes, le 23 février 1726.

Les deux points qui m'avoient le plus frappé, mon cher fils, dans votre lettre précédente, étoient, l'un que l'on vouloit que ce qui se feroit au Parlement contre les mandemens de M. de Montpellier fût concerté avec les évêques; l'autre qu'on desiroit aussi que le Parlement prît des tempéramens, dont ils pussent être contens, sur les examens qu'ils prétendent pouvoir faire sans contrevenir à la déclaration de 1720 : mais je ne trouve rien qui indique ni l'un ni l'autre dans les deux pièces que vous m'envoyez. Peut-être en est-il fait mention dans la lettre qu'on a écrite à

M. le procureur général ou à M. le premier président, en lui adressant ces deux pièces; peut-être aussi avez-vous deviné que c'étoit là l'esprit des prélats qui agissent dans cette affaire, et du prince qui les écoute, et il n'est que trop commun de faire entrer ses conjectures dans les faits qu'on raconte. Quoi qu'il en soit, ni l'une ni l'autre proposition ne sont recevables : celle de concerter les termes d'un arrêt avec des prélats, par les raisons que je vous ai déjà marquées, et celle de parler des examens ou des interrogations des évêques sur la *constitution,* parce qu'il n'y a que le Roi qui puisse interpréter sur ce point la déclaration de 1720, s'il étoit à propos de le faire.

En retranchant donc ces deux propositions comme non faites et non admissibles, je viens aux deux mémoires tels qu'ils sont*.

* Le plaidoyer de M. l'avocat général Gilbert, pour la suppression de la lettre du clergé, causoit une grande agitation parmi les prélats *constitutionnaires.* Ils menaçoient M. le duc de faire des mandemens pour flétrir ce plaidoyer et s'élever contre l'autorité des Parlemens. Ils accusoient M. Gilbert d'enlever aux évêques la faculté de s'assurer de la doctrine des ecclésiastiques à qui des bénéfices étoient conférés; de donner à entendre que la constitution *Unigenitus* n'avoit point force de loi dans

Il est fâcheux qu'on ait répondu au premier, je veux dire à celui de M. le cardinal de

l'église et dans l'état, et que le jansénisme n'étoit point une hérésie. M. de Fréjus soutenoit les plaignans, et M. le duc pressoit vivement les membres du Parlement de Paris de prendre un parti qui pût les satisfaire.

Cette compagnie n'en opposa pas moins une longue résistance. Le premier président et le procureur général rédigèrent différens mémoires, firent plusieurs voyages à Versailles, eurent des conférences avec M. le cardinal de Rohan, M. l'évêque de Fréjus et quelques autres prélats. Ils furent secondés par M. le cardinal de Noailles, et par MM. les évêques de Bayeux, d'Auxerre, de Blois, de Rodez et de Troyes. Ces prélats présentèrent à M. le duc un mémoire dans lequel ils blâmoient la conduite des agens du clergé, qui, sans autorisation, avoient eux-mêmes produit un mémoire au nom de cet ordre, et justifioient le plaidoyer de M. Gilbert. Deux réponses et deux répliques successives furent adressées par M. le duc à MM. les évêques, et, par ceux-ci, à M. le duc. Celles des prélats, avant d'être remises, avoient été communiquées à M. le président et à M. le procureur général; mais les magistrats ne firent à MM. les évêques aucune communication semblable. Aussi ces derniers apprirent-ils avec surprise que, le lundi 15 avril, M. Gilbert avoit requis la suppression de deux *lettres pastorales* de M. de Montpellier, et que son réquisitoire avoit donné aux évêques *constitutionnaires* une ample satisfaction. (Voir le *Journal de Dorsanne*, tom. II, pag. 353.)

(N. C.)

Rohan*, et qu'on ne l'ait pas fait d'une manière aussi mesurée, et par-là aussi forte qu'on l'auroit dû faire. Songer à présent à y faire une meilleure réponse, c'est un parti que je rejetterois comme vous, et par les mêmes raisons. J'y ajouterois encore que, pour bien répondre au mémoire, il faudroit entrer dans des distinctions délicates qu'il seroit difficile de faire entendre à ceux qui en devroient faire usage, et qu'ils rejetteroient peut-être, par cette seule raison qu'ils ne les entendroient pas. J'aimerois donc mieux parler qu'écrire sur ce sujet; et, en parlant, je m'attacherois à deux réflexions simples et grossières, pour ainsi dire, dont les oreilles les moins délicates pourroient être susceptibles : l'une, que le parquet et le Parlement ont regardé ce qu'on

* Armand Gaston de Rohan. « Doué de tous les agrémens de la figure, de l'esprit, de l'élocution, d'un caractère facile et doux, d'un accueil enchanteur, d'une politesse parfaite, avec des grâces naturelles et touchantes qu'accompagnoit un air de modestie et de grandeur toujours aimable, quoique imposant, il avoit joint à ces avantages, à ceux de sa naissance et de sa dignité, tous les raffinemens de cet art de plaire dont le grand monde étoit pour lui l'école, et dont sa mère (la belle Soubise) étoit un modèle accompli. » (MARMONTEL, *Régence du duc d'Orléans.*)

avoit imprimé sous le nom de l'assemblée du clergé comme un libelle, et qu'en le considérant ainsi, ils ont eu raison d'y relever le terme d'hérésie; mais que, si les évêques veulent avouer cet ouvrage, on conviendra très-volontiers qu'ils sont les juges, et même les seuls juges de ce qui mérite le nom d'hérésie, pourvu qu'ils le déclarent juridiquement et selon les formes canoniques. C'est cette condition dont je ferois la matière d'une seconde réflexion, pour montrer que la lettre du clergé, quoique avouée, ne seroit point un acte juridique sur un point si important, et qu'elle pécheroit toujours, en supposant qu'il y ait une hérésie dans le royaume, sans que ni le pape ni aucun évêque l'ait déclaré par un acte authentique. Il seroit très-bien même de faire sentir à M. le duc, qui prend feu assez volontiers sur ce qui regarde l'autorité royale, que, s'il n'appartient ni au Roi ni aux magistrats de juger du fond de l'hérésie, ils peuvent néanmoins interposer leur autorité extérieure en cette matière, pour deux fins principales : l'une, pour faire en sorte que les lois de l'église et les formes canoniques soient observées dans les jugemens que les évêques rendent sur ce point; l'autre, pour empêcher qu'en attendant une décision légitime, on ne trouble la paix de son royaume par des accusations d'hérésie, ou en supposant qu'il y en a une, sans l'avoir déclaré juridiquement. Ce sont là les réflexions essentielles qu'il faudroit rendre si claires et si sensibles, qu'elles pussent entrer dans la tête de celui qui gouverne ; et je ne doute pas que M. le premier président et M. le procureur général ne fassent tous leurs efforts pour y parvenir dans la conférence qu'ils doivent avoir avec lui. Il n'y a point d'inconvénient que vous n'y ayez pas été appelés tous : c'est un moyen ou un prétexte pour alonger l'affaire et pour retarder la décision, ce qui est toujours très-avantageux dans les affaires où l'on mêle une grande vivacité. J'oubliois de vous dire que l'art avec lequel on veut rapporter au *jansénisme* le terme d'*hérésie* employé dans la lettre du clergé est bien aisé à réfuter, parce qu'il n'y a qu'à lire cette lettre pour voir qu'elle tombe uniquement sur les affaires de la *constitution*. Cela est vrai à la rigueur, et l'on pourroit le justifier aisément devant des esprits éclairés et équitables. Il faut avouer néanmoins que votre confrère* auroit bien pu se passer d'aller fourrer dans son discours ce terme d'hérésie, qui excite un si grand orage, et que tout le reste de ce discours pouvoit être mieux tourné. C'est une grande science, et aussi nécessaire à un avocat général qu'à un négociateur, de savoir parler sans rien dire. Il étoit bien aisé de faire ainsi dans cette occasion : avec cinq ou six grands mots qui n'auroient donné que des idées fort générales, on auroit satisfait le public sans donner prise sur son discours à des commentateurs bénévoles; mais tout cela regarde l'avenir plutôt que le passé.

Quant au second mémoire, le plus important des deux, parce qu'il exige une réponse précise; des deux voies qu'il ouvre pour finir cette affaire, la première est sans doute la plus dure, la plus injurieuse à M. Gilbert et à tout le parquet. L'éluder, s'il est possible, gagner du temps, lier des conférences avec les prélats, chercher avec eux des voies de conciliation, ce sont des vues de prudence que je goûte fort, d'autant plus que le cardinal**, qui paroit à la tête de tout

* M. Gilbert de Voisins.

** « Le cardinal de Rohan étoit un des chefs du parti

ceci, est un esprit naturellement doux, liant, qui a de la peine à resister en face à ceux qui lui parlent raison, et dont l'esprit peu fécond en expédiens trouvés sur-le-champ peut donner dans ceux qu'on lui propose, par l'embarras d'en indiquer d'autres, et par une espèce de pudeur que la présence de personnes capables et accréditées dans le public ne manque guère de lui inspirer.

Mais si ces conférences sont inutiles, si l'on perd toute espérance de se concilier avec lui, il n'est pas douteux que le second parti ne soit beaucoup moins mauvais que le premier. Il a déjà l'avantage de commencer à apaiser un peu les esprits, en leur faisant espérer une satisfaction convenable, par l'explication que M. Gilbert pourra faire de ses sentimens, en parlant contre les mandemens de M. de Montpellier; le temps

constitutionnaire, mais politique, avec des vues, adroit plutôt que constitutionnaire de bonne foi; se prêtant à tout pour son avancement, et jusqu'à prostituer le respect dû, selon l'opinion du temps, à son nom, pour favoriser Dubois qu'il avoit fait cardinal à Rome....... Rohan fit plus : il fit de telles dépenses à Rome, que le mémoire qu'il en donna se porta à 1,500,000 livres, qui furent remboursées au trésor royal. » (*Mém.* de Saint-Simon.)

même qu'il faudra employer à dresser le projet de son réquisitoire et de l'arrêt, et à le faire voir à M. le duc, qui ne manquera pas de consulter les évêques sur ce sujet, peut vous être favorable, parce qu'il ralentira le premier feu, et qu'il vous donnera plus de loisir pour adoucir M. le duc, et le rendre plus susceptible d'entendre vos raisons. Enfin, il me paroît, quoique j'hésite un peu plus sur ce dernier point, que, si l'on sait manier quelques esprits difficiles dans le Parlement, il n'est pas impossible de les amener à quelque chose de raisonnable, dont les évêques auront lieu d'être contens, d'autant plus qu'on est persuadé que le plus grand nombre, dans le Parlement même, suivra sans peine ce que vous leur proposerez sur ce sujet.

A la vérité, il ne seroit pas bien difficile de trouver encore, dans cette affaire, d'autres dénouemens qu'on pourroit substituer à ceux qui sont proposés : en voici deux ou trois qui me viennent dans l'esprit.

L'un seroit que M. Gilbert se corrigeât lui-même, ce qui est toujours beaucoup plus doux et moins amer que de se voir corriger par d'autres, et qu'à l'occasion des discours trop publics tenus contre son réquisitoire, il entrât dans la grand'-chambre pour expliquer les principes qu'il a suivis, et demander lui-même que ce qu'il aura dit soit joint à l'arrêt du 10 janvier, qui sera réimprimé à cet effet, afin qu'on ne puisse plus, contre ses véritables intentions, donner de mauvaises interprétations à ses paroles. Je sens l'espèce d'humiliation qui est inséparable de cet inconvénient, et je prévois tout ce qu'on pourra dire contre M. Gilbert, s'il prend la résolution d'avaler ce calice; mais je crois, d'un autre côté, que la chose seroit susceptible d'être tournée d'une manière si digne et si noble, qu'elle ne pourroit que lui faire honneur, au moins dans l'esprit de toutes les personnes raisonnables.

Voulez-vous quelque chose de plus doux? Ne peut-il pas écrire à M. le duc une lettre ostensible qui contiendra une explication pareille de ses sentimens, et consentir que M. le duc la communique aux évêques, qui pourront même en prendre copie, et l'envoyer aux têtes les plus échauffées, pour les calmer et les obliger à se contenter d'une satisfaction qui deviendroit par-là publique en quelque manière, au moins par rapport à toutes les personnes intéressées?

Un troisième tempérament, et le plus innocent de tous, seroit qu'en écrivant aux procureurs généraux, comme les évêques le demandent, on y joignît une copie de la lettre de M. Gilbert, pour leur faire connoître l'esprit dans lequel ils doivent agir, et la grande circonspection avec laquelle ils doivent s'expliquer sur ce qui regarde l'autorité des évêques, en matière de doctrine. On éviteroit par-là l'inconvénient de donner directement aux prélats la lettre de M. Gilbert; et la bienséance seroit si exactement gardée, dans ce dernier expédient, que tout ce qui est à craindre est qu'on ne le trouve trop doux et trop favorable pour le parquet.

Il me vient encore une nouvelle pensée au bout de la plume. On vous propose de flétrir non-seulement les mandemens de M. de Montpellier, mais les deux apologies des Chartreux qui ont passé en Hollande. Ne pourroit-on pas en faire à deux fois, et commencer par le dernier ouvrage, parti d'une main si furieuse, qu'il suffit d'en rapporter une demi-page, qui est la seule que j'aie lue, pour révolter tous les esprits contre l'emportement de ce libelle? Je trouverois deux avantages dans cette séparation : le premier, que le succès de votre démarche seroit bien plus sûr, parce qu'il n'est guère vraisemblable qu'un pareil écrit trouve des défenseurs, même parmi les esprits les plus prévenus; et par-là l'ouvrage pénible de M. Gilbert se feroit aisément, soit parce que la matière y est toute disposée, le principal attentat de l'auteur de ces libelles étant de soutenir que la constitution enseigne formellement l'hérésie, ce qui donne une occasion bien naturelle de s'expliquer sur ceux qui en sont les juges, soit parce que, personne ne faisant difficulté de les condamner (je veux dire ces libelles), on ne pourra pas dire que c'est M. Gilbert qui fait naître des difficultés de la part du Parlement, pour éviter de donner l'explication qu'on lui demande. Le second avantage est qu'on pourra condamner ces libelles beaucoup plus rigoureusement que les mandemens d'un évêque, qui exigent toujours plus de ménagement; et si l'on peut aller jusqu'à faire ordonner qu'ils seront brûlés, comme ils en paroissent dignes, vous trouverez les esprits bien plus adoucis et plus traitables quand il s'agira de procéder contre les mandemens de M. de Montpellier. Si même M. le duc étoit capable de prendre sur cela des mesures secrètes avec le Parlement, on pourroit, pendant que l'on négocie sur la satisfaction demandée par le clergé, faire paroître tout d'un coup l'arrêt contre les libelles des Chartreux, qui contiendroit l'explication de M. Gilbert, et qui mettroit M. le duc en état de dire aux évêques qu'ils n'ont plus aucun sujet de se plaindre, et qu'ils doivent être entièrement satisfaits. A la vérité, je croirois que, pour assurer le succès de cette démarche, il faudroit mettre le cardinal de Rohan seul dans la confidence, en exigeant de lui un secret inviolable. On ne pourroit guère s'empêcher d'y mettre aussi M. de Fréjus; mais ce que je considère, c'est qu'on ne sauroit s'en passer, quelque parti que l'on prenne, et qu'il faudra toujours compter avec eux, ou directement ou indirectement.

Voilà bien des vues, mon cher fils; et je ne vous épargne aucune de celles qui se présentent à mon esprit, parce que vous pouvez avoir occasion de faire usage des unes ou des autres, et qu'il est toujours bon d'avoir plus d'une corde à son arc. Vous me demanderez peut-être quelle est celle que j'aime le mieux, et je vous répondrai que la plus douce me paroîtra toujours la plus desirable; mais, si on ne peut pas y parvenir, la dernière seroit celle de toutes à laquelle je donnerois plus volontiers la préférence.

On peut aussi douter s'il est à propos d'indiquer d'abord les plus douces, ou de se réduire tout d'un coup à celle qu'on croira pouvoir réussir : mais c'est ce qui dépend de la situation où l'on trouvera les esprits; et c'est à la prudence de ceux qui auront le choix des manières, de régler leur marche à cet égard suivant l'ordre qu'ils croiront le plus convenable.

Il m'a échappé de vous parler d'un fait dont on peut faire un grand usage auprès de M. le duc; c'est ce qui s'est passé en 1665 et 1666 à l'égard de M. Talon*. Il avoit avancé des pro-

* Dans un plaidoyer du 12 décembre 1664, cet avocat général avoit reproduit avec éclat le principe par lui professé dix ans auparavant, « que les princes temporels » peuvent juger et décider de la foi et de la discipline de » l'église. » Cette maxime étoit prise pour règle de conduite par une cour particulière que Louis XIV avoit créée le 31 août 1665, sous le titre de *Chambre des grands jours*, dans la ville de Clermont en Auvergne, à l'effet de remédier au mépris des lois dans les provinces éloignées du ressort du Parlement de Paris; et cette chambre rendit, le 10 octobre 1666, un arrêt de réglement concernant les affaires

positions qui, en vérité, n'avoient pas besoin d'être empoisonnées par un commentaire malin, pour être regardées comme intolérables et directement contraires à l'autorité de l'Église dans les matières de foi. L'assemblée du clergé s'en plaignit, fit des remontrances en forme, donna de grands mémoires, insista long-temps pour faire condamner le discours de M. Talon. Le feu Roi lui donna ou lui fit donner sans doute les avis qu'il crut nécessaires, afin qu'à l'avenir il fût

ecclésiastiques, lequel enjoignoit aux chefs des présidiaux et bailliages, de voir si les sacremens étoient bien administrés dans les lieux de leur ressort, si la discipline régulière étoit observée dans les monastères, &c.

L'assemblée du clergé de France, tenue en 1665, et qui se prolongea jusqu'en 1666, ne put souffrir cet empiétement sur sa juridiction. Le 12 novembre 1665, elle prit connoissance du plaidoyer de M. Talon, et décida, le 18 du même mois, que tous les prélats dont elle étoit composée, et même ceux qu'elle y avoit appelés extraordinairement, iroient en corps faire au Roi des remontrances, et lui demander avec instance, non-seulement la cassation de l'arrêt de la chambre des grands jours, mais encore que le plaidoyer fût effacé des registres du Parlement. Sa Majesté parut sensible à ces remontrances; mais elle n'y faisoit point droit, et l'assemblée persistoit dans sa résolution particulière de censurer le plaidoyer, suivant les formes d'usage. Sur ses nouvelles instances,

plus modéré dans ses expressions; mais ce fut toute la satisfaction que le clergé put obtenir, et le ministère de ce temps-là ne crut point qu'il convînt au Roi de tirer sur ses propres troupes, et de sacrifier aux prélats de son royaume l'honneur de ceux qui n'avoient péché que par un excès de zèle pour l'autorité royale.

Il est temps de finir une si longue lettre, qui vous montrera du moins combien je prends toujours à cœur les intérêts et la gloire du parquet.

le Roi demanda qu'elle sursît à la condamnation, et ne dressât aucun mémoire sur cet objet. L'assemblée le promit; mais ayant été informée, le 10 décembre, que les officiers de la chambre des grands jours poursuivoient l'exécution de l'arrêt précité, elle adopta le projet de deux mémoires contre le plaidoyer de M. Talon, et envoya une troisième députation au Roi pour l'en prévenir. Louis XIV reçut les deux mémoires. L'un ne contenoit que le motif de l'assemblée; le second, qui renfermoit le développement des preuves, avoit été rédigé pour la satisfaction et même l'instruction du Monarque. Suivant son titre, le mémoire devoit servir *à faire voir sommairement au Roi que la maxime schismatique et hérétique qu'on avoit voulu établir dans le plaidoyer, à savoir, que les princes temporels ont le droit et le pouvoir de juger et de décider des dogmes de la foi et de la discipline ecclésiastique, n'est appuyée que sur des preuves défectueuses, qui sont toutes, ou avancées contre la vérité, ou détournées avec surprise, ou déduites*

Ils m'ont presque empêché de penser à ce qui me regarde. Le fait qu'on vous a dit mérite attention et confirmation : on en débita un pareil, il y a quelque temps, qui n'avoit pas de fondement. M. le procureur général est plus propre que personne à découvrir ce qu'il peut y avoir de vrai dans tout cela. Je connois fort son amitié pour moi, et il est bien sûr qu'il ne fera rien que de convenable sur ce qui peut me regarder. J'avoue que, si je disposois du temps de mon re-

avec artifice, ou rapportées hors de propos, ou tirées des exemples des hérétiques ou de personnes suspectes dans la foi.

Quelques jours après, le Roi, par un arrêt du conseil, cassa celui de la chambre des grands jours ; et Sa Majesté ayant reçu des gens du parquet du Parlement, une déclaration écrite qu'elle jugeoit suffisante sur ce point du plaidoyer, elle fit inviter MM. les évêques à se présenter à la cour, et leur dit : « Messieurs, je vous ai mandé de venir pour vous dire que j'ai fait appeler mes officiers du parquet, sur le sujet du plaidoyer dont vous vous êtes plaints à moi. Ils ont fait la déclaration de leurs sentimens, qui, j'espère, vous contentera. Mais, parce qu'en vous la disant, je pourrois en oublier quelque chose, vous en entendrez la lecture par la bouche de M. le Tellier (le Chancelier) ; et je desire qu'après cette satisfaction, vous ne mettiez rien, dans le procès-verbal de vos séances, de ce qui a été fait ci-devant contre ledit plaidoyer. »

Après avoir entendu la lecture de cette déclaration,

tour, je le placerois dans d'autres circonstances; mais il faut le laisser conduire à la Providence, et se dire souvent à soi-même :

Hàc juvet et meliùs quàm tu tibi consulat ipsi.

Je souhaite qu'elle vous permette de venir passer ici les jours gras : le plus grand plaisir que je puisse y avoir estde vous assurer moi-même, mon cher fils, de toute la tendresse que j'ai pour vous. J'en dis autant à mon fils de Fresnes.

Vous me ferez plaisir d'envoyer savoir de ma part des nouvelles de M. le prévôt des mar-

M. l'archevêque de Toulouse, qui ne la trouvoit pas suffisante, dit au Roi qu'il seroit à desirer que le plaidoyer ne parût pas non plus désormais dans les registres du Parlement, c'est-à-dire qu'il en fût biffé; Sa Majesté répondit qu'il l'étoit déjà : cependant il ne l'étoit pas comme MM. les évêques l'entendoient, car le plaidoyer avoit été imprimé, et le public en possédoit un grand nombre d'exemplaires. L'assemblée déclara donc à Louis XIV que, ne pouvant se contenter de la déclaration des gens du parquet, elle ne devoit pas effacer de ses propres registres ce qu'elle y avoit consigné à ce sujet. Le Roi se rendit à la noble résistance des prélats. Il n'obtempéra pas toutefois au desir qu'ils avoient de voir substituer un arrêt du conseil plus sévère, à celui qui avoit cassé l'arrêt de la chambre des grands jours : Sa Majesté se contenta de les assurer qu'elle y suppléeroit par des réglemens.

chands*, dont je souhaite que le mal n'ait aucune suite.

Relisez l'arrêt du conseil de 1668, et celui de 1703**, si je ne me trompe, qui défend aux deux partis de se traiter d'*hérétiques;* vous en pourrez tirer encore quelques secours auprès de M. le duc.

* Nicolas Lambert de Vermont, président aux requêtes.

** Ce dernier arrêt portoit: « (Le Roi) fait très-expresses inhibitions et défenses à tous ses sujets, de quelque état et condition qu'ils soient, d'écrire ou composer, imprimer, vendre, débiter, ni autrement distribuer, directement ou indirectement, sous quelque nom et titre que ce soit, aucuns ouvrages, mémoires ou écrits tendant à entretenir les disputes qui se sont formées au sujet de ladite constitution *(Unigenitus)*, ou à remettre en question ce qui est décidé, ni de s'attaquer ou provoquer les uns les autres par les termes injurieux de *novateurs*, hérétiques, schismatiques, jansénistes, sémi-pélagiens, ou autres noms de parti : le tout à peine contre les contrevenans, d'être traités comme rebelles, désobéissans aux ordres de Sa Majesté, séditieux et perturbateurs du repos public. »

Les mêmes défenses et menaces furent renouvelées par deux autres arrêts du conseil, l'un du 10 mars 1731, et l'autre du 3 mai 1733. Plusieurs papes avoient fait une défense semblable, et plus récemment Innocent XII, par son bref du 6 février 1694.

AU MÊME.

A Fresnes, le 27 février 1726.

VOTRE dernière lettre me donne lieu d'espérer, mon cher fils, que vous pourrez sortir de votre querelle avec les évêques, à de meilleures conditions que je n'étois porté à le croire. Le salut pourra venir de vos ennemis, dont la division sera une ressource plus sûre pour vous que la raison et la justice*. On commence déjà à lâcher pied sur la condamnation du discours même de M. Gilbert. Le premier feu se ralentit; on s'accuse réciproquement d'un excès de vivacité. M. le premier président et le procureur général seront bien peu habiles si, dans toutes ces circonstances, ils ne trouvent pas le moyen de faire échouer l'affaire, ou de la finir d'une manière

* Cette lettre confirme ce que M. l'abbé Dorsanne a raconté des intrigues qui avoient lieu au sujet du plaidoyer de M. Gilbert, et ce que nous en avons dit dans les notes de la lettre précédente et de celle du 18, où nous avons fait connaître d'avance leurs résultats.

honorable au Parlement. Je conviens avec vous que la manière de la traiter est singulière; mais elle n'en est pas moins bonne pour ceux à qui on n'en parle point, et sur-tout pour le patient, je veux dire M. Gilbert. Après bien des conférences, il faudra encore revenir à lui; une nouvelle négociation succédera donc à la première : c'est autant de temps gagné, et souvent, en pareille matière, c'est avoir tout que d'avoir du temps. Je ne blâme point la réserve de M. le procureur général : il faut souvent satisfaire des esprits échauffés, par ces sortes de complaisances qui ne nuisent point au fond des affaires, et qui peuvent même y être utiles, comme il a assez d'esprit pour en juger ainsi dans l'occasion présente. Au reste, si, par impossible, il arrivoit que l'on voulût absolument finir cette affaire avant que vous pussiez venir ici, je ne serois guère embarrassé, à votre place, de deux choses qui me paroissent faire quelque impression sur votre esprit.

L'une est la difficulté de se concilier sur ce que vous appelez le troisième chef, c'est-à-dire, les souscriptions que les évêques voudroient pouvoir exiger indirectement. La chose, dans le fond, me paroît aussi difficile qu'à vous; mais elle ne sauroit faire partie des points sur lesquels roule la négociation. Le Roi seul peut y pourvoir, et, jusqu'à ce qu'il l'ait fait, le Parlement ne peut qu'exécuter la loi qu'il a enregistrée, comme réponse qui n'engage à rien, et qui ferme la bouche aux évêques. Ainsi, ce qui peut être très-embarrassant pour la décision ne l'est point du tout dans votre négociation, parce qu'on ne peut jamais vous forcer dans ce retranchement, ni vous obliger à expliquer une loi dont le Roi seul peut être l'interprète. Il est fâcheux, à la vérité, que l'on insiste sur ce point; mais ce n'est point le Parlement qui en a fait naître la pensée, et ce sera aussi au gouvernement à s'en défendre, comme il lui est bien aisé de le faire en disant que toute souscription est matière de trouble qui ne convient pas au bien de l'État, et que d'ailleurs il faudroit que le pape concourût en ce point avec les évêques pour l'établissement d'une formule, d'une forme, comme dans l'affaire du jansénisme, et qu'on verra dans la suite s'il convient de demander une chose qui ne servira peut-être qu'à allumer encore plus le feu de la division dans l'Église de France.

La seconde chose qui paroît vous faire quelque peine, et qui ne m'en fait aucune, est l'évocation accordée dans l'affaire que quelques Chartreux avoient portée au Parlement. Je la suppose très-mal fondée, comme la compagnie le pense : mais qu'est-ce qu'elle a de commun avec la flétrissure d'un libelle dont l'auteur est inconnu, et que le Parlement ne doit considérer que dans cette qualité même de libelle, et de libelle séditieux? Il n'est point question de faire ici un acte de *science moyenne* pour juger de ce qui seroit arrivé si l'affaire des Chartreux étoit demeurée au Parlement : cette réflexion seroit bien déplacée dans un réquisitoire où il s'agira de faire condamner ce libelle, et non pas de le justifier. Le justifieroit-on même par-là et en seroit-il plus innocent, parce qu'on verroit accorder une mauvaise évocation? Ce que l'on pourroit dire sur ce sujet tourneroit à la vaine et dangereuse satisfaction de déclamer contre le gouvernement. Je plaindrois fort les esprits du Parlement qui seroient susceptibles d'une si frivole et si petite attention dans des affaires de cette importance; et je veux croire, pour l'honneur de la grand'chambre, qu'il y en aura très-peu qui soient capables de cette fausse délicatesse. En tout cas, c'est à M. le premier président de s'en assurer par avance, et il faudra toujours bien qu'il le fasse, soit que l'on joigne les Chartreux à M. de Montpellier, soit qu'on fasse précéder ce qui les regarde. Ainsi, votre difficulté tombe sur le fond même de la chose, et non pas sur la vue qui m'est venue dans l'esprit, de séparer ces deux affaires, à moins que l'on ne croie que celle des Chartreux passera plus aisément à la suite de celle de M. de Montpellier; ce qui me paroît toujours fort douteux, parce que ce prélat pourra avoir beaucoup plus de défenseurs dans le Parlement, que des Chartreux fugitifs auxquels peu de personnes s'intéressent. Mais, après tout, ce sont des choses qu'on ne sauroit bien juger que de près; et c'est à ceux qui tiennent le timon, de régler l'ordre de leur marche suivant ce qu'ils savent de la disposition des esprits.

A propos de M. le premier président, M. le Guerchois écrit à M. de Savignac qu'on lui a dit qu'il devoit venir ici ces jours gras. Je ne saurois le croire, parce qu'il ne m'en a point fait parler, et que vous ne m'en dites rien; mais ce voyage me paroît fort mal placé dans la conjoncture présente, où l'on ne manqueroit pas de dire qu'il est venu ici pour concerter avec moi les démarches du Parlement. Il faut au moins n'avoir pas les charges quand on n'a pas le bénéfice, et ne pas m'envier la grande consolation que je trouve dans un état qui me dispense d'entrer dans des affaires si désagréables. Ce n'est pas même sans répugnance que j'en raisonne avec vous, et certainement mon goût ne m'y porte point; mais je me dois tout entier à vous, mon cher fils, et je ne me dois point aux autres. Ainsi, supposé que M. le premier président eût effectivement quelque envie de venir ici, faites-moi le plaisir de l'en détourner, en lui faisant sentir les inconvéniens de son voyage dans l'agitation présente des esprits, afin qu'il le remette à un temps plus tranquille.

Pour vous, mon cher fils, je serai charmé qu'on vous laisse la liberté de venir vous délasser de vos travaux, et me donner le plaisir de vous assurer moi-même, aussi-bien que vos frères, s'ils peuvent vous y accompagner, de toute la tendresse que j'ai pour vous.

Je ne vous parle pas de ce qui regarde une

personne* dont je ne croirai la retraite que quand je la verrai exécutée; et je ne serai pas le seul incrédule sur ce point : mais c'est matière de conversation plutôt que de lettre.

DE M.ME LA CHANCELIÈRE

A M.me LA COMTESSE DE CHASTELLUX.

A Fresnes, le 23 mars 1726.

Nous sommes bien touchés, ma chère fille, M. votre père et moi, de l'état où vous me mandez qu'est votre fils. Je crains plus cette langueur pour lui qu'une fièvre passagère, parce que, du tempérament vif dont il est, on n'est pas surpris de lui voir des maladies vives. Ceci ne me paroît point être des dents. Je consulterois en votre place s'il ne faudroit point lui faire essayer le lait de chèvre. Heureusement vous avez un bon médecin auprès de vous; car, pour les consultations d'un homme qui ne voit pas le malade, on n'y peut guère compter, et vos frères pré-

* M. le duc.

tendent que l'esprit d'Helvétius est bien baissé. Conservez-vous, ma chère fille, et que l'enfant ne fasse pas tort à la mère, qui est bien plus précieuse. C'est à M. de Chastellux que je vous recommande; je le prie de vous engager à vous conserver. Nous prenons bien part à sa peine; il est bon mari et bon père, et nous sentons combien son cœur souffre. Je crains bien que votre frère le chevalier ne puisse vous aller voir la semaine sainte avec M. de Valjouan, comme il l'avoit projeté. M. l'abbé Daguesseau menace d'une prochaine ruine; sa paralysie sur la langue est tellement augmentée, qu'il n'articule plus, et ne peut presque point avaler le liquide. Ils ne pourront pas nous quitter dans cette circonstance, qui touche beaucoup M. votre père. Les bruits de guerre n'ont encore rien de décidé; la plupart disent que ce ne sera pas pour cette année. M.me la duchesse d'Uzès*, M.me la marquise de Charost**, M. l'archevêque de

* Anne-Marie-Marguerite de Bullion, fille de M. le marquis de Gallardon, gouverneur du Maine, &c., et prévôt de Paris.

** Marie Brulart, fille de M. le marquis de la Borde, premier président du Parlement de Dijon, et veuve du

Sens* et M. l'archevêque d'Alby** partirent d'ici avant-hier. Je tiens d'eux ce que je vous mande; ils m'ont bien demandé de vos nouvelles et quand vous reveniez. Je leur ai répondu que ce ne seroit pas sitôt que je le desire, et que je n'en savois pas précisément le temps. Mon cœur souffre, ma chère fille, comme le vôtre, d'une si longue séparation, mais je vous avoue que votre état et celui de votre fils augmentent bien ma peine. On a l'esprit plus tranquille à Paris au milieu de tous les secours; mais ce n'est pas à moi à rien dire sur cela, et vous êtes tous les deux bons et sages pour voir ce qui est de mieux. Tout ce que je puis faire est de vous marquer le regret que j'ai de ne pouvoir vous être d'aucune

marquis de Charost, tué à la bataille de Malplaquet. Elle se remaria, en 1732, avec M. le duc de Luynes.

* Denis-François Bouthillier de Chavigny, mort en 1731, et neveu de l'ancien évêque de Troyes (M. de Chavigny), qui fut membre du conseil de conscience, sous la Régence.

** Armand-Pierre de la Croix de Castries, mort en 1747. Il avoit été premier aumônier de M.me la duchesse de Berry, archevêque de Tours et membre du conseil de conscience, en 1717.

consolation, et la douleur que j'éprouve de ne vous point donner moi-même toutes les preuves que je voudrois de ma tendresse pour vous.

Je vous ai déjà écrit deux fois sur l'état de Marchais*; je ne sais si mes lettres ne vous ont point été rendues. Il en guérira : il prend les eaux de Passy, on le baignera après; mais il pourra bien en avoir pour tout son été.

A M. DAGUESSEAU FILS AÎNÉ.

A Fresnes, le 2 avril 1726.

LES apostilles que vous m'avez envoyées, mon cher fils, marquent la substance des choses qu'il faut dire plutôt que la manière de les dire**.

* Valet de chambre de M. le Chancelier.

** Les longs débats qu'avoit excités le plaidoyer de M. l'avocat général, entre MM. les évêques *constitutionnaires* et le Parlement, touchoient à leur terme. Le Parlement se montroit disposé à donner aux prélats une espèce de satisfaction, en condamnant les *lettres pastorales* de M. l'évêque de Montpellier, et d'autres écrits composés dans le même esprit. Mais il restoit une difficulté

C'est le tour seul qui en peut faire le bon ou le mauvais; et il est impossible, quand on ne le voit pas, de donner aucun conseil en pareille matière. Vous ne serez donc en état d'en bien juger que quand M. Gilbert vous communiquera le projet de son réquisitoire; et comme je ne le verrai point, et que je serois même très-fâché de le voir, le seul avis que je puisse

à vaincre, c'étoit de donner au nouveau réquisitoire du parquet une forme assez adroite, pour que la mesure adoptée par la compagnie n'eût point la couleur d'une rétractation. C'est sur cet objet délicat que M. Daguesseau fils avoit consulté son père. Les conseils pleins de sagesse que renferme cette réponse de M. le Chancelier ne purent être ponctuellement suivis.

M. Gilbert, en portant de nouveau la parole dans cette affaire, s'efforça d'atténuer ce qui, dans son premier réquisitoire, avoit suscité tant de trouble et de mécontentement parmi les prélats *constitutionnaires*. Pour expier, si l'on peut parler ainsi, le passage dans lequel il avoit accusé de témérité ceux qui prétendoient « qu'il s'agissoit de combattre une hérésie déclarée, et de fermer aux loups » l'entrée du bercail de J.-C., » il s'exprima en ces termes: « C'est aux évêques qu'appartient la connoissance et le » jugement de la doctrine concernant la religion : cette » prérogative, attachée à leur caractère, est la suite des » pouvoirs qu'ils ont reçus de J.-C., de gouverner leur » troupeau, et de discerner les pasteurs d'un ordre infé-

vous donner est d'engager M. le procureur général à n'y laisser rien passer qui lui fasse la moindre peine. Il est plus prudent et plus sensible que personne aux plus légères délicatesses; il a d'ailleurs une grande expérience

» rieur qu'ils appellent au saint ministère, en s'assurant » de la pureté de leur doctrine, comme de celle de leurs » mœurs. »

M. l'évêque de Montpellier avoit approuvé, dans l'une de ses *lettres pastorales*, l'*Apologie des Chartreux*, ouvrage dénoncé au Parlement en même temps que ces lettres. C'est à cette particularité que fait allusion ce fragment du même plaidoyer : « Ici, on s'élève contre la cons» titution *(Unigenitus)*, et il semble qu'on se fasse un » devoir de la combattre; on applaudit dans cette vue » jusqu'aux écrits les plus outrés, qui sont moins une » *apologie* du scandale qu'a causé la fuite de quelques » religieux qui sont sortis du royaume, qu'une déclaration » contre la constitution. »

M. l'avocat général s'attacha ensuite à réfuter, d'une manière spéciale, cette *apologie*, ainsi qu'un autre ouvrage, qui lui avoit servi de texte, intitulé *Protestation des Chartreux* réfugiés en Hollande. Puis, pour se placer, en quelque sorte, entre les deux partis, il crut devoir censurer la *réfutation* de l'*apologie*, écrite par un *constitutionnaire* exagéré.

Lorsqu'on recueillit les voix, un conseiller (M. l'abbé Pucelle) s'éleva fortement contre les conclusions de M. l'avocat général.

Cependant, son opinion n'entraîna point la majorité;

sur le style qui convient dans ces sortes de discours, et enfin, c'est le meilleur garant que M. Gilbert puisse avoir quand il n'aura rien fait qu'avec son entière approbation. Tout ce qu'on peut craindre avec lui est un excès de

sur seize conseillers, dont se composoit la grand'chambre, neuf adoptèrent les conclusions de l'avocat général; les sept autres vouloient qu'on ne rendît point d'arrêt.

M. Gilbert, desirant rétablir en quelque sorte l'équilibre entre la double censure qu'il avoit faite des écrits des deux partis, et ajouter à ce qu'il avoit dit contre la *réfutation* de l'*apologie* des Chartreux, fit un nouveau réquisitoire contre un ouvrage du même genre, intitulé *Justification du sieur Poirier, principal du collége de Tours.* Il s'étendit peu sur ce pamphlet, où M. l'archevêque de Paris étoit nominativement maltraité. Comme il n'auroit pu combattre les faux raisonnemens de l'auteur, sans venger M. le cardinal de Noailles, il s'abstint de le faire, dans la crainte de déplaire aux prélats qui dominoient à la cour, et d'exciter de nouvelles dissensions.

Le greffier lut ce libelle; ensuite la cour rendit un arrêt par lequel il fut condamné à être laceré et jeté au feu par la main du bourreau. Le système de l'auteur n'en fut pas moins reproduit, dès le commencement de l'année 1728, dans un ouvrage intitulé *Réfutation de l'opinion de plusieurs catholiques de France, qu'on peut licitement communiquer, quant au spirituel, avec les ennemis de la constitution.*

(N. C.)

réserve et de circonspection qui l'empêche de dire tout ce qu'il pense, ou qui l'engage à ne le dire que sur ce qui lui paroît absolument essentiel. Je doute fort, par exemple, qu'il ait approuvé entièrement le discours de M. Gilbert qui a excité la querelle; il a trop d'esprit pour n'avoir pas senti ce qu'on auroit pu aisément en retrancher : mais ne prévoyant pas qu'on pourroit faire tant de bruit sur ce sujet, et craignant peut-être de trop chicaner M. Gilbert, il lui a rendu un mauvais office en le ménageant; et il a nui même au fond de la chose, par la nécessité où les plaintes des évêques mettent à présent M. Gilbert de s'expliquer plus précisément sur une matière qu'on ne pouvoit trop généraliser. Vous ferez donc bien de prévenir M. le procureur général sur le nouveau discours qu'il s'agit de faire à présent, lorsque vous le verrez en particulier, afin qu'il en pèse et qu'il en mesure scrupuleusement toutes les expressions. Il n'est pas à craindre qu'il le fasse d'une manière trop dure, et dont M. Gilbert puisse être blessé. Sa critique n'aura rien d'amer ni d'humiliant : il sait mieux que personne l'art de ménager les oreilles délicates d'un auteur; et tout ce qu'on peut craindre, encore une fois, c'est qu'il ne porte trop loin les ménagemens. Je suis sûr que, de son côté, M. Gilbert ne demandera pas mieux que d'être contredit ou averti sur un sujet où il a un si grand intérêt, après tout ce qui s'est passé, de rendre son discours invulnérable. C'est par amitié même pour lui comme pour l'honneur du parquet, que vous devez réveiller la critique de M. le procureur général, et aiguiser vous-même la vôtre, afin de ne laisser échapper aucun mot qui puisse être mal interprété. Mais, quoi que vous fassiez, vous aurez peut-être bien de la peine à réussir; et c'est pour cela qu'il sera peut-être nécessaire de prendre la précaution désagréable de concerter le discours de M. Gilbert avec les auteurs des apostilles. On ne sauroit éviter de le montrer à M. le duc; et quand on le pourroit, on ne devroit point le tenter. La matière est si délicate, les esprits sont si échauffés, vous êtes si exposés à être désavoués ou abandonnés sur ce point, comme vous l'avez presque été sur le premier réquisitoire, qu'il y auroit trop d'imprudence à hasarder un second discours sans l'avoir fait passer sous les yeux de M. le duc. Il est bien sûr qu'il ne voudra point s'en rapporter à lui seul, et qu'il le communiquera aux évêques qui entrent dans l'affaire; il ne l'est pas moins que ces prélats voudront faire quelques changemens au discours de M. Gilbert, quelque bon qu'il soit. Ainsi, soit que vous le vouliez (quand je dis vous, je parle du parquet) ou que vous ne le vouliez pas, le concert deviendra inévitable; et je ne sais si, dans ces circonstances, il ne vaudroit pas mieux le livrer de bonne grâce, soit en déclarant à M. le duc qu'il peut, s'il le juge à propos, consulter les évêques, ou du moins M. le C. D. R.* sur ce discours, soit en prenant le parti de faire la confidence au cardinal, ou par M. Gilbert lui-même, ou par le canal de M. le procureur général, ce qui vaudroit peut-être mieux. S'il falloit choisir entre ces deux voies, la première me paroîtroit la plus honorable, et la seconde la plus sûre, par la connoissance que j'ai du caractère de l'Éminence, qui sera charmée qu'on ait cette confiance à son égard, et qui deviendra par-là beaucoup plus traitable sur les termes du discours.

* M. le cardinal de Rohan.

Voilà, mon cher fils, tout ce que je pense, en général, sur la conduite qu'on peut suivre dans cette affaire; je n'y ajoute que deux mots sur le détail des apostilles.

La première, que je regarde comme convenue, n'a presque pas besoin d'autres termes que ceux dans lesquels elle est conçue : mais la manière de l'amener naturellement, sans y donner l'air d'une rétractation, dépend du lieu où elle sera placée, et du tour que M. Gilbert aura donné à ce qui précède ou à ce qui suit.

La deuxième, qui regarde le droit exclusif des évêques dans les jugemens sur la doctrine, demande nécessairement la précaution de réduire la maxime des évêques à ce qui regarde le fond du dogme, sans rien dire qui puisse être interprété contre le pouvoir du magistrat, même par rapport à l'hérésie, pour conserver la paix et la tranquillité publique.

Le discernement de la pureté des mœurs ou de celle de la doctrine, dont on parle dans la même apostille, est l'endroit de tous le plus délicat, et qui doit être tourné avec le plus d'attention, pour ne pas donner lieu de dire que le Parlement a autorisé indirectement l'usage des souscriptions : il faudroit revoir sur cela le projet du plan de conduite qui fut fait en 1720, et rendre les expressions de M. Gilbert conformes à l'esprit de ce projet, dont vous m'avez dit que M. le procureur général a une copie.

La dernière apostille ne souffre aucune difficulté, ni sur le fond de la chose, ni sur la manière de l'exprimer.

Je trouve, après tout, que les évêques qui se plaignent du premier arrêt, ont bien rabattu de leurs prétentions; et c'est en partie ce qui me porte encore à croire qu'avec un peu de concert avec eux, on parviendra à les rendre d'aussi facile composition sur le tour du réquisitoire qu'ils le sont déjà sur le fond. M. le procureur général peut beaucoup sur cela comme sur tout le reste : vous ne sauriez trop inspirer à M. Gilbert de lui laisser manier cette affaire; et, comme il la voit de plus près que moi, je soumettrois même très-volontiers à son jugement toutes les pensées qui me sont venues dans l'esprit en vous écrivant.

J'apprends avec bien du plaisir que la petite de Chastellux est aussi bien qu'on le peut desirer. C'est un grand bonheur qu'elle ait la petite vérole à cet âge et en l'absence de sa mère, qu'on auroit peut-être eu bien de la peine à empêcher de l'aller voir.

Je suis toujours, mon cher fils, plus tendrement à vous que je ne saurois vous l'exprimer. Je me félicite par avance du succès que vous aurez demain dans la cause singulière que vous devez plaider.

DE M.ME LA CHANCELIÈRE

A M.me DE CHASTELLUX.

A Fresnes, le 7 avril 1726.

Je ne vous ai point écrit, ma chère fille, sur la petite vérole de votre fille, parce que vos frères ne m'avoient point mandé s'ils vous l'avoient apprise, et que je trouvois qu'ils feroient très-bien de vous en éviter l'inquiétude, d'autant plus qu'il ne paroissoit pas y avoir rien à craindre. L'en voilà, dieu merci, quitte, et vous de la peine que vous auriez éprouvée si elle l'avoit eue dans un âge plus avancé. Je voudrois fort que mon petit Apaflu pût avoir autant de santé que les autres; s'il vous donne plus de plaisir par son esprit plus avancé, il vous le fait bien payer par le chagrin que vous causent sa délicatesse et ses fréquentes maladies. Je souhaite fort que la belle saison le rétablisse.

L'hiver est revenu ces jours-ci nous dire adieu; nous le laisserons partir sans peine, car il nous a tenu une assez longue compagnie pour nous avoir ennuyés.

Il y a beaucoup de mariages : celui de M.lle Feydeau* avec M. de Montmélian se fait mercredi; M.lle de Fourcy** épouse M. de Mainville, capitaine de gendarmerie; M. Gilbert***, fils du président Gilbert, épouse M.lle Boscheron, fille d'un notaire qui lui a laissé 22,000 livres de rentes. Il n'y a que chez nous qu'il ne s'en fait pas : ce n'est pas faute de bonne envie ni de vocation pour le sacrement; mais il faut que

* Marie-Louise Feydeau épousa, quatre jours après cette lettre, Jacques-Louis le Pelletier, seigneur de Montmélian, président des requêtes du palais.

** Gabrielle-Élisabeth de Fourcy, fille de Henri-Louis, comte de Chessy, conseiller au Parlement de Paris.

*** Joseph-Jean-Baptiste Gilbert, président en la chambre des comptes.

Dieu nous envoie de là haut une belle-fille, car je n'en vois guère sur la terre; vous devriez bien nous en chercher dans votre Bourgogne. Je ne sais à quoi en est l'affaire de vos voleurs; et si celui qui a été arrêté vous a tout découvert. Mandez-moi tout cela, ma chère fille; rien de ce qui vous intéresse ne m'est indifférent, et je vous aime trop pour n'être pas bien aise de savoir souvent de vos nouvelles. Vous ne vous plaindrez pas au moins de ma paresse pour écrire, car vous en recevez plus des miennes que je n'en recois des vôtres. Je ne dis pas cela pour compter avec vous; je ne me lasserai jamais de faire les avances, et de vous dire souvent, ma chère fille, combien mon cœur est tendre pour vous, pour M. de Chastellux et pour vos enfans. M. votre père vous embrasse tendrement. J'oubliois de vous mander que M.me de Vaubrun est morte; M.me la duchesse d'Estrées est au désespoir.

DE LA MÊME
A LA MÊME.

A Fresnes, le 12 avril 1726.

VOUS m'avez fait grand plaisir, ma chère fille, de me mander que vous viendriez faire vos couches à Paris. Je craignois que vous n'eussiez pris le parti de demeurer, parce que M. de Valjouan m'avoit dit avant-hier qu'il n'y avoit que deux jours qu'il avoit reçu une lettre de vous par laquelle vous le pressiez d'aller à Chastellux, et ces instances pour un si grand voyage ne marquoient pas que vous dussiez revenir le mois prochain; aussi votre lettre que je reçus hier m'en a fait d'autant plus de plaisir, car je vous avoue que j'avois tremblé de vous voir accoucher dans un lieu éloigné de tous secours en cas d'accident; et même pour votre fils, je dirois, si je ne craignois de déplaire à une partie de vous-même qui est la plus aimée, que je crois que l'air de Paris lui conviendra mieux que celui où vous êtes, qui est peut-être trop vif pour un petit tempérament si plein de feu. Je souhaite fort que sa santé aille toujours de mieux en mieux, et qu'il ne vous donne plus d'alarmes. Je crois que vous serez payée de la gendarmerie : on a fait un bel état de distribution ; la question est de savoir si on aura de l'argent pour l'exécuter, car il est plus rare que vous ne pouvez l'imaginer, et on ne crie que misère. Le chevalier est allé à Paris voir s'il toucheroit ce qui lui est dû, et il pourra vous mander en quelle situation il aura trouvé les choses. A l'égard de la femme de Marchais, c'est à vous à voir, ma chère fille, si vous pouvez en conscience vous dispenser de lui dire au juste l'état où a été son mari, parce que, revenant à Paris, je ne sais si elle ne risquera point sa santé à se remettre avec lui; au moins faudroit-il qu'elle consultât le médecin auparavant. Il n'a pas continué les eaux de Passy, et on le baigne à présent. Il est beaucoup mieux; mais je doute que la qualité de son sang puisse assez parfaitement se réformer pour qu'il n'y ait pas de retour à craindre, et ce seroit là le grand danger pour elle. J'ai bien résolu que de ses jours il ne raseroit M. votre père.

M. l'abbé Daguesseau est mieux présentement : cela pourra peut-être traîner ; mais aussi il lui prend de temps en temps des oppressions avec la fièvre, qui, dans l'état de faiblesse où il est, peuvent l'emporter. On est obligé de le porter comme un enfant, de son lit à son fauteuil, et on ne l'entend point parler. Voilà un triste état, et je ne sais si on peut lui desirer la continuation de cette vie animale. M. votre père en est moins touché par cet endroit qu'il le seroit en d'autres circonstances. Il vous embrasse, ma chère fille, de tout son cœur, ainsi que M. de Chastellux, et nous nous réjouissons tous deux de voir qu'une si longue séparation, qui coûte tant à nos cœurs, va bientôt finir.

DE LA MÊME

A LA MÊME.

A Fresnes, le 23 avril 1726.

En voyant ce matin votre lettre, ma chère fille, j'ai tremblé ; il sembloit que je prévoyois votre malheur*. J'ai bien senti que j'étois mère et grand'mère, et ces deux qualités, qui sont si vivement gravées dans mon cœur, m'ont pénétrée de douleur. Je vous parle de la mienne, ma chère fille, plutôt que de tâcher de consoler la vôtre, parce que rien ne l'adoucit tant que de savoir qu'on la partage bien sincèrement avec nous; et comme votre foi est bien vive, et que vous êtes pénétrée de religion, je vois, comme si j'y étois présente, avec quel courage vous faites votre sacrifice et vous offrez à Dieu les prémices de vos enfans. Je ne crains qu'une chose pour vous, ma chère fille; c'est que vous ne vouliez vous mettre trop au-dessus de la nature. La soumission du cœur à Dieu ne doit point empêcher nos larmes de couler: nous sommes chrétiennes, mais nous sommes femmes; et l'un n'est point incompatible avec l'autre.

* Voyez la lettre suivante.

A M.me LA COMTESSE DE CHASTELLUX.

À Fresnes, le 24 avril 1726.

DIEU vous éprouve de bonne heure, ma chère fille; et, après vous avoir accordé bientôt les bénédictions du mariage le plus heureux, il vous en fait aussi sentir bientôt la plus grande croix, par la perte d'un fils aîné si digne de votre tendresse. Je ne vous dirai point combien j'en suis pénétré : vous n'aurez pas de peine à le croire, et vous savez combien je m'étois attaché l'année dernière à cet enfant, qui faisoit alors notre joie et qui fait à présent notre douleur. Je la sens dans toute son étendue; mais je suis bien plus occupé de la mienne que de la vôtre. Je sais que votre foi vous soutient au-delà de mes espérances; vous rendez à Dieu sans murmure ce que vous avez reçu de lui, et vous le remettez avec courage entre les mains de son véritable père, qui, par une miséricorde digne d'être enviée, le fait arriver au souverain bonheur sans avoir passé par toutes les misères de cette vie. Je me joins de tout mon cœur au sacrifice que vous lui faites d'un enfant qui vous étoit si cher, et je voudrois que le mien fût aussi volontaire et aussi absolu que le vôtre. Je crains seulement que votre vertu ne prenne trop en cette occasion sur la nature, et que, soit par religion ou par ménagement pour M. de Chastellux, vous ne renfermiez trop dans votre sein les mouvemens de la tendresse maternelle. Je vous exhorterois volontiers à être aussi foible que moi : c'est la seule occasion où je voulusse me donner pour modèle. Laissez couler des larmes qui portent avec elles leur consolation pour une ame aussi chrétienne que la vôtre. Je voudrois y pouvoir joindre les miennes, et je n'ai jamais été si touché de votre absence que depuis hier que j'ai appris votre malheur. Je souhaite fort que M. de Chastellux puisse faire cesser aussi promptement que je l'espère une séparation qui ajoute beaucoup à ma douleur présente; mais je le souhaite encore plus pour vous et pour lui que pour moi. Le séjour de Chastellux vous rappelle continuellement à l'un et à l'autre le sujet de votre affliction ; tout vous y représente votre aimable enfant ; et les impressions vives que vous ne sauriez vous empêcher de ressentir, me font trembler dans l'état où vous êtes. Je suis persuadé, comme je l'écris à M. de Chastellux, qu'il pensera à vous faire sortir au plutôt d'un lieu si triste pour vous dans les circonstances présentes. Le voyage fera une diversion utile et peut-être nécessaire; vous vous consolerez, et vous nous consolerez nous-mêmes en répandant votre douleur dans notre sein; et où pourriez-vous mieux la déposer, ma chère fille, que dans le cœur d'un père qui ne sent que trop, dans cette occasion, toute la tendresse avec laquelle il vous aime, plus, en vérité, que vous ne pouvez vous aimer vous-même.

DE M.me LA CHANCELIÈRE

A LA MÊME.

A Fresnes, le 28 avril 1726.

Je m'attendois, ma chère fille, à ne plus recevoir de vos lettres, parce que vous vous mettiez en chemin pour revenir; mais vous ne m'en parlez point, et je vois que nous avons mal raisonné ensemble sur cela, et que le malheur qui vous est arrivé ne change rien à vos arrangemens. J'ai bien compris votre douleur et votre fermeté, et c'est ce qui m'a pénétrée d'affliction, car je tremblerai toujours sur votre santé jusqu'à ce que je vous voie en nos pays. Dieu vous soutient, ma chère fille; il est le grand consolateur : et effectivement, quel bonheur pour notre pauvre enfant! que pouvoit-il avoir jamais de plus grand que la possession de Dieu? et de combien de peines et de traverses est-il délivré! C'est nous-mêmes que nous pleurons en le pleurant. Il a peu vécu; mais cependant il vous avoit donné bien des peines par sa délicatesse; et, si vous l'aviez conservé davantage, cette mauvaise constitution lui auroit fait mener une vie souffrante qui auroit été pour vous une source de douleur. Vous ne me mandez rien de la santé de M. de Chastellux; je craignois qu'il n'en fût malade aussi. Je n'ai pas douté que vous n'eussiez bien du soin l'un de l'autre. Je souhaite fort que vous réussissiez tous deux à adoucir de telle sorte votre peine, que vous ne deveniez point malades; que, pour notre consolation à tous, nous nous trouvions bientôt réunis, et que je puisse vous marquer moi-même, ma chère fille, combien mon amitié pour vous me fait partager vivement tout ce qui vous touche.

M. votre père est de moitié dans tout ce que je vous mande; vous aurez apparemment reçu nos lettres.

Mon frère a perdu, comme vous, un de ses enfans, il y a quinze jours; c'est le petit Desbordes. Le grand nombre qui leur en reste n'empêche pas qu'ils n'en soient fort affligés.

DE LA MÊME

A LA MÊME.

A Fresnes, le 7 mai 1726.

La raison que vous me mandez, ma chère fille, avoir empêché votre retour, me fait redouter que vous ne preniez le parti d'accoucher à Chastellux; car, si l'argent vous manque, il pourra bien vous manquer de même pendant quelque temps. On n'en voit presque point en ce pays, et sa rareté doit se communiquer aux provinces. Si je ne craignois de vous alarmer, je vous dirois que M. votre père et moi craignons beaucoup qu'il ne vous survienne quelque maladie dans le temps de vos couches. Vous avez eu tant d'afflictions tout le long de votre grossesse, qu'elles n'ont pas dû mettre votre sang dans une bonne disposition : c'est ce qui a engagé M. votre père à me faire écrire aussi fortement que je l'ai fait à M. de Chastellux; et lorsque je lui lus ma lettre pour qu'il vît si j'avois bien exprimé tout ce qu'il m'avoit dit, il trouva que j'en avois plutôt mis moins que trop. C'est notre tendresse pour vous, ma chère fille, qui nous alarme peut-être plus qu'il ne faut; car Dieu donne des forces à mesure qu'il envoie des peines pour éprouver ceux qu'il aime ; mais on ne peut, quand on aime, ne pas prévoir tout, et voilà la source de toutes ces inquiétudes. Heureusement vous me mandez que votre santé est bonne, et le voyage que vous allez faire en est une preuve. Il vous dissipera un peu, et fera, par cet endroit, un bon effet sur votre santé. Je ne puis vous rien dire sur le dessein que vous avez parrapport à Garnier. J'ai été très-contente de la manière dont la nourrice s'y prenoit pour votre fille; mais comme je ne connois point l'autre, je ne puis les comparer ensemble. N'oubliez pas sur-tout, et il faut y réfléchir, qu'avant un an vous aurez deux enfans chez vous, et l'année d'après un troisième; mais vous en savez plus que moi, ma chère fille, pour vous décider sur cela. Donnez-moi souvent de vos nouvelles pour me tirer de la peine où je suis sur votre santé; et si vous résolvez votre retour, ne différez pas de m'apprendre cette bonne nouvelle. Je sens vivement le chagrin de notre séparation, et je n'aspire point à un plus grand plaisir que celui que j'aurai, ma chère fille, de vous embrasser.

DE LA MÊME

A LA MÊME.

A Fresnes, le 24 mai 1726.

J'ADMIRE votre courage, ma chère fille, et n'ai pas si bonne opinion de moi que vous l'avez, car si j'avois pris le même parti que vous prenez, j'aurois eu beaucoup à combattre, et ne l'aurois peut-être pas fait avec tant de fermeté. J'espère que Dieu récompensera les motifs qui vous déterminent, en vous donnant une bonne santé dans vos couches. Lorsqu'il met par sa providence dans des situations pénibles, il fait qu'elles tournent favorablement. Je crois que vous ferez réflexion, avant de faire venir Mlle Grès, au peu de secours dont elle est, à cause de sa pesanteur, et je crois que si vous aviez été à Paris, vous auriez bien fait d'en prendre une autre; à plus forte raison pour aller si loin. Mme de Polastron *, qui étoit ici lorsque j'ai reçu votre lettre, et devant laquelle j'annonçois à M. votre père les mesures que vous vouliez prendre pour votre couche, me dit que Mme sa fille a une garde admirable. Vous pourriez lui en parler, car elle m'a assuré qu'elle doit être chez vous à présent : mais si la sage-femme d'Avallon pouvoit, après vous avoir accouchée, vous garder, cela vaudroit mieux et vous coûteroit bien moins, car ces sortes de femmes se

* Françoise-Jeanne-Yolande de Mirmand, comtesse de Pleyssan, avoit épousé Jean-Baptiste, comte de Polastron, ancien sous-gouverneur de M. le Dauphin, mort en 1742.

font payer bien cher lorsqu'elles sortent de Paris. Je me réjouis, ma chère fille, de ce que vous avez M.me de Coulanges *; elle est toute propre à adoucir vos chagrins; et si vous pouviez l'engager à revenir à Chastellux, à la fin de votre neuvième mois, pour assister à votre accouchement et être auprès de vous pendant votre couche, je suis sûre qu'elle le feroit de bon cœur. Ce seroit un grand secours pour vous que d'avoir une amie de confiance, et qui entend ces sortes d'état; cela m'ôteroit bien de l'inquiétude. Vous lui ferez, je vous prie, mille tendres complimens pour moi. Mandez-moi, ma chère fille, si votre fils n'a pas eu de la peine à se séparer de sa gouvernante, et s'il vous amuse un peu : on dit que c'est un aimable enfant.

On nous parloit ici aujourd'hui de vos voleurs, et M. votre père m'a dit de vous demander ce que cela étoit devenu, et si ceux qu'on avoit arrêtés ont dit quelque chose. Il vous embrasse, ma chère fille, de tout son cœur, aussi bien que M. de Chastellux; il vous assure qu'il met vos lettres, comme le reste de ses biens, en commu-

* Marguerite de Polastron, femme de Jean de Contaud, baron de Coulanges près d'Auxerre.

nauté avec moi, mais qu'elles ont un sort plus favorable pour lui, parce que je lui en cède volontiers la moitié, au lieu que je garde en entier tout le reste. Vous voyez par-là que son humeur est toujours la même, et qu'il me pille pour se venger. Cela veut dire que nous sommes bien ensemble; car, suivant ses principes, c'est toute la douceur du ménage. M. de Chastellux suit apparemment cette instruction qu'il lui a donnée; vous le lui rendez avec esprit, et vous ne trouvez par-là rien d'insipide dans vos conversations. Je souhaite que rien n'en trouble jamais la douceur, et que vous la sentiez au bout de trente-deux ans comme nous la sentons ici. C'est tout ce que vous peut desirer de plus heureux, ma chère fille, une mère qui vous aime tendrement.

A M.me LA COMTESSE DE CHASTELLUX.

A Fresnes, le 27 mai 1726.

J'ai été affligé pour vous et pour nous, ma chère fille, de la résolution que vous avez été obligée de prendre de passer encore l'été à Chastellux. La perte que vous avez faite, l'état où vous êtes, et l'envie de vous revoir après une longue absence, me faisoient desirer extrêmement votre retour : mais les raisons qui vous déterminent à le différer sont au-dessus de tout, et je n'ai pas de peine à les comprendre, dans la misère générale et dans la disette d'argent dont tout le monde se plaint : c'est une nouvelle peine pour moi à ajouter à toutes celles de ma situation et de l'état présent des affaires; mais vous me donnez l'exemple de la soutenir avec courage, et il faut s'en consoler par l'espérance de vous savoir bientôt mère d'un fils qui vous tiendra lieu de ce que vous avez perdu, et qui achevera d'essuyer vos larmes et les nôtres. La bonne santé dont vous jouissez est la meilleure nouvelle que vous puissiez me mander. Je voudrois pouvoir vous en dire autant de celle de M.me la Chancelière, qui n'est pas pourtant bien malade, mais qui a eu un accès de fièvre, il y a aujourd'hui huit jours. Elle a craint que ce ne fût un retour de la fièvre qu'elle eut à-peu-près dans le même temps l'année dernière, et elle s'est pressée de prendre du quinquina, qui n'a pas manqué de prévenir un second accès, mais qui peut-être ne lui étoit pas fort nécessaire; car il y a lieu de croire que sa fièvre n'étoit qu'une fièvre de fluxion, qui s'est promenée d'abord en différens endroits de son visage, et qui s'est fixée enfin sur la gorge, où elle a senti assez de douleur pendant trois jours. Ce mal a dégénéré en un enrouement qui lui a fait perdre la voix; mais sa parole commence à être plus libre. Au surplus, elle dort fort bien et a très-bon appétit; elle tousse seulement un peu. Ainsi ce n'est qu'un rhume qui aura son cours ordinaire, et qui durera peu, suivant les apparences, parce qu'à mesure que la chaleur augmente, je vois que le mal diminue. N'en ayez donc point d'inquiétude, ma chère fille, et conservez-vous personnellement si bien, que vous ne nous en donniez aucune de votre côté. Vos frères ont tous la même envie de vous aller voir, et vous jugez bien que je ne m'y oppose pas; je serois bien plus empressé à vouloir faire le même voyage qu'eux : tout ce que je crains, c'est que le mauvais état de leurs finances, qui ne sont pas en meilleure situation que les vôtres, ne mette quelque obstacle au desir qu'ils auroient d'aller passer quelque temps avec vous. Il ne tiendra ni à eux ni à nous qu'ils ne surmontent cet obstacle aussitôt qu'ils le pourront. Puisqu'il ne m'est pas possible de vous aller voir, je serai fort aise de vous envoyer au moins d'autres moi-même qui vous assurent pour moi, ainsi que M. de Chastellux, de toute la tendresse que j'ai pour vous, ma chère fille. Votre mère vous en dit autant à l'un et à l'autre.

A M. D'ORMESSON,

INTENDANT DES FINANCES.

A Fresnes, le 2 Juin 1726.

M. DE TAVANNES, qui devoit vous voir hier au soir, mon cher frère, vous aura expliqué tout ce qui aura été dit à son fils sur la prétendue retraite de M. d'Armenonville, et le choix d'un nouveau Garde des sceaux. Quoique j'aie de la peine à croire toutes les circonstances qui ont été racontées au comte de Tavannes, cependant, en joignant ces dernières nouvelles au discours qui fut tenu, il y a quelque temps, par M. H...*

* M. le maréchal d'Huxelles.

à M. le procureur général, et dont mon fils vous a rendu compte, je commence à craindre qu'il n'y ait quelque chose en l'air sur tout cela, ou par rapport à la personne qu'on a nommée au comte de Tavannes, ou par rapport au fils de celui qui, dit-on, se retire. Après y avoir réfléchi, comme M. le duc de Tresmes * et

* François-Bernard Potier de Gesvres, duc de Tresmes, mort en 1739. Il fut l'un des ducs et pairs de France qui signèrent, en 1717, la requête présentée au Roi pour demander la révocation de l'édit du mois de juillet 1714, qui déféroit à MM. les duc du Maine et comte de Toulouse, et à leur postérité, la capacité de succéder à la couronne, et l'annullation de la déclaration du 5 mai 1694, qui donnoit à ces princes illégitimes, le premier rang après les princes du sang. « C'est avec peine, disoient-ils à Louis XV, dans cette requête, que les pairs attaquent cet ouvrage de la tendresse du feu Roi........ Mais il ne leur est pas permis de se taire lorsque leur dignité, dont ils sont également responsables à l'État et à la postérité, est attaquée dans la principale et la plus incontestable de leurs prérogatives, de ne reconnoître que les seuls princes légitimes de votre sang au-dessus d'eux....... La pairie a ses lois et ses maximes, qui sont aussi anciennes que son origine. Tous les pairs sont égaux entre eux, et ils n'ont jamais reconnu d'autre préséance que celle qui est acquise de droit par la date de leur érection. Chacun se sied premier selon que premier il a été fait pair. C'est un principe incontestable et qui fut reconnu tel dès le temps du procès

M. de Gandelus* se sont trouvés ici, et qu'ils m'ont déjà dit plusieurs fois que M. le duc de

de Robert d'Artois, en 1331....... C'est à vous, Sire, à faire connoître à tous vos sujets, dès le commencement de votre règne, que vous n'avez d'autres desirs et d'autres intentions que d'affermir la fortune de l'État, en maintenant les maximes fondamentales qui en assurent la perpétuité et la durée. »

L'édit qui révoqua celui de Louis XIV, ainsi que la déclaration du 5 mai 1694, fut enregistré au Parlement le 8 juillet 1717. On y lit un passage dont les événemens qui se sont succédés depuis peu d'années sous nos yeux, ont rendu la vérité encore plus manifeste : « Nous espérons, disoit alors Louis XV, que Dieu qui conserve la maison de France depuis tant de siècles, et qui lui a donné dans tous les temps des marques si éclatantes de sa protection, ne lui sera pas moins favorable à l'avenir, et que la faisant durer autant que la monarchie, il détournera par sa bonté le malheur qui avoit été l'objet de la prévoyance du feu Roi (l'extinction des princes de son sang). Mais si la nation françoise éprouvoit jamais ce malheur, ce seroit à la nation même qu'il appartiendroit de le réparer par la sagesse de son choix; et puisque les lois fondamentales de notre royaume nous mettent dans une heureuse impuissance d'aliéner le domaine de notre couronne, nous faisons gloire de reconnoître qu'il nous est encore moins libre de disposer de notre couronne même. »

* Louis-Léon Potier de Gesvres, marquis de Gandelus, second fils du duc de Tresmes.

Gesvres* ne demandoit pas mieux que de trouver une occasion naturelle pour parler de moi, soit à M. le duc, soit à M. de Fréjus, j'ai cru qu'il n'y avoit aucun inconvénient à leur conter ce qui m'étoit revenu, à quoi, par tout ce qu'ils savent d'ailleurs, ils trouvent plus de vraisemblance que moi. Le résultat de notre conversation a été que M. de Gandelus, qui va ce soir coucher à Versailles, parleroit en arrivant à M. son frère, pour savoir si ce qu'on m'a mandé a quelque fondement, et pour l'engager, s'il n'y trouve pas d'inconvénient, à parler à M. le duc et à M. de Fréjus, sur le bruit qui court : il est même en droit de s'en éclaircir avec ce dernier, qui lui a dit plusieurs fois, comme à M. le duc de Tresmes, qu'il ne s'opposeroit jamais à mon retour. M. le duc de G.... *(Gesvres)*, qui fait partir familièrement des courriers, en enverra un ici demain à M. son père pour lui marquer exactement ce qu'il sait et ce qu'il peut faire; et, pour couvrir la marche de ce courrier, on dira que M. le duc

* François-Joachim-Bernard Potier, duc de Gesvres, pair de France, premier gentilhomme de la chambre du Roi et gouverneur de Paris, mort en 1757. Il étoit fils aîné de M. le duc de Tresmes.

de Tresmes, inquiet de la santé de son fils, qui a eu la fièvre, veut savoir précisément en quel état il est, pour se déterminer à aller tout droit à Versailles, ou s'arrêter à Saint-Ouen. Si M. le duc de G.... est aussi bien intentionné qu'il le paroît, il aura un beau champ pour représenter l'injustice qu'il y auroit à me faire essuyer encore un nouveau Garde des sceaux, et à rendre par-là ma disgrace presque perpétuelle. J'aurois même grand tort de douter qu'il ne s'y porte avec zèle, s'il est tenu de parler, après tout ce qu'il m'a fait dire et toute l'amitié que M. le duc de Tresmes et M. de Gandelus me témoignent, et c'est ce qui a fait que j'ai profité de l'occasion pour me servir de son canal. L'homme auquel M. de Savignac a pensé ne peut pas avoir de meilleures intentions; mais il a moins de mesures à garder, et il y a des choses qu'il pourroit dire plus fortement. D'un autre côté, il est actuellement absent, et, avant que de le mettre en mouvement, je serois bien aise de savoir si la chose mérite qu'on fasse agir tant de ressorts. Ce qui m'en fait le plus douter est que ni vous ni mes enfans ne me donnez aucun avis sur ce sujet, quoique M. de Savignac ait parlé à mon fils de Fresnes, des bruits qui couroient, et qu'un autre homme l'en ait aussi averti. Le temps éclaircira tout ce mystère; et je ne puis, quant à présent, prendre d'autres mesures que de tâcher d'approfondir la vérité du fait par M. le duc de G...., qui est plus à portée que personne d'en être bien informé.

Il reste à examiner s'il ne conviendroit pas que vous prissiez la peine d'aller à Versailles, pour voir de plus près ce qui se passe. Vous avez plusieurs voies pour en être instruit, comme M. Dodun et M. de Maurepas*, sans compter les autres portes où vous pouvez frapper : peut-être même seroit-il convenable que vous parlassiez à M. le duc directement et à M. de F.... *(Fréjus)*. Il est tout naturel que vous leur disiez que mon absence me faisant ignorer ce qui se traite à la cour, et ayant appris le bruit qui court,

* A la mort du cardinal Dubois, il fut nommé secrétaire d'état de la marine. M. de Maurepas, disoit l'auteur des *Loisirs d'un ministre*, « est bien plus aimable que n'étoit son père (M. de Pontchartrain), mais encore moins instruit. Il a connu de trop bonne heure les douceurs et les avantages du ministère, et il ne paroît pas qu'il sache quels en sont les devoirs et les principes. » (Voyez la note de la lettre du 6 septembre 1744, à Racine le fils.)

vous avez cru de vous-même, sans vous donner le temps ou plutôt sans le perdre à me consulter, devoir leur représenter l'injustice criante qu'on me feroit, et le triste état où l'on me réduiroit par un renouvellement de disgrace que je n'ai point mérité. Je ne puis rien exiger sur cela de votre amitié pour moi, parce que je sais qu'elle vous fera toujours aller plus loin que je ne puis le desirer dans tout ce qui vous paroîtra sage et mesuré. Je m'en rapporte absolument à votre prudence, et sur cette pensée, et sur toute autre; je m'en suis toujours trop bien trouvé pour n'y avoir pas une entière confiance.

J'oubliois de vous dire que je prends encore une autre voie pour faire parler à M. de F.... : c'est la même dont je me suis déjà servi par le conseil de M. d'Angervilliers *, et j'écris à l'abbé Couet pour cela. Je ne vous adresse point ma

* Il étoit alors intendant de Paris. En 1728, il succéda dans le ministère de la guerre, à M. le Blanc qui venoit de mourir.

« M. d'Angervilliers, fils ou petit-fils d'un fameux partisan qui vivoit sous le ministère de M. de Colbert, descendu d'un médecin et botaniste célèbre, avoit des talens, de l'esprit, des défauts, et sur-tout des ridicules. » *(Loisirs d'un ministre.)*

lettre, parce qu'on m'a dit qu'il ne seroit pas impossible que vous allassiez aujourd'hui à Versailles, et je l'envoie à mon fils, qui la lui fera remettre. Je lui mande de vous aller voir si vous êtes à Paris, et je compte que vous lui ferez part de cette lettre, pour m'épargner la peine de lui en écrire une aussi longue. J'approuve par avance tout ce que vous jugerez à propos de faire, mon cher frère, et je compte aussi sûrement sur votre amitié que vous le devez faire sur la mienne.

A M. DAGUESSEAU FILS AÎNÉ.

A Fresnes, le 2 juin 1726.

VOUS savez à présent, mon cher fils, tout ce que M. de Savignac m'est venu conter. Quoiqu'il y ait des circonstances qui peuvent le rendre croyable, je suspends néanmoins mon jugement, parce que ni vous ni M. d'Ormesson ne m'avez fait donner aucun avis sur ce sujet. Je profite de l'occasion de M. de Gandelus, qui part d'ici pour aller coucher ce soir à Versailles, et je le prie de savoir par M. son frère ce qu'il peut y avoir de réel dans les bruits qui courent, et de l'engager même à parler, s'il le faut, aux deux principaux mobiles de toutes les affaires, pour leur faire sentir l'excès de l'injustice que l'on me ferait par un renouvellement de disgrace que je ne crois pas avoir mérité. J'écris une grande lettre sur tout cela à M. d'Ormesson, qui vous la fera voir, et m'épargnera la peine de vous répéter les mêmes choses, si vous pouvez aller ce soir chez lui, comme je crois que cela conviendroit assez, pour convenir des mesures qu'il sera à propos de prendre. M. le duc de Tresmes, qui reste ici, recevra demain des nouvelles de M. son fils, par un courrier qu'il lui enverra sous prétexte de lui demander des nouvelles de sa santé. J'ai prié M. de Gandelus de dire au courrier de passer par la Chancellerie. Ainsi, si vous avez quelque chose à me faire savoir, vous pouvez lui donner ou lui faire donner une lettre pour moi. Priez Dieu, mon cher fils, qu'il me donne la vertu de patience dans toutes les épreuves auxquelles je puis être exposé; ce sera une grâce qui vaudra beaucoup mieux pour moi que toutes les fortunes de ce monde. Il me donne au moins la consolation d'avoir un fils qui en est bien persuadé.

J'écris à l'abbé Couet de mettre en œuvre une autre voie qu'il a pour savoir les sentimens de M. de F.... *(Fréjus)*. Vous lui enverrez ma lettre aussitôt que vous l'aurez reçue.

Je diffère, jusqu'à ce que je sois plus instruit, de laisser aller M. de Savignac à Monceaux *; et je crains d'ailleurs que la multiplicité d'acteurs qui ne sont pas bien d'accord entre eux, ne nous nuise, au lieu de nous servir.

Si, par hasard, M. le comte d'Évreux venoit à Paris, comme cela pourroit bien être, il faudroit que vous l'allassiez voir, ou que vous y envoyassiez votre frère de Fresnes, pour lui expliquer ce que vous savez, et savoir s'il ne jugeroit pas à propos de parler en cette occasion. Il n'est pas douteux qu'il ne le fasse mieux que personne; et il seroit fort à souhaiter qu'on lui parlât à Paris plutôt qu'à Monceaux, parce qu'il sera fort difficile de cacher ici à M. le duc

* Le château de Monceaux, dans la Brie, avoit été construit par Catherine de Médicis. Henri IV en fit don à Gabrielle d'Estrées, qui porta quelque temps le nom de marquise de Monceaux. Réuni plus tard au domaine de la couronne, il devint une maison royale, dont M. le duc de Tresmes étoit alors gouverneur. Peut être M. le comte d'Évreux avoit-il obtenu la permission de l'habiter.

de Tresmes, que M. de Savignac va à Monceaux; et, s'il le sait, il s'imaginera qu'on veut le faire agir, et qu'on n'a pas une confiance entière en son fils.

DE M.me LA CHANCELIÈRE

A M.me DE CHASTELLUX.

A Fresnes, le 5 juin 1726.

VOUS avez apparemment reçu, ma chère fille, ma réponse à votre lettre, par laquelle vous me mandiez le parti que vous avez pris de rester à Chastellux, et vous aurez vu sur cela mes sentimens et ceux de M. votre père, qui est toujours de moitié dans toutes mes lettres. Nous espérons que tout cela tournera favorablement; et s'il n'étoit question que de faire des châteaux en Espagne, j'en ferois un bien agréable pour que ce voyage qui nous rapprocheroit de vous, se fît avant le mois d'août, et que je pusse aller ensuite à votre couche. Mais tout cela ne seroit qu'un beau rêve, propre à mieux faire sentir au réveil la tristesse de l'éloignement. Il y a tout lieu de craindre qu'il ne soit long; car, quoiqu'il y ait quelque chose en l'air sur le mariage de M.lle de Commarin *, il y a plus lieu de craindre que cela ne tourne à une rupture, ou au moins à l'éloigner pour du temps. Quoiqu'il ne soit pas impossible que le mariage se fasse tout-à-fait, vous jugez bien que votre frère, dans les circonstances, n'ira pas vous voir : le chevalier exécutera sa promesse plus sûrement; mais le temps s'en doit arranger avec l'abbé Boisot. Il est allé à Paris recevoir de l'argent de la gendarmerie, et je crois que vous pouvez donner vos ordres pour en recevoir aussi. On dit qu'on va mieux payer : cela fera grand bien; car on ne voit pas un sou en ce pays, non plus qu'au vôtre.

Je vous dois, ma chère fille, et à M. de Chastellux, un compliment sur la mort du bon Dieu. Il me semble que vous aviez du tendre

* De Vienne de Commarin, d'une des premières maisons de Bourgogne. En 1698, Charles de Vienne, fils de M. le comte de Commarin, épousa Anne de Chastellux, belle-sœur de M.me de Chastellux et mère de M.lle de Commarin dont il est ici question.

pour lui; mais comme il y en a plus d'un dans la même espèce, vous vous consolerez aisément : après tout, M. de Buscat vaut mieux. M.lle de Monaco est morte : on dit qu'elle devoit épouser le duc de Gesvres. M.me la P. P.....* a la petite vérole. Adieu les charmes, qui ne lui étoient pas indifférens ! et les desirs qu'elle a eus de la place où elle est, seront bientôt évanouis ; car elle n'en aura guère joui si elle meurt, comme il y a lieu de le craindre à l'âge où elle est, quand on est attaqué de ce mal. Voilà, ma chère fille, toutes les nouvelles que je sais. Je vous embrasse tendrement, aussi bien que M. de Chastellux et notre petit enfant, qui, à ce que j'entends dire, est bien joli et d'un caractère bien aimable.

* M.me la Chancelière parloit peut-être de Rose-Madeleine de Rose, fille de M. Louis de Rose, seigneur de Vaudreuil, conseiller au Parlement de Metz, laquelle avoit épousé M. Antoine Portail, qui devint premier président du Parlement de Paris le 24 septembre 1724.

A M. DAGUESSEAU FILS AÎNÉ.

A Fresnes, le 20 juin 1726*.

COMME j'écris une grande lettre, mon cher fils, à M. l'abbé Couet, sur tout ce qu'il me

* Le Roi avoit pris enfin la résolution d'éloigner M. le duc de Bourbon : celui-ci cependant n'éprouvoit aucune inquiétude. « On annonça un voyage de la cour, à Rambouillet. Au moment de monter en voiture, Louis XV recommanda instamment au duc de Bourbon d'arriver pour le souper. *Prenez garde*, ajouta-t-il, *de vous faire attendre*. Charmé de cet empressement, le premier ministre arrangeoit son départ, lorsque le duc de Charost vint lui apporter une lettre conçue en ces termes : *Je vous ordonne, sous peine de désobéissance, de vous rendre à Chantilly, et d'y demeurer jusqu'à nouvel ordre*. Il partit, et un lieutenant des gardes-du-corps l'accompagna. Une autre lettre de cachet exila en même temps la marquise de Prie à sa terre de Courbépine...; Pâris Duverney fut mis à la Bastille, et ses deux frères furent exilés. Le président Dodun, qui avoit eu le titre de contrôleur général des finances pendant que les frères Pâris les administroient, fut renvoyé et remplacé par le Pelletier des Forts, homme jugé capable, parce qu'il étoit sévère, mais auquel il manquoit d'être juste. On fit sortir de prison, on tira de l'exil tous ceux qui passoient pour avoir été en butte

mande par rapport au maréchal d'H.... *, j'y ai fait entrer une réponse à la question qu'il vous a faite. Ainsi, pour éviter les répétitions, je vous renverrai, sur cet article, à l'abbé Couet, que je prie de vous montrer ma lettre, sur laquelle il m'est venu ensuite un scrupule dans l'esprit, qui consiste à savoir si je n'en dis point trop sur ce sujet. Je le prie (c'est-à-dire l'abbé Couet) de vous en parler aussi, de même qu'à M. d'Ormesson.

Vous verrez, dans la même lettre, que je le charge d'expliquer au maréchal d'H.... le fait de M. de V.... ** et celui de M.me de F.... ***, afin que

à des ressentimens de M. le duc et de M.me la marquise de Prie. » (*Histoire de France pendant le XVIII.e siècle*, par M. Lacretelle jeune.)

Tel fut le commencement du ministère de M. le cardinal de Fleury; il devint principal ministre le 11 juin 1726.

* M. le maréchal d'Huxelles.

** M. de Valincour.

*** Cette initiale paroît être celle du nom de la comtesse de Ferriol, qui passoit pour être dans l'intimité de M. le maréchal d'Huxelles. Elle étoit sœur de M.me de Tencin et belle-sœur de M. de Ferriol, ambassadeur à Constantinople.

ce M...., qui est naturellement jaloux et défiant, ne croie pas qu'on veuille se servir d'un autre canal que du sien. Je crois même, par cette raison, comme je le mande à l'abbé Couet par une lettre séparée, qu'il seroit bon que M. de V.... fît lui-même la confidence du fait de M.me de F...., mais en se gardant bien de dire sa réponse à cette dame, et en disant seulement qu'il lui a répondu avec la politesse convenable sur ce sujet, et qu'il vient consulter le M....., pour savoir s'il laissera tomber la chose, ou s'il la suivra. On ne sauroit trop ménager l'esprit d'un homme qui ne veut agir pour ses amis qu'à condition qu'ils se livreront totalement à lui.

Je n'ai pas trop le temps de vous en dire davantage, à cause de la longueur énorme des lettres que j'ai écrites à l'abbé Couet, auquel je vous renvoie. J'ajoute seulement ici deux choses : l'une qu'il me paroît très-intéressant que M. d'O.... * se donne la peine de venir ici avant la conversation qu'il doit avoir dans huit jours **. Il est absolument nécessaire que nous

* M. d'Ormesson.

** Devenu récemment principal ministre, quoiqu'il en eût fait *supprimer*, comme le dit Duclos, *le titre et les*

puissions nous concerter définitivement sur tout ce qu'il aura à dire, en prévoyant, autant qu'il est possible, tout ce qu'on lui dira, et en convenant de la réponse qu'il pourra faire sur les choses non prévues. Prenez donc la peine de le prier de ma part de s'arranger de telle manière qu'il puisse passer vingt-quatre heures ici au moins. J'ai déjà reçu tant de marques de son amitié dans tout ceci, que j'espère qu'il voudra

fonctions visibles, M. l'évêque de Fréjus pouvoit à son gré ou prolonger la disgrace de M. le Chancelier, ou le faire rappeler à la cour, et l'on conçoit qu'au moment où ce prélat fut ouvertement honoré de la confiance du Roi, les amis de M. Daguesseau devoient rivaliser de soins pour mettre un terme à son exil. Le nouveau ministre avoit seul le moyen de les satisfaire. « Toute l'autorité fut constamment entre les mains du cardinal, et toutes les volontés, si souvent partagées entre différens ministres avec égalité de pouvoir, et pour cela si pernicieuses à l'État, se concentrèrent dans une seule. Tout marchoit sur la même ligne; qui que ce soit de raisonnable n'osa jamais rien tenter auprès du Roi contre son ministre. La Reine même en sentit les conséquences. Quelque mécontente qu'elle pût être de la disgrace du duc de Bourbon et du changement du ministère, elle ne chercha pas à influer dans le gouvernement, et se renferma dès-lors dans ses devoirs, dont elle n'est sortie depuis dans aucune circonstance. » (Duclos, *du cardinal de Fleury*.)

bien encore y ajouter celle de faire un voyage qui me paroît tout-à-fait essentiel dans les circonstances présentes.

L'autre est de prier M. Lefebvre de chercher dans les minutes du conseil, s'il y a des arrêts, depuis l'année 1652 jusqu'en 1656, qui soient signés conjointement par M. le Chancelier Seguier et par M. Molé, Garde des sceaux. S'il pouvoit, en faisant cette recherche, y trouver le prétendu réglement fait entre ces deux magistrats, ce seroit une découverte qui m'épargneroit bien des tracasseries dans un cas qui peut arriver. Le secret est de droit avec M. Lefebvre ; ce seroit une parole oiseuse de le lui demander.

A M. DE FRESNES.

A Fresnes, le 4 juillet 1726.

Je vous envoie, mon cher fils, les deux lettres que vous me demandez; l'une pour le président qui vous perd, l'autre pour celui qui vous gagne*.

* Il passoit de la deuxième chambre des requêtes du palais, à laquelle il étoit attaché depuis le 4 septembre

Je suis le précepte de S. Paul en votre faveur; je m'afflige avec ceux qui pleurent, et je me réjouis avec ceux qui rient : mais rira bien qui rira le dernier. Ce sera moi, s'il plaît à Dieu, qui serai ravi, après tant de préparations, de vous voir servir dignement au conseil, quand la Providence le permettra *. Je ne laisse pas d'avoir quelque peine à prendre l'habitude de vous regarder comme un juge sans appel **;

1722, à la cinquième chambre des enquêtes, présidée par MM. de la Garde, Poncet de la Rivière et Berthier de Sauvigny. A cette époque, chaque chambre des enquêtes et des requêtes avoit trois présidens.

* En 1727, il fut nommé maître des requêtes et attaché en cette qualité *aux requêtes de l'hôtel* et *au conseil privé du Roi.*

** On ne jugeoit qu'en première instance aux requêtes du palais ; encore n'y portoit-on que les causes civiles personnelles, possessoires et mixtes des privilégiés qui avoient droit de *committimus* au grand et au petit sceau, tandis que les chambres *des enquêtes* statuoient souverainement sur les procès par écrit, c'est-à-dire, sur ceux qui avoient déjà été appointés en droit à écrire, produire, contredire et *sauver* devant les premiers juges, à la différence des causes qui avoient été jugées à l'audience, en première instance. On pouvoit porter l'appel de celles-ci à la grand'chambre.

mais vous m'y accoutumerez par la manière dont vous allez remplir vos nouvelles fonctions; et je suis sûr que vous y augmenterez encore le plaisir que j'ai de vous aimer plus tendrement, mon cher fils, que je ne puis vous l'exprimer. J'embrasse votre frère aîné, que vous aurez à présent le privilége de faire trembler quand il parlera devant vous, et il ne tiendra qu'à vous de dire, comme le lièvre de la Fontaine,

Je suis donc un foudre de guerre!

A M. DAGUESSEAU FILS AÎNÉ.

A Fresnes, le 5 juillet 1726.

Je ne ferai point de commentaire, mon cher fils, sur tous les articles de ce que vous appelez une gazette. Le sujet seroit riche pour les nouvellistes, ou même pour les politiques, et je ne suis guère plus l'un que l'autre. Je m'arrête donc aux points essentiels.

M. D....* a très-bien fait de suivre l'avis de

* M. d'Ormesson.

l'ami de M. Couet, préférablement à celui de l'homme piqué*, dont je me suis bien douté que les projets seroient dérangés. Que cet ami parle lui-même ou qu'il fasse parler une autre personne, c'est à-peu-près la même chose par rapport à moi : mais je ne saurois croire que M. D.... ait bien entendu ce qu'il prétend que cet ami lui a dit sur ce sujet, et qui vraisemblablement doit être restreint à un certain jour ou à une occasion particulière. Je m'imagine que l'abbé Couet ne donnera point d'autre dénouement à cette espèce de contradiction qui vous a surpris, et qui, autant que j'en puis juger par tout ce que j'ai vu, se réduira à un malentendu.

Je souhaiterois fort que ni la Maréchale** ni le duc de N....*** ne se mêlassent de ce qui me regarde; avec les meilleures intentions du monde, ils me nuiront beaucoup plus qu'ils ne me serviront. Si M. D.... ou l'abbé Couet peuvent leur faire entendre raison sur ce point, ils me feront un bien grand plaisir. M. d'Anger....**** pourroit

* M. le maréchal d'Huxelles.

** M.me la maréchale d'Estrées.

*** M. le duc de Noailles.

**** M. d'Angervilliers.

aussi en dire un mot à celui que l'ami de l'abbé Couet fait souvent parler au lieu de lui, et sur léquel la conjecture de M. D.... est fort juste; mais M. d'Anger..... est peut-être trop occupé à présent de ce qui le regarde, pour penser à autre chose. En tout cas, vous pouvez dire ce que je vous écris à l'abbé Couet, qui en fera l'usage qu'il jugera à propos, et je serai toujours bien aise d'avoir un témoin auprès de son ami, des mesures que je prends pour empêcher que le M......*, qu'il n'aime point, n'entre dans ce qui me regarde, en cas qu'il ait dans la suite quelque inquiétude sur ce sujet.

Je serois fort aise aussi que la D. de V......** ne se mêlât pas non plus de mes affaires. M. de Fresnes vous dira, s'il s'est abaissé encore jusqu'à parler de chasse, que la pluralité d'équipages ne sert qu'à faire manquer le cerf que l'on veut prendre. Cependant, pourvu qu'il n'y ait que l'homme dont vous parlez qui agisse comme de lui-même, et plutôt comme l'ami de celui à qui il parlera que comme le mien, je le connois

* M. le maréchal d'Estrées.

** M.me la duchesse de Villeroy.

si sage et si circonspect, que je crois qu'il n'y a aucun inconvénient à le laisser faire.

Au surplus, il n'y a qu'à attendre tranquillement les événemens par lesquels les ordres de la Providence nous seront déclarés, et à souhaiter que Dieu nous donne la force de soutenir la disgrace ou la prospérité, selon qu'il jugera l'une ou l'autre meilleure pour nous.

Je vous envoie ma réponse pour le chevalier de Conflans *. Tout ce qui lui a été dit me paroît si naturel, que j'aimerois mieux en être la dupe que d'avoir assez de malignité pour y soupçonner de la fausseté; mais.... l'homme est souvent léger et variable.

AU MÊME.

A Fresnes, le 9 juillet 1726.

Je ne pourrois rien ajouter, mon cher fils, aux réflexions que vous faites de vous-même

* Ancien premier gentilhomme de la chambre du Régent. En 1720, ce prince l'envoya avec Law, chercher M. le Chancelier à Fresnes.

sur les faits que vous m'expliquez. La conséquence générale qui en résulte, est que les dispositions présentes paroissent bonnes, et qu'il seroit difficile même d'y soupçonner de la fausseté; mais que ce retardement est toujours à craindre, soit par le caractère de celui qui tient mon sort entre ses mains*, soit par les cabales et les mouvemens contraires auxquels il donne tout le loisir nécessaire pour me nuire.

* M. l'évêque de Fréjus. « Sans changer le plan du gouvernement qu'il trouvoit adopté, ce prélat établit du moins une administration économique, qu'il suivit constamment dans le cours de sa vie que dura son ministère. On peut lui reprocher trop de confiance dans les financiers. Il ne pouvoit ignorer que leur prétendu crédit n'est que celui qu'ils tirent eux-mêmes du Roi, quand ils paroissent le lui prêter. Il les soutint faute de connoître les moyens de s'en passer........ Il y suppléa par l'ordre et l'économie, qui, dans quelque gouvernement que ce soit, doivent être la base de toute administration. Ce qu'il y a de plus essentiel pour la règle, il en donnoit l'exemple. Jamais ministre ne fut si désintéressé. Il ne voulut en bénéfices que ce qui étoit nécessaire, sans rien prendre sur l'État, pour entretenir une maison modeste et une table frugale : aussi sa succession eût à peine été celle d'un médiocre bourgeois, et n'auroit pas suffi à la dixième partie de la dépense du tombeau que le Roi lui a fait élever. Sa mort pourroit rappeler ces temps éloignés, où des citoyens, après avoir servi leur patrie, mouroient si

Ce que je trouve de consolant pour moi, c'est qu'au moins il est évident qu'on ne peut rien faire de mieux que ce qu'on fait en ma faveur. Ainsi, je suis à couvert des perplexités importunes sur le parti qu'on peut prendre; et quand cela est, il faut tâcher d'attendre en paix ce qu'il plaira au souverain maître des événemens d'en ordonner.

La lettre qu'on doit écrire à Mme la Chance-

pauvres, qu'elle étoit obligée de faire les frais de leurs funérailles. Les financiers, pour qui il avoit trop de complaisance, n'auroient pourtant osé afficher le faste que nous avons vu depuis étalé par des échappés de la poussière des bureaux........ S'il a porté quelquefois trop loin l'économie, ceux qu'elle gênoit en murmuroient et tâchoient de persuader qu'il ne voyoit pas les choses en grand, et mille sots, qui ne voient ni en grand ni en petit, répétoient le même propos. Mais le peuple et le bourgeois, c'est-à-dire ce qu'il y a de plus nombreux, de plus utile dans l'État et qui en fait la base et la force, avoient à se louer d'un ministre qui gouvernoit un royaume comme une famille. Quelque reproche qu'on puisse lui faire, il seroit à desirer pour l'État qu'il n'eût que des successeurs de son caractère, avec une autorité aussi absolue que la sienne. Ce qui enfin est décisif, on n'a pas regretté la Régence, on a maudit le ministère de M. le duc, on voudroit ressusciter son successeur, et nous savons à quoi nous en tenir sur ce que nous avons vu depuis. » (Duclos, *du cardinal de Fleury.*)

lière pour moi, n'est pas encore venue. Je savois depuis long-temps la délicatesse de l'homme* dont il s'agit; je m'attendois bien à quelque expédient semblable pour concilier son cérémonial avec le mien. Il y en aura bientôt un nouveau entre lui et moi, et peut-être n'en sera-t-il guère plus content, à moins qu'il ne l'évite en me mettant en état de n'avoir plus besoin de lui écrire. Au surplus, la conversation de samedi prochain nous mettra plus en état de juger de sa sincérité et de la véracité de ses vues par rapport à moi; je pourrois ajouter aussi de leur étendue : c'est un des points qui me touchent le plus dans la supposition de mon retour, et je laisse à M. Fréteau le soin de vous expliquer les mesures auxquelles je me suis fixé, en cas que l'on ne me fasse pas une restitution entière et parfaite.

Je ne manquerai pas de suivre le conseil que M. D....** me donne par rapport à M. le Guerchois, et j'y étois déjà résolu avant que d'avoir lu votre lettre. Je serai fort aise que l'auteur du

* M. d'Armenonville, Garde des sceaux.

** M. d'Ormesson.

conseil puisse venir ici après la conversation de samedi ; sinon, il faudra y suppléer par des lettres, dont je vois, avec quelque peine, que le poids tombe toujours sur vous, parce que cela vous prend un temps dont vous pouvez avoir souvent un besoin pressant pour vos fonctions publiques : mais il est bien difficile d'éviter cet inconvénient, dont je me console par le plaisir de recevoir des lettres aussi détaillées et aussi instructives que les vôtres.

Il faut que le bruit qui court d'un lit de justice pour la fin de cette semaine, n'ait point de fondement, puisque vous ne m'en parlez point; et je ne vois pas en effet à quoi serviroit cette cérémonie, s'il n'est question que du rang et de la maison de M. le duc d'Orléans, ou peut-être d'accorder quelques nouvelles distinctions aux princes légitimés. Il m'a passé par l'esprit que s'il y avoit effectivement un lit de justice, ce seroit plutôt quelque nouvelle déclaration sur l'affaire de la constitution qui en seroit le véritable objet; mais je rejette encore cette pensée, parce que ni vous ni M. l'abbé Couet ne me dites rien qui puisse appuyer une conjecture qui ne se présente peut-être à moi que par le desir que j'aurois de voir finir cette affaire avant mon retour.

M. de Valincour ne vous a point trompé, quand il dit que le nonce le traverse autant qu'il peut; tout ce que M. l'abbé Couet m'écrit confirme entièrement le soupçon qu'on en a. Une calotte rouge * cause un étrange mouvement dans les têtes de ce pays-ci; mais il y a trop long-temps que j'écris pour vouloir moraliser sur

* M. de Fréjus ne fut fait cardinal que dans la promotion du 11 septembre 1726; mais à l'époque de cette lettre, on savoit déjà qu'il alloit être décoré de la pourpre romaine. Il se concertoit avec le nonce (M. Massei) pour obtenir de M. le cardinal de Noailles, archevêque de Paris, un mandement d'acceptation de la bulle *Unigenitus,* dans lequel celui-ci diroit qu'il l'acceptoit « avec » respect et soumission, sans avoir égard à son instruction » pastorale de 1719. » M. de Fréjus étoit plus zélé que jamais en faveur de cette bulle. « Il s'est sans doute trop occupé de la *constitution,* qu'il pouvoit laisser à l'écart mourir avec les opposans, dit Duclos; mais il étoit presque contre nature qu'un prélat, assez satisfait de sa position, eût assez de hauteur pour ne pas ambitionner le cardinalat, et ne pas saisir le plus sûr moyen de l'obtenir. Il n'avoit pas pris le titre de principal ministre; il voulut du moins se procurer la décoration que ses prédécesseurs ecclésiastiques avoient eue dans sa place. On imagine bien qu'il ne trouva pas de difficulté. »

cette matière. N'oubliez pas de faire raisonner M. D.... et M. l'abbé Couet, pour savoir s'il convient que j'écrive au premier moment que je la saurai arrivée (je veux dire la calotte rouge). Je laisse au dernier de décider s'il doit consulter le maréchal d'H.....* sur ce sujet.

Je suis toujours à vous, mon cher fils, avec toute la tendresse que vous méritez. J'embrasse notre grave sénateur**, dont le président me paroît déjà fort content, sans oublier notre judicieux gendarme*** qui est à présent avec vous.

AU MÊME.

A Fresnes, le 12 juillet 1726.

Il est bon que vous sachiez, mon cher fils, ce que j'ai dit à M.me de Tavannes et à M. de Châlons sur ce qui me regarde, afin que vous

* M. le maréchal d'Huxelles.

** M. de Fresnes.

*** M. le chevalier Daguesseau.

puissiez être instruit de la manière dont vous devez aussi leur parler, ou pour ne pas leur faire un mystère de ce que je leur ai confié, ou pour éviter au contraire d'aller plus loin avec eux que je ne l'ai fait.

M.me de Tavannes savoit que M. D....* devoit avoir une conversation avec M. de F.....**; et comme elle m'a demandé quand il l'auroit effectivement, parce qu'il lui paroissoit que cela se différoit bien long-temps, je lui ai dit que je croyois que ce pourroit être pour demain; mais qu'il ne seroit pas impossible que M. D.... reçût un contre-ordre qui la remettroit peut-être à plus longs jours. J'ai dit la même chose à M. de Châlons, à qui il auroit été inutile de cacher ce que je disois à sa mère, outre que je suis trop uni avec eux pour ne leur pas faire part de tout ce qui n'est point le secret d'autrui.

J'ai dit aussi à M. de Châlons ce que M.me de T.....*** savoit déjà, que les discours de M. de F....... paroissoient bons sur mon sujet, à en

* M. d'Ormesson.

** M. l'ancien évêque de Fréjus.

*** M.me de Tavannes.

juger par ce qui m'en revenoit de différens endroits; mais que l'événement seul pourroit montrer si ces discours étoient des complimens, ou des dispositions réelles et efficaces. Je n'ai pas cru qu'il y eût aucun inconvénient à lui raconter, aussi bien qu'à M.me de T....., la conversation de M. de F.... avec le chevalier de Conflans : c'est le seul fait particulier que je leur aie expliqué, parce que j'ai cru en être le maître, dès le moment que M. de F....... a consenti qu'on m'en informât, pourvu que ce ne fût pas en public; et j'ai pensé d'ailleurs qu'il auroit été de fort mauvaise grâce que j'eusse voulu leur cacher un fait que l'un ou l'autre saura sans doute par le chevalier, qui ne manquera pas de leur en parler.

Je ne suis entré en aucune sorte de détail sur ce qui regarde le M. d'H....*; on m'a demandé s'il n'étoit pas toujours de mes amis, et s'il ne paroissoit pas bien disposé en ma faveur : j'ai répondu, sans aller plus loin, que j'avois lieu de le croire. J'ai encore moins dit sur l'article du maréchal de B....*, que ni la mère ni le fils ne

* M. le maréchal d'Huxelles.

** M. le maréchal de Bezons. « C'étoit ce qu'on appelle

regardent comme un acteur bien important dans la conjoncture présente, quoique persuadés de la véritable part qu'il prend à ce qui me regarde.

On m'a questionné aussi sur le sujet de M. des Forts (*le Pelletier*) et de M. le Blanc, et j'ai dit que je les croyois bien intentionnés en général, mais trop occupés d'eux-mêmes dans ces premiers momens pour penser bien vivement aux autres. Une chose plus essentielle à vous expliquer que tout cela, est ce qui regarde la manière dont je suis convenu avec M. de Châlons qu'il parleroit à M. de F.... sur mon sujet. Je lui ai dit, et il y étoit déjà porté de lui-même, qu'il ne convenoit pas du tout qu'il entrât bien avant en matière avec lui, parce que tous ceux qui sont le plus au fait, croient également qu'il

un homme de guerre, s'il ne falloit que bien mener un corps; brusque, emporté dans son humeur, avec assez de sens, mais peu d'intelligence; connoissant l'honneur militaire, mais aussi timide à la cour qu'il étoit brave sous les armes : quant à l'extérieur, fait pour en imposer par une tête de caractère, bonne, dit Saint-Simon, à être peinte par Rembrant; mais, avec cette tête vide, plus propre à figurer qu'à opiner dans les conseils » (Marmontel, *Régence du duc d'Orléans.*)

Le maréchal de Bezons fut membre du conseil de Régence.

faut lui donner le temps de s'arranger, et qu'on me nuiroit plus qu'on ne me serviroit si on le pressoit trop dans le moment présent. Mais comme, d'un autre côté, il paroîtroit extraordinaire que M. de Ch.....*, venant de Fresnes, ne dît rien du tout sur ce qui me regarde, lui qui en a parlé plusieurs fois dans le temps où cela ne paroïssoit pas à beaucoup près si convenable, je lui ai conseillé de dire seulement, après avoir parlé d'autre chose, qu'il auroit encore un sujet plus important à traiter avec M. de F....., c'est-à-dire à lui parler de ce qui me regarde; mais qu'il croyoit ne pouvoir rien faire de mieux que de s'en rapporter à lui-même, persuadé de son amitié pour moi; qu'ayant cette confiance dans sa manière de penser et d'agir, il n'avoit pas besoin de longs discours sur ce sujet, et qu'aussitôt que mon retour lui paroîtroit convenable il prendroit de lui-même les mesures qu'il jugeroit à propos pour me faire revenir. Il est naturel que M. de Ch...... parle de cette manière après tout ce que M. de F.... lui a dit cet hiver sur mon compte; et, outre qu'un tel discours n'a rien que d'obligeant pour

* M. l'évêque de Châlons.

lui, et qu'il s'accorde avec ceux qu'il a lui-même tenus depuis peu à différentes personnes, on évitera par-là toutes les discussions dans lesquelles il ne convient pas que M. de Ch.... entre de lui-même dans cette matière. Si M. de F.... lui donne lieu de le faire par la manière dont il lui répondra, on ne peut que s'en rapporter, sur ce qu'il sera à propos de dire alors, à la prudence de M. de Ch...., que j'ai prié, en ce cas, de parler peu, de se renfermer dans des choses générales, et, si on lui en disoit de plus particulières, de répondre de mes bonnes intentions, et d'ajouter que si M. de F..... veut en être instruit plus en détail, il peut me faire parler ou par lui, M. de Ch...., ou par qui il jugera à propos, et qu'il espère que je répondrai d'une manière dont il sera content.

Mais il y a peu d'apparence que M. de F..... s'avance si fort avec lui; il aura tout dit à M. d'O....., et il ne s'amusera pas vraisemblablement à le redire à M. de Ch...... Je doute même que leur première entrevue soit accompagnée d'un grand épanchement de cœur : je soupçonnerois plutôt qu'il ne seroit pas trop content de la réserve avec laquelle M. de Ch....

en a usé à son égard depuis la dernière révolution, ce qui pourra bien le porter à ne s'ouvrir guère avec lui; c'est même une des raisons qui m'ont engagé à convenir avec M. de Ch.... qu'il ne feroit que couler légèrement sur ce qui me regarde.

J'oubliois de vous dire que lui et M.me de Tavannes ont d'abord frappé au but, en disant qu'il y avoit lieu de croire que c'étoit l'attente du chapeau qui tenoit M. de F...... en suspens par rapport à moi. Quoique cette pensée se présente naturellement à l'esprit, je n'ai pas voulu néanmoins en convenir expressément; j'ai dit seulement que bien des gens s'imaginoient que c'étoit là le nœud de l'affaire, mais qu'il pourroit aussi y en avoir d'autres, et qu'on ne verroit bien clair sur tout cela que quand M. de F...... se seroit mieux expliqué qu'il n'avoit fait jusqu'à présent.

Je compte, mon cher fils, que ce récit, qu'il étoit nécessaire de vous faire, ne sera pas seulement pour vous, et que vous en ferez part à M. l'abbé Couet. Il est bon qu'il en soit instruit, afin qu'il en puisse faire l'usage qu'il jugera à propos avec son ami, à qui il est important de pouvoir montrer toujours qu'on ne veut passer que par son canal, et que l'on porte le scrupule jusqu'à empêcher d'agir véritablement ceux mêmes à qui il seroit le plus naturel de le faire. Je vous prie donc de lire cette lettre à M. l'abbé Couet, ou de la lui envoyer dans un paquet cacheté, par une personne sûre, en cas que vous ne puissiez pas aller promptement chez lui. Je pense qu'il dînera peut-être dès demain chez son ami. Si cela est, vous pourriez l'envoyer prier de passer chez vous l'après-dînée, afin qu'il pût retourner ensuite chez la même personne, supposé qu'il crût lui devoir dire quelque chose sur ce que je vous écris.

Si M. d'O.... a été remis à un autre jour que demain, comme cela pourroit bien avoir été fait par un homme qui vraisemblablement veut gagner du temps, vous lui ferez voir aussi cette lettre, et vous le prierez de ne point mettre M. de Ch.... en œuvre, sans avoir raisonné auparavant avec M. l'abbé Couet, qui est plus à portée que personne de savoir ce qu'il convient de faire sur cela, pour ménager un ami aussi solide, mais aussi délicat que le sien.

Je suis bien las de tant d'écritures, mon cher

fils, et je les regarde comme une des plus grandes croix de l'absence. Si quelque chose m'en console, c'est le plaisir de vous assurer plus souvent de toute la tendresse que j'ai pour vous.

AU MÊME.

À Fresnes, le 17 juillet 1726.

Sans vouloir pénétrer dans les mystérieuses obscurités de l'oracle dont on ne nous a révélé que ce qui est à la portée des ames vulgaires, j'en tire, mon cher fils, cette unique conséquence, qu'il n'y a aucune démarche à faire, et que tous les mouvemens devenant absolument inutiles, nous n'avons qu'à nous tenir en repos jusqu'à ce que la suite des événemens nous développe peu à peu ce secret, sur lequel on peut dire qu'il est également difficile de deviner pourquoi on l'a confié, puisqu'on vouloit le cacher, ou pourquoi on le cache encore, après l'avoir confié. Si l'on n'a voulu qu'avoir un témoin de sa bonne volonté, je trouve qu'on l'achète bien cher en lui livrant le secret de l'État; il en auroit moins coûté pour avoir le témoignage de tout le royaume, en prouvant cette volonté par des effets réels et présens. Mais, encore une fois, je dois m'interdire et je m'interdis toutes sortes de raisonnemens sur ce que l'on ne veut pas que je sache; et, après tout, comme je dois présumer que c'est pour le bien de l'État qu'on diffère mon retour, il faut bien se résoudre, puisqu'on le veut ainsi, à le servir par mon absence, en attendant qu'on me mette en état de le faire par ma présence. Je sens, comme vous, tous les inconvéniens du retardement, sans comprendre ce que c'est qu'une affaire qui, d'un côté, peut être finie en quinze jours, et qui, de l'autre, peut n'avoir point de fin : mais quand on se donneroit la torture pour expliquer cette énigme, on n'y ajouteroit qu'un mal de plus, et quand on l'auroit expliquée aussi facilement que M.me la Chancelière devine celles du *Mercure galant,* on ne parviendroit pas, pour cela, à abréger un délai qui peut m'être si contraire, puisque M. d'O.... *, qui sait tout, n'imagine rien qui puisse avancer le temps de

* M. d'Ormesson.

ses desirs et des vôtres. Il semble pourtant que le M. d'H.... * n'en juge pas entièrement de la même manière, puisqu'il ne cesse point d'employer des voies indirectes, que votre ambassadeur m'a expliquées, et qui me sont aussi confirmées par l'abbé Couet, pour vaincre la lenteur que l'on apporte à l'exécution d'une résolution qui paroît entièrement prise. Seroit-ce qu'il ignoreroit ce qu'on a confié à M. d'O....? seroit-ce que, le sachant, il ne jugeroit pas la difficulté insurmontable? Le premier n'est pas vraisemblable, et le second ne paroît guère plus aisé à croire, dès le moment que M. d'O.... ne pense pas qu'il y ait autre chose à faire que d'attendre les événemens. Il a dû avoir une conférence avec le M. d'H...., suivant ce que l'abbé m'écrit : peut-être en sortira-t-il quelque nouvelle lumière. Quoi qu'il en soit, je ne dois pas me trouver à plaindre, si la nécessité fait en moi l'office de la vertu, et m'oblige à demeurer dans une inaction tranquille, en attendant qu'on voie plus clair sur tout cela. C'est au moins une grande consolation dans une pareille conjoncture, d'avoir fait tout ce que la prudence pou-

* M. le maréchal d'Huxelles.

voit exiger, et d'être en état de n'avoir rien à se reprocher.

Je ne vous parle point de ce qui regarde le mémoire que M. Fréteau vous a communiqué : nous aurons, suivant toutes les apparences, plus de temps qu'il n'en faut pour y mettre la dernière main, sur les observations que ceux qui l'ont vu comme vous y ont faites, et qui ne sont pas du goût de M. de Valjouan, auquel je les ai communiquées. Mais il se peut fort bien que je ne les aie pas assez bien comprises par le peu que vous m'en dites. Tout cela s'éclaircira la première fois que vous viendrez; et d'ailleurs j'ai toujours pensé, comme vous me marquez que M. d'O....... le fait, que si l'on ne me rendoit qu'une justice imparfaite, les difficultés qu'il y auroit lieu de régler se traiteroient moins par des mémoires que par voie de négociation.

A l'égard de tous les autres articles de votre lettre, je n'y fais, mon cher fils, qu'une réponse aussi simple que générale : c'est que je pense entièrement comme vous, et sur ce qui regarde le D..... de N..... *, et sur l'usage qu'on peut faire

* M. le duc de Noailles.

de M. de Ch..... * à l'égard du nonce **, pourvu qu'on l'instruise bien et qu'il n'aille pas trop avant, et sur le voyage de M. d'O....., que je laisse à sa prudence de placer quand il le jugera à propos; et sur les momens dans lesquels il croira devoir reparler à celui qui lui témoigne une confiance si singulière.

Il ne me reste donc plus, mon cher fils, qu'à vous assurer de toute la tendresse que j'ai pour vous; vous l'augmentez tous les jours par la sagesse de vos sentimens, et par celle de votre conduite.

Comme je ne sais si on a dit à M. le Blanc la mort de son gendre, et que d'ailleurs il n'est peut-être pas trop en état de lire des lettres, si ce qu'on m'écrit de son mal est véritable, je prends le parti d'écrire à M. de B..... ***, et de lui adresser ma lettre pour M. le Blanc, à qui il la rendra quand il le jugera à propos.

J'oubliois de vous dire que mon approbation générale s'étend aussi à la voie par laquelle M. d'O..... croit que je devrois faire mon com-

* M. de Châlons.

** M. Massei, archevêque d'Athènes, nonce de S. S.

*** M. le maréchal de Bezons.

pliment, si un certain événement arrivoit, et je vous prie de lui dire que je lui donne, dès à présent, la mission nécessaire pour parler en mon nom.

A M.lle DE FRESNES.

A Fresnes, le 18 juillet 1726.

Les *breviaires* dont vous me marquez, ma chère fille, une si grande reconnoissance, ne sont qu'une foible marque de ce que je voudrois pouvoir faire afin de vous témoigner toute la tendresse que j'ai pour vous, et le cas que vous faites de ces livres me montre combien vous desirez d'assister, avec une piété éclairée, à l'office divin. C'est là en effet que vous devez chercher cet esprit de force et de consolation qui vous est si nécessaire pour soutenir la grande épreuve par laquelle Dieu continue d'exercer votre foi et votre soumission à sa sainte volonté. Vous ne vous êtes pas trompée, quand vous avez cru que vous seriez le principal sujet de nos entretiens avec M.me le Guerchois. Parmi les choses tristes qu'elle n'a pu s'empêcher de me dire, elle y en a mêlé tant de consolantes sur la manière dont vous portez la croix que Dieu vous envoie et sur les sentimens de religion qui paroissent croître en vous à proportion de vos souffrances, que nous avons béni avec elle le père des miséricordes et le Dieu de toute consolation, qui ne vous frappe que pour vous sanctifier, et qui vous guérira avec la même bonté quand il vous aura pleinement affermie dans sa grâce, par l'amertume du calice que vous recevez de sa main avec tant de résignation. Continuez donc, ma chère fille, d'en faire un si bon usage et de profiter des instructions et des exemples que vous trouvez dans M.me le Guerchois; je suis presque jaloux de la tendresse qu'elle a pour vous. Il me semble qu'il n'appartient qu'à moi de vous aimer autant qu'elle fait; mais en récompense je vois sans jalousie votre respect et votre attachement pour elle. Vous avez bien raison de la regarder comme une véritable mère; je pourrois dire aussi comme un père, puisqu'elle me représente auprès de vous aussi bien que M.me la Chancelière, et qu'elle en remplit tous les devoirs bien mieux que je ne le pourrois faire. Si vous la suivez de cœur quand elle vient ici, je ne la suis pas moins quand elle va vous voir, et vous trouverez sûrement en elle tous les sentimens que j'ai pour vous. Vous connoîtrez, par ce qu'elle vous dira, la place que vous occupez dans mon cœur; elle ne pourroit être meilleure quand je vous verrois tous les jours. Je ne sais combien de temps Dieu me refusera encore la satisfaction de vous en assurer moi-même. Chacun a sa croix dans ce monde : l'essentiel est de la savoir porter sans impatience, et même avec joie. Demandez à Dieu, ma chère fille, qu'il me fasse cette grâce, et soyez persuadée que, si je suis obligé de céder à la vertu de vos deux mères, je les égale et m'imagine même les surpasser par la tendresse que j'ai pour vous.

A M. DAGUESSEAU FILS AÎNÉ.

A Fresnes, le 27 juillet 1726.

Vous aurez vu par ma lettre d'hier, mon cher fils, combien j'étois inquiet de la maladie du

Roi*. Quoiqu'on ne doive pas compter beaucoup sur les discours des passans, tous ceux qui venoient de Paris à Meaux, disant que le Roi étoit fort mal, je souffrois beaucoup de n'en point recevoir des nouvelles plus assurées, et toutes sortes de pensées noires se présentoient à mon esprit. Vous ne pouviez donc rien faire de mieux que d'envoyer ici, comme vous le faites, pour me rassurer par votre lettre : elle me remplit de bonnes espérances. La fièvre ayant diminué avec tous les accidens qui l'accompagnoient, cela me paroît un signe presque certain de guérison. Je compte aussi pour beaucoup l'avis de M. Maréchal**, qui n'aime ni à se flatter ni à flatter les autres : mais, après tout, je ne serai entièrement

* Cette maladie ne dura que peu de jours. M. le duc de Bourbon, quand le Roi fut en convalescence, fit solliciter par sa mère l'honneur de lui faire sa cour. Sa Majesté répondit : *Point.* — *Mais, Sire,* lui dit M.me la duchesse, *vous m'accablez de la plus vive douleur. Voulez-vous mettre mon fils et moi au désespoir? Qu'il ait la consolation de vous voir un seul moment.* Le Roi lui dit encore, *Non.*

M. le duc ne reparut à la cour qu'en 1729, un an après avoir épousé la princesse Caroline de Hesse-Reinsfels.

** George Maréchal fut un chirurgien habile. Louis XV lui donna une charge de maître d'hôtel et l'anoblit. C'est

quitte d'inquiétude que lorsque la fièvre aura cessé absolument. Je ne suis pas surpris que l'alarme ait été grande à Versailles pour une tête si précieuse. Dieu veuille nous la conserver, et inspirer au Roi de profiter des leçons de M. Maréchal sur la sobriété ! Celles de la maladie devroient encore être plus efficaces.

Je suis fort aise que M. le duc de Gesvres ait fait un petit mensonge en ma faveur ; je ne vois pas quel sujet il pouvoit y avoir de douter s'il falloit encore savoir des nouvelles du Roi en mon nom, en observant seulement la règle de *verisimile notitia :* vous l'avez déjà fait en de pareilles occasions, et il n'y a personne à conseiller sur un devoir si essentiel, qu'aucune circonstance ne peut empêcher de remplir. La pensée que vous m'inspirez d'envoyer le chevalier, dès aujourd'hui, à Paris, me paroît fort bonne : il pourra aller demain à Versailles, et comme j'espère qu'il y trouvera le Roi guéri, il n'aura plus que des complimens de joie à faire de ma part à M. de Fréjus, sur un événement

à lui que l'on dut, sous Louis XV, l'établissement de l'Académie royale de chirurgie. Le marquis de Bièvre, si connu par ses calembours, étoit son petit-fils.

qui me touche autant que lui. M. d'Ormesson pourra aussi lui témoigner combien j'ai été sensible à sa maladie et à sa guérison : ce sera une occasion naturelle de lui reparler de moi, et il sera plus de sang-froid que lorsque vous avez voulu lui en dire quelque chose. M. d'Ormesson saura ménager ses expressions de telle manière qu'il ne paroisse point que l'on veuille grossir les objets sur ce sujet.

DE M.ME LA CHANCELIÈRE

A M.me LA COMTESSE DE CHASTELLUX.

A Fresnes, ce 29 juillet 1726.

Je ne crois plus, ma chère fille, recevoir de vos lettres, et je compte que voici la dernière. Heureusement vous vous portez bien, et quand la poire est bien mûre, elle tombe plus aisément. Vous n'êtes cependant point encore en faute, car vous m'aviez mandé que vous pouviez aller jusqu'au commencement d'août. Voilà un temps favorable, si vous en savez profiter : il ne fait point trop chaud, et vous souffrirez moins dans votre lit; vous ne vous y ennuierez point faute de compagnie, car je vois que vous en avez une bonne chez vous, et je suis ravie de ce que je suis souvent dans vos conversations avec Mme de Coulanges. Je lui connois toutes les perfections que vous me mandez, et je la crois encore meilleure. Vous vous aimiez déjà beaucoup; mais cela va cimenter entre vous une tendresse et une confiance de longue durée. Je ne sais si vos frères vous ont mandé la maladie du Roi : elle lui prit mardi; c'étoit une grosse fièvre avec des redoublemens qui venoient de trop de plénitude. Il a été saigné du bras une fois, deux du pied, et il a pris l'émétique. La dernière saignée l'a tout-à-fait dégagé; il dormit bien la nuit de vendredi à samedi, et il étoit guéri ensuite. Nous comptons que les nouvelles que nous en recevrons aujourd'hui seront son entière guérison. M. le duc de la Force est mort subitement. Il s'étoit bien tourmenté pour les richesses du monde, et cela n'a servi qu'à lui donner bien des amertumes qui l'ont conduit au tombeau, dans le moment apparemment où les comptes qu'il doit rendre n'étoient guère en bon état. Lorsqu'on a moins de goût pour le bien, cela est plutôt fait.

M. votre père dit qu'il accepte volontiers notre communauté de lettres, qui s'accommode très-bien avec sa paresse. Il dit qu'il veut vous aimer à tous les momens, et qu'il ne peut s'empêcher de haïr un peu ceux à qui il écrit, tant que la lettre dure. Sur ce pied, peu de gens voudront qu'il écrive. Pour moi, m'a chère fille, quoique paresseuse pour le moins autant que lui, j'aime à vous entretenir; vous le voyez bien par mes fréquentes lettres Je trouve pourtant que c'est un foible dédommagement de l'absence, et j'aimerois bien mieux vous dire souvent moi-même, de la langue, des yeux, et encore plus par des effets, ma chère fille, combien je vous aime tendrement, aussi bien que M. de Chastellux.

A M. DAGUESSEAU FILS AÎNÉ.

A Fresnes, le 1.er août 1726.

QUOIQUE nous n'ayons point reçu de nouvelles de la santé du Roi depuis la lettre que

M. de Valjouan m'apporta de votre part avant-hier matin, je n'en suis point en peine, mon cher fils, et je regarde votre silence comme une preuve de sa parfaite guérison. Il faut en remercier Dieu seul, et non pas les médecins, à qui il n'a pas tenu qu'il ne fût bien plus malade. Le chevalier s'est acquitté à merveille de sa commission; on est bien en repos quand on envoie un tel ambassadeur. Il a tiré de M. de F.....* tout ce que j'en pouvois attendre en cette occasion, et je ne cherchois qu'à lui faire approuver ma conduite. Pour ce qui est du compliment qu'il convient de faire sur la convalescence du Roi, j'ai toujours été de l'avis de M. de Châlons, auquel je vois que M. d'O......** revient à présent. Un compliment verbal est tout aussi bon par rapport au Roi qu'un compliment par écrit, et il vaut mieux par rapport à M. de F....., qui, n'ayant point encore répondu à ma première lettre, montre assez par-là qu'il aime mieux n'en point recevoir. Je ménage donc sa délicatesse en ne lui écrivant point, et il m'est permis de

* M. de Fréjus.

** M. d'Ormesson.

ménager aussi la mienne. Il souhaite d'ailleurs qu'on ne le solennise point sur la maladie du Roi, et qu'on ne paroisse point en avoir été si alarmé. Une lettre, dans toutes ces circonstances, ne montreroit donc qu'une espèce d'affectation de ma part à chercher toutes les occasions d'écrire, pour forcer en quelque manière M. de F.... à me faire une réponse dont je puisse tirer quelque avantage. Ainsi, à moins qu'il ne survienne à cet égard quelque nouvelle raison que je ne puisse prévoir, je ne vois point d'autre parti à prendre que de prier ou M. d'O...., ou M. de Ch......*, de témoigner à M. de F...... combien j'ai de joie de la guérison du Roi, combien je prends part à la sienne, et de lui demander s'il voudroit bien se charger de rendre compte à Sa Majesté de mes sentimens, et me consoler par-là, en quelque manière, de ce que mon absence ne me permet pas d'avoir le bonheur de les lui expliquer moi-même.

Je crains que ce bonheur ne me soit encore long-temps refusé, si on le fait dépendre de l'arrivée d'un chapeau qui semble nous fuir, bien loin de nous venir chercher, comme l'on pourroit

* M. de Châlons.

naturellement s'en flatter*. Mais comme, après tout, ce n'est pas moi qui l'empêche de venir, il semble que je n'en devrois pas porter la peine; et c'est ce que l'ami de M. Couet est plus à portée que personne de faire sentir, en se servant, comme il vous y a paru disposé, de l'inquiétude dont on sort, pour presser M. de F..... de faire paroître cet arrangement décisif qui peut seul donner un état de consistance et de stabilité aux affaires du dedans et du dehors. Je n'ai point de foi à la nouvelle qu'un auteur peu grave, quoique très-vieux, vous a dite, et je ne saurois croire que M. de F..... ait parlé au cardinal de Bissy de ma lettre...... Je crains qu'on ne lui donne trop d'occupation à sa chambre pour lui laisser le temps de faire d'autres travaux; je suis bien persuadé au moins qu'il ne négligera rien de ce qui pourra être essentiel pour son instruction, et nous en raisonnerons encore quand il viendra

* « M. le duc avoit secrètement empêché, dit Voltaire, par le cardinal de Polignac, ambassadeur à Rome, et par l'abbé de Rothelin, qu'on envoyât cette barrette tant desirée. Elle arriva bientôt; Fleury la reçut avec la même simplicité apparente qu'il avoit reçu la place de premier ministre, et qui dirigea toutes les actions de sa vie. (VOLTAIRE, *Précis du siècle de Louis XV*.)

ici vers le 15 de ce mois. Je serai ravi de l'embrasser aussi bien que vous, mon cher fils, sans oublier notre judicieux chevalier, et de vous témoigner à tous avec combien de tendresse je vous porte dans mon cœur.

Mme la Chancelière m'a paru fort contente de votre apologie, et je le suis encore plus, puisque je me trouvois impliqué, quoique très-innocemment de ma part, dans l'accusation qu'elle formoit contre vous. Elle vous prie seulement de n'être pas si modeste une autre fois, et moi je vous conseille de ne vous corriger jamais d'un si beau défaut. Je voudrois en pouvoir dire autant au Plaintmont, qui effectivement a assez bien fait son devoir pour le jour de Ste Anne*; c'est à lui de veiller en pareil cas, et à vous de dormir.

* C'étoit la fête de Mme la Chancelière.

A M.LLE DE FRESNES.

A Fresnes, le 10 août 1726.

La fièvre que j'ai eue, ma chère fille, et les remèdes qui l'ont suivie, m'ont empêché de vous écrire, comme je le voulois faire, pour vous témoigner combien j'ai été attendri et édifié des sentimens que Dieu vous a donnés lorsque vous avez eu le bonheur d'adorer une seconde fois le bois sacré sur lequel s'est opéré le grand mystère de notre rédemption. Je vois avec une véritable consolation, et par les lettres que vous écrivez, et par ce que m'en a dit M.me le Guerchois, que ces sentimens ne sont point en vous le simple mouvement d'une dévotion passagère, mais qu'ils sont gravés profondément dans votre cœur, où ils produisent, par la miséricorde de Dieu, une disposition stable et permanente de vous sacrifier toute entière à lui avec Jésus-Christ immolé sur la croix, et de purifier de plus en plus la victime que vous lui offrez, pour la rendre digne de lui être éternellement consacrée. J'espère que, comme il nous en assure lui-même, il ne rejettera pas l'oblation d'un cœur contrit et humilié. L'aveu que vous faites si ingénument de ces mouvemens d'amour-propre que vous croyez qu'il a voulu réprimer et guérir entièrement en vous par le mal que vous éprouvez, est le meilleur, le plus sûr remède de cette plaie que le péché de nos premiers parens a laissée dans le cœur de l'homme, et qui est la source de toutes nos foiblesses. Dieu vous fait la grâce d'en être bien convaincue, et c'est être à moitié guéri que de connoître la cause de sa maladie. Continuez donc, ma chère fille, de vous humilier sincèrement, comme vous le faites, sous la main toute puissante d'un père qui ne vous frappe que pour vous guérir, et qui châtie tous ceux qu'il reçoit au nombre de ses enfans, afin que, comme l'a dit un de ses apôtres, il vous soutienne et vous relève dans le même temps qu'il vous visite et qu'il vous exerce par une maladie si pénible à la nature. Je lui rends grâces avec vous, et je voudrois pouvoir le faire aussi pleinement que vous le faites par sa grâce, de ce qu'il commence par guérir votre ame, en lui inspirant cet amour de l'humilité et cette soumission parfaite à sa volonté qui font véritablement la santé de l'ame, et dont vous avez un si grand besoin pour soutenir une épreuve longue, mais encore plus salutaire pour vous. S'il achève en vous son ouvrage, et s'il vous affermit solidement dans la pratique de ces deux grandes vertus, vous ne croirez point les avoir achetées trop cher par les souffrances que Dieu vous envoie, et vous vous réjouirez avec S. Paul de ce qu'une tribulation, courte et momentanée si on la compare avec l'éternité, vous aura acquis un poids immense de gloire dans une vie qui ne finira jamais. J'ose même espérer que Dieu ne différera pas jusque là à vous donner des marques de sa bonté paternelle; il a commencé par l'ame, et il finira par le corps. Demandez-lui cette grâce avec une foi simple et exempte de toute hésitation, mais toujours accompagnée d'une soumission sans réserve à ses ordres. Je joins de tout mon cœur mes prières aux vôtres; je voudrois qu'elles fussent aussi bonnes et aussi efficaces qu'elles sont sincères et ardentes : mais, telles qu'elles sont, je ne cesse de les offrir à Dieu, et de le supplier d'avoir pitié d'un père qui souffre en votre personne autant que vous pouvez le faire vous-même, au moins du côté des sentimens intérieurs qui vont peut-être même au-delà des vôtres sur la continuation de votre mal. Mais, quoique j'en sois pénétré de douleur, je n'en sens pas moins la grande consolation que Dieu nous donne par les dispositions qu'il met en vous. Elles me remplissent d'un fond d'espérance qui me soutient contre les mouvemens de la nature; c'est ce qui doit vous remplir, ma chère fille, d'une sainte confiance dans la miséricorde de Dieu. Prenez, dans cet esprit, tous les remèdes qu'on vous donne, et comme les recevant de la main du souverain médecin qui tient entre ses mains les clefs de la vie ou de la mort, de la santé et de la maladie. C'est lui seul qui nous guérit, soit par l'opération immédiate de sa vertu toute-puissante, soit par les remèdes sous lesquels il lui plaît de la cacher. Adressez-vous donc toujours à lui, et n'espérez qu'en lui seul dans l'usage même des moyens naturels qu'on emploie pour votre guérison. Je vous dis, ma chère fille, ce que je me dis à moi-même, et je demande à Dieu, également pour vous et pour moi, le don de la foi, de la patience, de l'humilité, de la résignation à toutes ses volontés.

Je ne saurois vous mieux marquer que je vous aime autant que moi-même, et je ne sais si je ne pourrois pas encore aller plus loin pour vous exprimer jusqu'où va, ma chère fille, toute la tendresse que j'ai pour vous.

P. S. Par le secours du quinquina, que je continuerai de prendre encore quelque temps, ma santé est presque entièrement rétablie. Demandez à Dieu qu'il me fasse la grâce d'en faire un bon usage dans les différentes révolutions de cette vie, et de n'y desirer que l'accomplissement des ordres de sa providence.

A LA MÊME.

A Fresnes, le 28 octobre 1726.

Un créancier aussi aimable que vous, ma chère fille, peut bien être pressant, mais il ne sauroit jamais importuner. Rien ne peut me faire plus de plaisir que de m'acquitter avec lui; le cœur ne craint pas de se trouver jamais insolvable, et le mien a pour vous un fond de tendresse que je vous défie d'épuiser, quelque rigueur que vous soyez disposée à exercer contre moi. Je ne sens que trop, ma chère fille, jusqu'où va cette tendresse, quand je pense au dernier accident que vous avez essuyé. Le temps qui s'étoit écoulé depuis le dernier, commençoit à me donner quelque espérance de vous voir bientôt entièrement délivrée d'un mal si opiniâtre; mais si ce retour m'afflige, la manière dont vous le soutenez me console, et je ne saurois trop remercier Dieu du courage qu'il vous donne, et qui semble croître avec la persévérance de la maladie. C'est de lui seul, ma chère fille, que vous pouvez recevoir une si grande grâce, et je n'ai pas besoin de vous le dire. Vous êtes non-seulement convaincue, mais pénétrée de cette vérité si consolante, qu'il vous traite en père, et qu'il ne vous afflige que pour vous éprouver, pour vous fortifier en vous humiliant, et pour vous affermir dans la voie du salut où il vous fait marcher, comme ceux qu'il aime le plus, par la souffrance et par la tribulation. C'est lui qui est à présent votre soutien, et j'espère que ce sera lui aussi qui sera un jour votre remède, lorsque les temps marqués par sa providence seront accomplis. Le véritable moyen de les avancer est de vous soumettre aussi pleinement que vous le faites à sa volonté. Moins vous compterez sur les remèdes humains, en n'attendant votre guérison que de Dieu seul, plus vous approcherez du moment où il vous guérira par sa miséricorde, d'un mal que sa miséricorde même vous fait souffrir. Vous avez assez de foi par sa bonté pour sentir que la grâce qu'il vous fait de le supporter avec patience, est encore au-dessus de celle qu'il vous fera en vous en délivrant. J'ai autant et peut-être plus besoin que vous de ces réflexions pour me soutenir contre l'impression continuelle que votre état fait sur moi. Quelque foibles que soient mes prières, je ne cesse de les offrir à Dieu plusieurs fois le jour, pour lui demander qu'il guérisse la fille et qu'il console le père. Je voudrois bien avoir assez de vertu pour ne desirer sur ce point, comme sur tout autre, que l'accomplissement de sa volonté; mais il me semble au moins que je desire fort de le desirer. Dieu nous fasse la grâce à l'un et à l'autre de le desirer véritablement du fond du cœur. Je vous y exhorte comme je m'y exhorte moi-même, ma chère fille : c'est en cela que consistent tous les devoirs de l'homme et en même temps toute sa félicité. Heureux qui peut dire comme S. Paul : Je me glorifierai dans mes infirmités, parce que la grâce de Jésus-Christ habite en moi ! Vous apprenez bien mieux toutes ces vérités par les discours et encore plus par les exemples de votre seconde mère *. Sa maladie même ne l'empêche pas de vous aller voir, et de travailler toujours à votre instruction et à votre consolation ; mais je crains bien qu'elle n'en fasse trop, et qu'elle ne soit la dupe de son courage, qu'elle prend pour une véritable force. C'est bien dommage qu'un esprit qui a tant de vigueur soit logé dans un corps si foible. Je crains fort qu'elle ne garde long-temps la fièvre quarte, dès le moment que le quinquina, qui en est le seul remède, lui fait plus de mal que de bien. Elle se ménage d'ailleurs si peu, qu'on diroit qu'elle se plaît à augmenter ses maux, et qu'elle trouve du plaisir à souffrir. Devenez sa mère en cette occasion, ma chère fille, et engagez-la à se ménager plus qu'elle ne fait ; mais vous trouverez peut-être l'entreprise trop forte pour vous. Après tout, sans sortir de votre

* M.me le Guerchois.

caractère, les prières d'une fille bien tendre et bien soumise peuvent être aussi efficaces que les leçons d'une mère; et voilà le personnage que vous remplirez bien sûrement avec elle. Vous lui devez tout, ma chère fille; elle vous tient lieu de père et de mère : vous le sentez vivement, et vous ne sauriez trop lui en marquer votre reconnoissance par les soins que vous prendrez de sa santé. C'est la plus grande marque que vous puissiez me donner de votre attachement pour moi. J'en connois toute la sincérité, et vous n'êtes pas moins persuadée de toute la tendresse que j'ai pour vous.

A M.me LA COMTESSE DE CHASTELLUX.

A Fresnes, le 31 octobre 1726.

VOUS avez donc fini heureusement toutes vos courses, ma chère fille, en attendant que vous en commenciez une plus longue qui vous fera plus de plaisir! Je suis fort aise que vous ayez trouvé toute votre petite famille en bonne santé, car je ne regarde pas comme un mal le changement de nourrice pour votre dernier enfant. Je souhaite qu'il soit plus heureux la seconde fois que la première, et qu'il ne vous arrive aucun sujet d'inquiétude à son égard lorsque vous l'aurez laissé à Chastellux, où d'ailleurs j'espère qu'il viendra mieux et sera plus fort que les enfans qu'on élève à Paris.

Nous avons été favorisés comme vous, et le même jour, de la vue du phénomène* qui a éclairé les montagnes de Chastellux, et qui n'a pas dédaigné de se montrer dans les vallées. Votre érudition paroît par le récit abrégé que vous en faites, en vous contentant de renvoyer les curieux à M. Maraldi* et aux Mémoires de l'Académie. D'autres que moi pourroient soupçonner que cette érudition est un peu empruntée; mais elle vous vient de si près et d'une personne dont tous les biens vous sont si com-

* Le phénomène dont parle M. Daguesseau est la fameuse aurore boréale qui se fit voir à Paris dans tout l'hémisphère septentrional, le 19 octobre 1726, à huit heures du soir. Cette apparition lumineuse, peu commune dans nos climats, fit alors une assez vive sensation.

* Jacques-Philippe Maraldi, de l'Académie des sciences, neveu du fameux Cassini, célèbre astronome lui-même et savant mathématicien. Il mourut le 1.er décembre 1729.

muns, que vous pouvez fort bien vous l'approprier et en user comme de ce qui est à vous. Je ne suis pas surpris, après cela, que les frayeurs du vulgaire à l'aspect du phénomène n'aient fait aucune impression sur une ame si savante, et qui, d'ailleurs, peut aspirer à l'héroïsme, par le principe de la communauté des biens. Ne vous imaginez pas que je sois la dupe de vos questions, et que je veuille entreprendre de vous expliquer les causes du spectacle que le ciel nous a donné. Une personne qui sait son Maraldi par cœur, et qui pourroit donner, si elle le vouloit, des leçons à l'Académie, n'a pas besoin des miennes. Elle connoît tout le jeu des exhalaisons, tout l'effet du sel, du nitre, du soufre qu'elles renferment, et qui s'élèvent plus abondamment dans les pays septentrionaux que dans les autres, pendant les longs et très-longs jours de l'été. Elle n'ignore pas non plus les expériences de la poudre fulminante, ou celle de ces liqueurs qui, mêlées ensemble, produisent des éclairs, et une espèce de bruit semblable à celui du tonnerre. Je m'imagine même qu'elle a déjà un système tout fait dans son esprit pour expliquer le phénomène, et qu'elle ne m'interroge que pour voir si j'aurai bien rencontré. Je ne donnerai donc pas dans le panneau, et je la prierai seulement de me dire si l'on ne pourroit pas aussi attribuer tout ce qu'elle a vu, à l'antipéristase du froid et du chaud, du sec et de l'humide, ou de l'élément de l'air et de celui du feu. L'élément de l'eau pourroit bien aussi y avoir eu quelque part, et peut-être qu'il aura brouillé les deux autres en voulant les mettre d'accord : que sais-je même si la terre n'aura point été de la partie, en voulant envoyer mal à propos des atomes plus grossiers dans la moyenne région de l'air! Toutes ces idées, à vous dire le vrai, me paroîtroient bien plus nobles, et ce combat des élémens prêts à se décomposer l'un l'autre par une espèce de guerre plus que civile, seroit bien plus digne d'une dame qui habite elle-même le royaume de l'air*, encore plus que celui de la terre, et j'y trouverois quelque chose de plus sublime que de recourir à de petites expériences et à un bas mécanisme pour rendre raison de ce qui se passe dans le ciel : mais, après tout, je me contente de lui

* On se rappelle que Chastellux est situé sur une colline très-élevée.

proposer mes doutes, et d'attendre qu'une lumière plus admirable encore que celle du phénomène vienne nous éclairer. Mais j'ai la tête dure, et je sens que j'ai besoin de votre présence pour être à portée de bien entendre vos oracles. J'ai des raisons encore plus touchantes de la desirer, ce qui me fait attendre avec une véritable impatience le temps où je pourrai vous assurer moi-même, ma chère fille, de toute la tendresse que j'ai pour vous.

DE M.me LA CHANCELIÈRE

A LA MÊME.

A Fresnes, le 17 novembre 1726.

ENFIN il approche donc ce retour tant desiré, et nous allons tous, ma chère fille, être réunis ! Je serai ravie de faire connoissance avec votre fils, qu'on dit très-joli. Je souhaite fort que le cadet ne vous donne pas, pendant votre absence, autant d'inquiétude que votre fille vous en a donné. Vous ne pouvez faire autrement que de le laisser; une paysanne de Bourgogne tomberoit malade à Paris, et je vois que vous aurez bien des secours pour prendre soin de lui. Vous trouverez sa petite sœur toute rétablie : on dit que son embonpoint revient, et qu'elle a très-bon appétit, avec vingt-deux dents pour mieux manger; j'aurois été bien fâchée que vous eussiez la douleur de la trouver en mauvais état. M.me le Guerchois en a pris des soins infinis que sa maladie n'a point interrompus. Elle n'a plus de fièvre, mais toujours des maux de tête et point d'appétit : elle est fort épuisée, comme vous le pensez; mais son courage la soutient, et elle fait tout comme à son ordinaire. Pour ici, vous trouverez tout le monde en bonne santé, seulement dans la douleur de ce que le mauvais temps empêche d'observer le ciel pour lequel le *phénomène* a renouvelé un grand goût. Il redoublera encore lorsque la savante observatrice de Chastellux y sera; elle nous trouvera dans une grande docilité pour recevoir ses oracles, et bien aises de les recevoir de sa bouche. C'est une grande satisfaction pour moi, en écrivant cette lettre, de penser, ma chère fille, que c'est la dernière, et que je vous dirai bientôt moi-même, aussi bien qu'à M. de Chastellux, toute la tendresse de mon cœur pour vous.

M. de Chastellux a-t-il perdu quelqu'un dans sa famille? Votre lettre, cachetée de noir, m'a alarmée; je me suis rassurée, voyant que vous ne m'en mandiez rien.

A M.LLE DE FRESNES.

A Fresnes, le 8 janvier 1727.

Je n'ai pas besoin que vous m'assuriez, ma chère fille, de la sincérité des vœux que vous faites pour moi au commencement de cette année : je ne vous rendrois pas la justice que vous méritez, si je confondois vos complimens avec ceux de la saison où nous sommes, et qui, pour l'ordinaire, ne sont qu'une vaine cérémonie à laquelle le cœur n'a aucune part. Je connois le vôtre, mon cher enfant, et je sais combien il est attaché à un père qui vous aime de son côté avec une si grande tendresse. Tous les jours de l'année sont égaux entre vous et moi; nos sentimens sont les mêmes; et comme vous me souhaitez toujours ce qui peut m'être avantageux, je ne cesse aussi de demander à Dieu qu'il vous comble premièrement de toutes les bénédictions du ciel, et ensuite de celles de la terre, qui ne sont point un obstacle aux premières. Vous m'êtes toujours présente, ma chère fille; et si je suis fort touché à la vue des croix que Dieu vous envoie, je ne suis pas moins sensible aux consolations qu'il y mêle par la patience et la soumission à sa volonté qu'il vous inspire. Votre sœur* m'a fait un véritable plaisir, quand elle m'a dit qu'elle vous avoit trouvée dans une tranquillité et une liberté d'esprit dont elle avoit été aussi charmée qu'édifiée. La nature est trop foible pour vous soutenir dans cet état; c'est l'ouvrage de la grâce, et je suis bien persuadé que c'est à la seule bonté de Dieu que vous attribuez entièrement cette paix dont vous jouissez dans une situation aussi pénible que la vôtre. Continuez, ma chère fille, de mériter autant que vous le pourrez une si grande grâce, par les sentimens d'une humilité qui croisse en vous à proportion des secours que vous recevez d'en haut : ce sera quelque chose de plus pré-

* M. de Chastellux.

cieux encore et de plus desirable pour vous et pour nous que votre guérison même. J'espère toujours que Dieu l'accordera enfin à nos souhaits. Il a déjà fait en vous, par sa miséricorde, ce qui étoit bien plus difficile, en vous rendant capable de ne desirer que l'accomplissement de sa sainte volonté; et si vous êtes fidèle à demeurer dans cette disposition, il ne permettra pas que vous soyez éprouvée au-delà de vos forces, comme dit S. Paul, et il donnera à cette longue épreuve une issue favorable qui nous comblera tous de joie et de consolation. Voilà, ma chère fille, une partie des pensées qui m'occupent souvent sur votre sujet : j'en ai grand besoin pour me soutenir moi-même dans la peine que je ressens de vos maux; mon éloignement y ajoute depuis long-temps un nouveau degré de tristesse. J'avois, il n'y a pas plus d'un mois ou six semaines, quelque lieu de croire que je pourrois avoir bientôt le plaisir de vous voir, mais la chose est devenue plus incertaine depuis ce temps-là, et il est difficile à présent de faire aucun pronostic bien assuré sur le changement ou sur la durée de ma situation. C'est un nouveau sujet d'exercer votre vertu, ma chère fille, et par conséquent une nouvelle matière de mérite pour vous et pour moi, si nous étions assez heureux pour en faire un bon usage. Demandez à Dieu qu'il m'en fasse la grâce, comme je le lui demande aussi pour vous. Il est bien juste que, puisque mes lettres peuvent adoucir la peine que vous cause la continuation de mon absence, je les multiplie cette année et les rende plus communes que la précédente. Je le ferai d'autant plus volontiers, ma chère fille, que j'ai un extrême plaisir à vous assurer de toute la tendresse dont mon cœur est rempli pour vous.

A M. RACINE LE FILS.

A Fresnes, le 18 janvier 1727.

Vos sentimens pour moi, Monsieur, et les vœux qu'ils vous inspirent, me font toujours le même plaisir. Ne soyez point inquiet de mon silence de l'année dernière, et n'en tirez aucune conséquence qui puisse vous faire de la peine. J'espérois, lorsque je reçus votre lettre, avoir bientôt une occasion d'approfondir les faits qui vous affligeoient par rapport à un de vos amis que vous aviez mis aussi au nombre des miens. Je différai de vous répondre par cette raison. L'occasion s'est éloignée, et elle ne s'est pas encore présentée. Ma réponse a eu le même sort, mais elle a été suspendue pendant trop long-temps. Mes sentimens pour vous, Monsieur, n'ont souffert aucune interruption. Quand vous seriez encore poëte, je ne vous regarderois jamais comme un visionnaire : un poëte qui travailleroit à exclure la fiction de la poésie ne pourroit mériter ce soupçon, et votre caractère personnel y résiste encore plus. Je voudrois qu'il fût aussi facile d'adoucir la tristesse à laquelle vous vous livrez, que de vous disculper sur ce point : il faudroit pour cela vous faire quitter le séjour auquel elle est attachée. Je réussis si mal à changer le mien, que je ne saurois me flatter d'être plus heureux pour les autres. Soyez seulement bien persuadé, Monsieur, qu'en quelque état que je sois et vous aussi, rien ne me fera jamais plus de plaisir que de pouvoir vous donner des marques réelles de toute l'estime que j'ai pour vous.

A M.LLE DE FRESNES.

A Fresnes, le 8 mai 1727.

Ne me faites point d'excuses, ma chère fille, sur le style et l'écriture de votre lettre : le langage du cœur est au-dessus des règles ordinaires, et le vôtre s'explique si naturellement par votre plume, que j'aimerois jusqu'aux défauts que vous vous reprochez peut-être avec trop de rigueur, parce qu'ils servent à me faire mieux connoître les véritables sentimens de votre ame. Je loue Dieu de vous en donner de si convenables à votre état. Ce grand effet de sa miséricorde est bien capable de vous consoler et de vous inspirer de plus en plus une confiance entière dans sa bonté. Je ne saurois douter qu'il ne donne enfin sa bénédiction aux remèdes, puisqu'il l'a donnée au mal même, en vous apprenant à en faire un si bon usage. Tout est un bien pour les élus : *Diligentibus Deum omnia cooperantur in bonum**. Je crois que vous entendez assez le latin

* B. Paul. ad Rom. cap. VIII, v. 28.

pour m'épargner la peine de traduire celui-ci. Nos fautes mêmes, quoique volontaires, servent souvent à notre sanctification, par la douleur, par l'humilité, par les précautions salutaires qu'elles nous inspirent : à plus forte raison, les maladies auxquelles notre volonté n'a point de part, entrent-elles dans l'ordre de notre prédestination. Vous en êtes si convaincue, ma chère fille, que je n'ai pas besoin de vous rien dire sur ce sujet. Vous prévenez, grâce à Dieu, mes réflexions et mes vœux; vous sentez qu'il vous traite comme un enfant qu'il aime et qu'il veut unir à lui, en le rendant conforme, par ses souffrances, à l'image de son fils. Vous savez ce que dit S. Paul : *Quel est l'enfant que son père ne châtie point?* C'est à cette marque que Dieu vous fait connoître qu'il est vraiment votre père, et qu'il vous reçoit véritablement au nombre de ses enfans : *Flagellat omnem filium, quem recipit**. Je souhaite qu'il vous fasse goûter cette consolation dans toute son étendue, et que vous parveniez, par son secours, à supporter la croix qu'il vous a destinée, non-seulement avec patience, mais même avec joie. Je voudrois avoir assez

* B. Paul. ad Hæbr. cap. XII, v. 6.

de foi pour en faire autant, je ne dis pas seulement par rapport à la disgrace dans laquelle il permet que je demeure si long-temps, mais beaucoup plus par rapport à la peine que je ressens de votre état, ce qui m'est encore plus difficile à supporter. Priez Dieu pour moi, ma chère fille, comme vous voulez que je le prie pour vous : c'est la plus grande marque que je puisse recevoir de votre amitié, comme je ne pourrois vous en donner une plus sûre de la mienne quand je serois dans une autre situation. Soyez aussi occupée de moi que je le suis de vous; je ne saurois vous en demander davantage, car je sens qu'il n'est pas possible de rien ajouter à la tendresse avec laquelle j'entre dans toutes vos peines, et suis à vous, ma chère fille, encore plus, s'il est possible, qu'à moi-même.

A M. DAGUESSEAU FILS AÎNÉ.

A Fresnes, le 15 juin 1727.

Je ne me suis attaché, mon cher fils, qu'à la question du domicile, qui m'a paru celle dont vous étiez le plus occupé dans votre lettre de jeudi dernier, et que, d'ailleurs, on peut traiter plus aisément sans le secours d'aucun livre. J'ai donc repris en votre faveur mon ancien métier d'avocat général, et vous verrez, par le mémoire qui est joint à cette lettre, que je me suis contenté d'expliquer les raisons pour et contre, sans rien décider. Je les ai écrites d'abord de cette manière pour fixer mon esprit sur la question proposée, en mettant en ordre tout ce qu'il me paroît qu'on peut dire de plus fort de part et d'autre sur ce sujet; et, quand j'ai eu achevé ce travail, qui n'a pas laissé de me prendre beaucoup de temps, quoique fait fort à la hâte, j'ai cru, toutes réflexions faites, que je devois me contenter de vous fournir des matériaux, et vous laisser après la peine et le mérite de la décision. Vous savez qu'en général je me fais assez souvent une espèce de scrupule d'influer dans votre détermination, par la crainte que j'ai qu'une espèce de révérence paternelle, et la déférence trop grande que vous avez pour mes sentimens, ne vous tiennent lieu de ces réflexions propres et personnelles, par lesquelles seules on doit se déterminer quand on est juge. Mais, outre cela, comme il peut y avoir ici bien des faits dont je ne suis pas pleinement instruit et qui seroient d'un grand poids pour la décision, je ne puis qu'exciter et redoubler votre attention sur les points critiques, soit dans le droit, soit dans le fait, afin qu'en y joignant les connoissances qui me manquent, vous soyez en état de former un jugement plus sûr et plus parfait. Enfin il faut un certain temps pour mûrir une décision, et pour s'assurer, avec quelque confiance, dans la justesse des raisonnemens; et il arrive souvent que ce qui a paru bien dans la chaleur de l'écriture, paroît mauvais lorsqu'on y revient de sang froid. Ainsi, par exemple, quoique, dans le moment présent, les raisons que j'ai émises en faveur du domicile de Monaco fassent plus d'impression que les autres, je ne voudrois pas répondre que demain je ne pensasse peut-être autrement; et c'est ce qui m'a rendu toujours très-sobre et très-réservé sur les avis que les autres m'ont demandés par rapport aux affaires qu'ils avoient à régler. Mettez-vous donc à ma place; et si vous trouvez quelque chose de nouveau dans ce que je vous envoie, qui ne se fût pas encore présenté à votre esprit, examinez-le attentivement; tournez-le et retournez-le dans votre tête, comme je le ferois moi-même, sans me fier à mes premières vues, si j'étois dans votre situation, et regardez mon mémoire comme les plaidoyers des avocats, sur lesquels il n'y a que votre propre méditation qui puisse ou qui doive vous déterminer. J'ai été surpris de la sécheresse et du peu de réflexion avec lesquelles la question a été traitée par celui qui a écrit pour M. le prince de Monaco*. Il est bon quelquefois de mettre les avocats sur les voies de ce que l'on peut ajouter à leur défense, afin qu'ils en jettent dans leurs discours quelques semences qui puissent préparer les esprits à ce que l'avocat général doit dire plus profondément. Je fais sur-tout cette remarque par rapport à ce que vous trouverez dans mon mémoire sur la manière dont le duché de Valentinois a été érigé. Vous pourriez, en le demandant à l'avocat, lui faire naître la pensée de toucher quelque chose de ce qu'il y a de singulier dans cette érection, quoique cependant je ne voie aucun inconvénient à en parler le premier avec le tour qui convient, ces sortes de réflexions, qui regardent le

* Antoine Grimaldi, prince de Monaco, duc de Valentinois, &c., mort en 1731.

droit public, étant parfaitement à leur place dans la bouche d'un avocat général.

En voilà assez sur cette question : je ne vous dirai qu'un mot sur celle qui regarde le testament. Je suis ici sans livres, et il en faudroit ouvrir beaucoup pour s'expliquer sûrement sur ce sujet. Je trouve seulement que la distinction dont vous me parlez dans votre première lettre est judicieuse comme elle vous l'a paru; mais je n'ose aller jusqu'à dire qu'elle soit décisive, n'ayant pas plus étudié la matière que je l'ai fait. C'est à vous d'y suppléer par vos recherches, et je puis bien m'en reposer sur votre exactitude.

A l'égard de la novelle 107, l'authentique *quod sine* me paroît d'un grand poids pour en déterminer le véritable sens, sur-tout dans un pays de droit écrit, où ces authentiques ont peut-être plus d'autorité qu'elles n'en auroient parmi nous. Les docteurs que vous avez sans doute consultés, peuvent vous conduire dans la décision de cette question, sur laquelle mon ignorance m'oblige à vous renvoyer à vous-même; et vous n'y perdrez rien, mon cher fils, puisque vous en devez savoir bien plus que moi sur ce sujet, après l'étude que vous venez d'en faire. Recevez toujours, et ce que je vous dis, et ce que je vous envoie avec cette lettre, comme une marque de la tendresse infinie avec laquelle je suis à vous, mon cher fils, et après cela Dieu sur le tout:

Qui juvet, et meliùs quàm tu tibi consulat ipsi.

AU MÊME.

A Fresnes, le 13 juillet 1727.

J'AI vu, mon cher fils, la copie entière de l'article de la nouvelle bulle qui regarde la doctrine de saint Thomas, telle que M. le C....... de B......* l'a reçue de Rome**. On y lit ces

* M. le cardinal de Bissy.

** Le pape Benoît XIII avoit fait minuter secrètement, par M. Accoramboni, une bulle en faveur des Dominicains et de la doctrine de S. Thomas. Sa Sainteté en fut si contente, qu'elle-même prit plaisir à en collationner toutes les feuilles, à mesure qu'elles venoient de l'imprimerie, et tout cela se faisoit avec le plus grand secret. Le mystère fut pénétré par le prélat Fini, maître de la chambre du pape et très-ami des Jésuites. Il se hâta de leur en donner

mots sur l'approbation donnée par J. C. même à cette doctrine, *ipsam et Salvatoris crucifixi ore, sicut piè testatur historia, fuisse probatam, &c.* Les termes, *alias quas cum ipsis in sancti Thomæ scholâ intimè connexas*, ne sont point dans la copie que j'ai, ce qui confirme par conséquent ce qu'on vous a dit des deux chan-

connoissance, et ils coururent, dans la nuit du 5 au 6 juin, chez les cardinaux qui leur étoient le plus dévoués, tels que Pico, Zondodari, Salerno et les deux Albani, lesquels ne trouvèrent rien de plus expédient que de faire intervenir les cardinaux ministres des trois principales puissances, qui étoient, pour l'Autriche, M. Cienfuegos; pour la France, M. de Polignac; et pour l'Espagne, M. Bentivoglio. Ces trois ministres ne pouvant avoir une audience du pape, écrivirent au cardinal Lercari, ministre de Sa Sainteté, pour lui témoigner leur surprise d'apprendre que le pontife alloit donner cette bulle. « Elle causera, disoient-ils, des troubles infinis dans l'église, donnera gain de cause aux appelans, et ôtera à l'école de Molina la liberté que l'église lui a conservée jusqu'à présent. » Ils furent secondés par M. le cardinal Belluga. Le pape consentit à ce que sa bulle fût communiquée à la congrégation du saint office. Malgré le soin que le Saint Père avoit pris pour qu'il n'en passât ailleurs aucun exemplaire, M. Fini en procura un aux Jésuites. Elle fut enfin approuvée par les cardinaux de la congrégation, avec quelques changemens peu notables. L'expression *doctrinam ore Dei confirmatam* ayant paru d'un style trop commun, on mit:

gemens faits par la congrégation du saint office. Au surplus, s'il n'y a pas autre chose dans cette bulle, je ne vois pas pourquoi elle empêcheroit de suivre les premières vues qu'on avoit eues pour l'accommodement avec M. le cardinal de Noailles*, puisque la bulle n'ajoute rien au bref qui a déjà paru en faveur de la doctrine des Do-

Doctrinam crucifixi ore, ut piè creditur, confirmatam. Les lettres *Pastoralis officii* y étoient citées comme approuvant l'école de S. Thomas, dans le sens qu'elle rejette la doctrine de Jansénius : enfin cette bulle fut publiée à Rome, à la fin de juin; elle commençoit par ces mots : *Pretiosus in conspectu Domini.* Le cardinal Annibal Albani, qui étoit camerlingue et défendoit ardemment les sentimens de son oncle le feu pape Clément XI, la fit regarder comme analogue à la bulle *Unigenitus*, en disant que les deux papes avoient concouru au même but, celui de flétrir le jansénisme, en canonisant le thomisme; que si Clément XI s'étoit attaché particulièrement à la condamnation du système de Jansénius, il y avoit été forcé par les circonstances; mais que des esprits turbulens ayant malignement prétendu confondre ce système avec le thomisme, Benoît XIII avoit dû le remettre en honneur.

(N. C.)

* « Le cardinal de Noailles étoit connu et révéré comme un prélat modeste, religieux et sage, sans reproche toute sa vie, plein de candeur et de droiture dans ses mœurs comme dans sa foi. Son ancienneté dans le clergé de

minicains, ni même à ce qu'on en a dit dans les explications données par les évêques de France. Au contraire, si c'est là tout ce qu'on doit attendre du pape sur l'affaire de la constitution, ceux qui ont le plus de part à la confiance du cardinal de Noailles n'ont plus de prétexte pour l'engager à finir son affaire; mais il faudroit être plus au fait que je ne le suis, et voir les choses de plus près, pour former un jugement précis

France, sa qualité d'archevêque de la capitale et de diocésain de la cour, celle de doyen des cardinaux, les alliances de sa maison, enfin son âge, ses vertus, ses lumières, formoient une masse de titres que rien ne pouvoit balancer. Il étoit du parti opposé à celui de Rome; mais, dans l'esprit de neutralité qu'annonçoit le duc d'Orléans, ce motif ne devoit ni l'exclure ni le faire préférer (pour être à la tête du conseil de conscience pendant la minorité de Louis XV). Ainsi, le prince avoit, pour appuyer son choix, des motifs que Rome elle-même seroit forcée d'avouer. Il ne lui donna pas le temps d'y mettre obstacle, et, pour étouffer les murmures et les frémissemens du parti moliniste, il lui remit le même jour la feuille des bénéfices...... L'herbe croissoit à l'archevêché; en un moment tout y accourut...... Mais il reçut tout le monde en véritable père, aussi peu flatté que surpris de cette révolution, et montrant, dans son indulgence et dans sa modestie, une égalité d'ame qui sembloit ne devoir jamais se démentir. » (MARMONTEL, *Mém. sur la Régence.*)

sur ce sujet. Ainsi je n'ai point d'autre parti à prendre que d'attendre que ce nouvel incident se débrouille davantage, et de continuer de faire des vœux pour la paix de l'église.

Je trouve que le Parlement* a usé d'une grande indulgence dans l'affaire des libraires de Troyes, et je ne suis pas surpris que cela ait fait un mauvais effet ; mais le parquet n'a rien à se reprocher. Vos conclusions étoient en règle, et assez modérées pour n'en rien retrancher. Le jugement est encore plus incompréhensible à l'égard du contumax** qu'à l'égard des accusés présens. On prétend que la manière dont le rapporteur s'est conduit dans cette affaire a beaucoup influé dans cet événement singulier. Je m'en rapporte à ceux qui en sont mieux informés, et je ne suis nullement envieux d'en juger.

Pour ce qui me regarde, je crains bien que

* Il s'agit ici d'un arrêt du Parlement du 5 juillet 1727, par lequel Lefévre le père, chef des libraires de Troyes, fut renvoyé de l'accusation d'avoir imprimé des livres contre la constitution *Unigenitus*. On ne lui imposa aucune peine; on le condamna toutefois à être admonesté.

** M. de Bonnaire. L'arrêt le déchargea de l'accusation d'être l'auteur de plusieurs écrits du même genre.

mes affaires ne reculent au lieu d'avancer. La bulle et le concile d'Embrun * sont deux nouveaux incidens qui pourront bien ralentir les dispositions plus favorables où l'on paroissoit être à mon égard. Vous en pouvez savoir à présent des nouvelles plus sûres, si vous avez parlé à celui que vous deviez voir aujourd'hui à Versailles. La visite que vous avez reçue et dont vous avez instruit M. d'Ormesson par une lettre qu'il m'a montrée, ne dit rien ni pour ni contre : peut-être ne cherchoit-on qu'à vous faire causer pour voir si vous deviniez quelque chose, et,

* Le concile d'Embrun, pour juger la doctrine et la conduite de l'évêque de Sénez (M. Soanen), alloit s'assembler le 25 août, sous la présidence de l'archevêque d'Embrun (M. de Tencin), dont on disoit alors à Paris : « Il fera M. de Sénez hérétique, comme il a fait M. Law catholique. » Pour sentir le sel de cette épigramme, il faut se rappeler que le Régent ayant conçu le projet de nommer ministre du Roi le fameux Law, et n'osant pas violer les lois du royaume qui exigeoient d'un ministre la profession de la religion catholique, décida Law à faire abjuration de son protestantisme ; mais le cardinal de Noailles, archevêque de Paris, qui ne croyoit pas à la sincérité de cette conversion, ne vouloit autoriser aucun ecclésiastique à recevoir l'abjuration de Law dans son diocèse. Alors l'abbé de Tencin (il n'étoit pas encore évêque) se rendit avec le financier et ses fils à Melun, dans le dio-

si cela est, vous avez très-bien fait de ne marquer ni crainte ni espérance; car celui de qui la chose dépend, aime sur toute chose n'être point pénétré. La suite des faits nous en apprendra davantage. Je suis bien sûr au moins que vous ne demanderez à Dieu que ce qui peut convenir à mon salut et au bien de l'État : c'est à quoi se doivent réduire tous nos desirs.

Vous savez, mon cher fils, jusqu'où va ma tendresse pour vous, et je n'ai pas besoin de le répéter. J'embrasse votre frère de Fresnes, et je me réjouis avec lui de sa meilleure santé.

cèse de Sens, dont l'archevêque étoit *constitutionnaire*, et c'est là qu'il reçut leur abjuration dont il leur donna un acte solennel. Dans une des nombreuses chansons faites ensuite contre Law, on disoit :

Ce parpaillot, pour attirer
Tout l'argent de la France,
Songea d'abord à s'assurer
De notre confiance;
Il fit son abjuration
La faridondaine, la faridondon;
Mais le fourbe s'est converti,
Biribi,
A la façon de Barbari,
Mon ami.

(N. C.)

AU MÊME.

A Fresnes, le 20 juillet 1727.

Je ne me suis pas pressé de répondre à toutes vos nouvelles, mon cher fils. La conséquence générale qu'en a tirée avec vous celui qui paroît le mieux instruit, et dont le sentiment a le plus de poids, est que le silence et une inaction totale sont le seul parti qu'il y ait à prendre dans le temps présent. Ainsi je suis entré sans peine dans sa pensée, et j'ai suivi ses avis, même à votre égard et peut-être au mien, en ne raisonnant point sur tout ce que vous avez su, soit par lui, soit par d'autres. L'événement nous fera connoître ce qu'il en falloit penser; et, en attendant, je médite sur cette belle règle d'Aristote: *De futuro contingenti non datur determinatio certa.* Je souhaiterois même ne point penser à ce qu'il est impossible de deviner, et mettre à profit cette incertitude, pour en conclure que la seule chose qui soit certaine, est qu'il faut remettre tous les événemens entre les mains de celui qui en est le maître, et demeurer tranquille jusqu'à ce qu'il nous manifeste sa volonté*. Il est aisé de le dire, mais difficile de le faire, et n'ayez point assez bonne opinion de moi, mon cher fils, pour croire que je n'aie pas besoin que tous ceux qui m'aiment autant que vous le faites, demandent continuellement à Dieu une si grande grâce pour moi.

Je fais assez peu de cas de la pensée qu'on vous a proposée par rapport à un discours que

* M. le Chancelier Daguesseau fut rappelé de l'exil au mois d'août 1727. « M. Fleuriau d'Armenonville, Garde des sceaux, dit Saint-Simon, n'avoit pas été averti de son retour à Paris, pour prendre sa place : son maître-d'hôtel lui en donna le premier la nouvelle. Il remit les sceaux à Morville, son fils, qui jouissoit de beaucoup de considération. Cette manière d'être renvoyé ou de perdre sa place, fit en lui une telle révolution, qu'il mourut des suites d'une vie languissante qu'il mena depuis ce temps-là. »

Cependant, au lieu de rendre les sceaux à M. le Chancelier, qui ne les reprit qu'en 1737, on arrêta de les confier à M. Chauvelin. Le Parlement n'eût pas hésité à faire des difficultés pour l'enregistrement des lettres expédiées à ce nouveau Garde des sceaux; mais M. Daguesseau répondit à la députation qui étoit venue lui manifester les intentions de la compagnie, qu'il vouloit donner l'exemple de la soumission.

MM. vos collègues pourroient tenir*. Il pourra paroître suspect et placé avec trop d'art dans leur bouche. Ainsi, à moins que l'occasion ne s'en présentât si naturellement que ce discours n'eût rien qui parût préparé et affecté, je ne serois point d'avis qu'ils fissent une démarche qui, après tout, ne peut être que d'une très-médiocre utilité. Je ne sais rien sur la naissance d'un Dauphin, qui puisse avoir quelque rapport à ce qui est venu dans l'esprit d'un des amis de l'abbé Couet. On peut se servir de la convenance qui est dans la chose même et qui n'a pas besoin d'être soutenue par des exemples; mais ces sortes de raisons ne peuvent être placées utilement que lorsqu'il y a déjà des dispositions prochaines à ce que l'on desire, et qu'il n'est plus question que de frapper un dernier coup.

Je ne sais rien de plus que vous sur les affaires de l'église. Vraisemblablement la dernière bulle n'y apportera aucun changement, et je crois assez ce que l'on vous a dit sur ce sujet : le grand obstacle est l'état de M. le C..... de

* Il est vraisemblable que MM. du parquet desiroient, en le demandant, tenter d'avancer le retour de M. le Chancelier.

N......*, dont on ne peut rien attendre de décisif, à moins que tout ce qui est autour de lui ne se réunisse pour l'engager à finir. Mais ce que l'on vous a dit à l'égard d'un de ceux qui pourroient y contribuer davantage, est si absurde, et tous les faits sont si révoqués en doute, qu'on ne sauroit faire encore aucun pronostic probable sur ce sujet.

Je serai fort aise de pouvoir joindre le dernier tome des Mémoires de M. Omer Talon ** aux

* M. le cardinal de Noailles.

** *Mémoires d'Omer Talon, avocat général en la cour de Parlement de Paris.* En 1732, l'abbé Joly fit paroître à la Haye une édition de ce précieux ouvrage (en 8 vol. in-12); mais cette édition, d'ailleurs plus qu'incorrecte, ne contient pas tout ce que renferme le véritable manuscrit *autographe,* en 4 vol in-folio. L'éditeur, qui n'en avoit sans doute pas eu connoissance, dut se contenter de livrer à l'impression la copie de l'une des copies qui existent encore aujourd'hui à la Bibliothèque royale et à celle de la ville de Paris. Le vrai manuscrit original est maintenant dans la bibliothèque de la Chambre des députés. (Voy. à la pag. 10 du tome I.er, *l'avertissement* que j'ai mis en tête des Œuvres d'Omer et de Denis Talon; 6 volumes in-8.°, Paris, 1812, chez Égron, imprimeur-libraire.) La copie de ces *Mémoires* avoit un intérêt plus particulier pour M. le Chancelier, puisque sa mère, Eugénie le Picart, étoit, comme nous l'avons déjà dit, fille de Catherine Talon, nièce d'Omer Talon.

trois que j'ai déjà. Si vous connoissez quelque copiste sûr, et qui écrive correctement, vous me ferez plaisir de faire copier cet ouvrage; le mieux seroit que cela se fît à la chancellerie même : si le fils de M. Zacharie écrit bien, j'aimerois mieux que ce fût lui qui gagnât ce que l'on donnera pour ce travail, et l'on seroit bien plus sûr de sa fidélité que de celle d'un autre; on pourroit se servir aussi du commis de M. Fréteau. Je m'en rapporte à vous sur tout cela, mon cher fils.

J'attends avec autant d'impatience que vous, et peut-être plus, les nouveaux éclaircissemens que M. le Guerchois a dû demander sur votre Normande *. Salomon dit que les richesses viennent des père et mère, mais que Dieu seul donne une femme vertueuse. Nous faisons assez mal notre charge à votre égard, mon cher fils; mais j'espère que Dieu y suppléera en vous accordant ce qu'il s'est réservé. Je le lui demande au moins de tout mon cœur, et je n'y ai pas un grand mérite, parce que je ne fais que suivre les mouvemens de ma tendresse pour vous.

* Voyez la lettre en date d'avril 1729, pag. 198.

A M. RACINE LE FILS.

A Versailles, le 6 septembre 1727.

ON ne devroit recevoir à l'Académie que les directeurs des fermes, s'ils écrivoient tous aussi bien que vous, Monsieur; mais je fais encore plus de cas de vos sentimens que de votre éloquence. Je suis également touché et de votre joie et de vos desirs sur ce qui vous manque pour être content; et, sans me flatter d'être toujours le même dans tous les événemens, je puis vous assurer au moins que je serai le même à votre égard dans tous les temps, qui me seront toujours agréables quand je pourrai vous donner des marques de l'estime avec laquelle je suis, Monsieur, entièrement à vous.

A M. DAGUESSEAU FILS AÎNÉ.

A Paris, le 9 décembre 1727.

M. L'ÉVÊQUE de Laon, après m'avoir écrit, aussi bien qu'à M. le cardinal de Fleury, sur les discours que M. le Normant*, avocat, a tenus contre lui, est venu s'en plaindre lui-même, et sa plainte roule sur trois points.

1.° Sur ce que M. le Normant a dit que M. l'évêque de Laon**, au lieu de travailler en évêque

* Nous aimons à rappeler ici un trait bien remarquable de la délicatesse de cet avocat. Il avoit conseillé à une de ses clientes de placer 20,000 livres sur un particulier. Celui-ci étant devenu insolvable, M. le Normant se crut obligé de rembourser cette somme à la personne qu'il avoit déterminée à la prêter; il fit de ce remboursement l'objet d'une clause expresse dans son testament. L'Académie française voulut le placer sur sa liste; mais l'ordre des avocats refusa d'y consentir, et M. le Normant n'hésita pas à refuser la candidature académique.

** M. l'évêque de Laon (Louis-Joseph de la Fare), institué pour ce siége depuis 1723, continuoit les mesures que son prédécesseur (M. Charles de Saint-Albin) avoit exercées contre ceux qui rejetoient la bulle *Unigenitus* et

charitable et en père, à remettre l'esprit de sa partie qui avoit envie de renoncer à l'état ecclésiastique, l'avoit au contraire entretenu dans sa mauvaise disposition, et avoit employé toutes sortes d'artifices et de superstitions à l'appât d'un bénéfice dont ce prélat avoit envie de disposer;

2.° Sur ce que M. le Normant s'est joué sur le terme de catholique ou de catholicité, qui étoit dans une lettre de M. l'évêque de Laon, disant que la cour comprenoit bien ce que cet évêque entendoit par le mot de catholique;

3.° Sur ce qu'en disant que sa partie n'avoit pu se faire relever de son état de sous-diacre faute d'argent, il avoit ajouté qu'on savoit assez qu'à Rome tout se faisoit avec de l'argent.

Comme ces discours peu mesurés de l'avocat n'ont point été réprimés par M. le premier président, ni improuvés par M. Gilbert de Voisins,

ne vouloient pas signer le formulaire. Peu de diocèses voyoient leurs curés, leurs chanoines, leurs prêtres, tourmentés par autant de destitutions, de lettres de cachet et d'exils, que celui de Laon. L'affaire particulière dont il est question dans cette lettre et dans la suivante, y est suffisamment expliquée.

(N. C.)

qui a porté la parole dans l'affaire dont il s'agit, M. l'évêque de Laon se plaint d'avoir reçu une injure publique, sans que MM. du Parlement aient rien fait pour la réparer, quoiqu'il eût lieu de l'espérer, soit comme évêque, soit comme membre de cette compagnie, en qualité de duc et pair. Non-seulement le passé l'afflige, mais il craint pour l'avenir, parce qu'on commence demain une autre cause où il est partie, et qu'il croit bien savoir que l'avocat qui doit plaider contre lui, se prépare à donner une nouvelle scène au public, à l'exemple de M. le Normant.

M. le cardinal de Fleury, avec lequel il s'est expliqué sur ce sujet d'une manière plus étendue qu'on ne peut le faire par une lettre, me paroît fort blessé de la licence que les avocats se donnent dans leurs plaidoyers, et surpris de ce que le Parlement semble la tolérer en quelque manière par son silence. Ainsi, je crois faire plaisir à M. le premier président de vous prier, mon cher fils, de lui faire part de ma lettre demain matin avant la grande audience, afin qu'il soit instruit de ce qui se passe ici, et de ce qu'on y pense sur les discours trop libres et souvent injurieux des avocats. Comme on en tiendra peut-être demain de pareils à ceux de M. le Normant, et qu'ils seront dans la bouche d'un avocat pour lequel on a moins de ménagement, M. le premier président pourroit l'avertir de son devoir s'il s'échappe; dire même, à cette occasion, quelque chose en général sur le respect que les avocats doivent toujours au caractère d'un évêque, lors même qu'ils sont obligés d'en attaquer les jugemens ; et je suis persuadé que cela feroit un très-bon effet, non-seulement dans ce pays-ci et auprès de M. le cardinal de Fleury, mais dans le barreau même, qui a besoin d'un pareil avertissement, comme plusieurs des plus sages courtisans me l'ont dit, il y a déjà du temps, et avant la naissance de l'affaire de M. de Laon. M. le premier président est plein de sagesse et de bonnes intentions : il peut mieux juger que moi de ce qu'il doit dire ou faire sur ce sujet, et il est plus capable que personne de bien placer deux mots qui feront un grand bien en toute manière dans les circonstances présentes. Je crois lui rendre service, aussi bien qu'au Parlement, en vous écrivant comme je le fais, et vous savez combien je m'intéresse à l'un et à l'autre.

Je ne vous parle point encore du fond de la

décision que le Parlement a prononcée dans l'affaire de M. l'évêque de Laon. Comme on pourra demander au Roi un réglement sur ce sujet, je me réserve de le traiter avec vous à Paris, où je serai bien aise d'en conférer aussi avec M. Gilbert de Voisins, et peut-être avec M. le premier président, si la chose le mérite, après que j'en aurai été plus instruit.

Au surplus, vous comprenez assez, et M. le premier président le pensera sans doute comme moi, qu'il faut que cette lettre ne soit connue que de lui et de vous. Je n'ai pas besoin de lui en expliquer les raisons; il les sentira assez de lui-même. Il ne me reste, mon cher fils, qu'à profiter de cette occasion pour vous assurer de toute la tendresse que j'ai pour vous.

AU MÊME.

A Versailles, le 17 décembre 1727.

NOUS renverrez-vous donc toujours M. l'évêque de Laon mécontent du Parlement, mon cher fils? Le premier arrêt rendu contre lui pouvoit se soutenir, quoiqu'on eût pu juger l'affaire d'une manière différente ; mais je ne sais que répondre à ce qu'il dit contre l'appointement prononcé hier. Vous jugez bien qu'il ne se plaint pas du parquet ; il fait l'éloge au contraire du plaidoyer et des conclusions de M. Talon*, qui étoient en sa faveur : mais c'est cela même qui

* Louis-Denis Talon, marquis du Boulay, reçu conseiller au Parlement de Paris en 1721, avocat général en 1724, et président à mortier en 1732, avoit épousé une fille de M. Chauvelin, avocat général au Parlement de Paris. Nous avons conservé de lui plusieurs plaidoyers remarquables. Il mourut en 1744, sans laisser aucun enfant mâle. Alors, M. Joly de Fleury et M. le Chancelier firent recevoir conseiller au Parlement (première chambre des enquêtes) Jean-Baptiste Talon, de la branche cadette de cette famille. Ce dernier mourut en novembre 1772, et le *Journal historique de la révolution opérée dans la Constitution de la monarchie françoise par M. le Chancelier Maupeou* (tome III, page 373), dit à cette occasion : « M. Talon est mort dans la persévérance la plus grande des principes de la saine magistrature. Il a refusé constamment sa démission. Malgré l'obstination du défunt, M. le duc de la Vrillière ayant annoncé au Roi la mort de ce magistrat, revenu sans les ordres de Sa Majesté, elle a paru prendre part à sa destinée : elle a observé que ce nom étoit ancien dans la robe, et ordonné qu'on inscrivît au Trésor royal le jeune Talon pour une pension de 2,000 livres. »

lui ouvre un beau champ pour déclamer contre les juges, qui semblent, selon lui, avoir résolu de lui refuser au moins la justice, quand ils ne trouvent pas de prétexte pour le condamner sur-le-champ. L'appointement est en effet assez extraordinaire dans une affaire de la nature de celle dont il s'agit : c'est une matière provisoire où les ordonnances des évêques sont exécutoires nonobstant l'appel simple, ou comme d'abus ; c'est une matière où le droit commun est pour l'évêque, et sur laquelle il n'y a point de titres à examiner qui demandent une longue discussion; enfin c'est une matière où la raison paroît être aussi du côté de l'évêque, et où il a pour lui le préjugé des conclusions. Cependant malgré tant d'avantages réunis en sa faveur, non-seulement on appointe l'affaire, mais on laisse en possession un très-mauvais sujet, déclaré tel par le chapitre même qui veut le soutenir aujourd'hui. J'avoue que je reconnois peu dans tout cela l'ancien esprit de la grand'chambre, que j'ai vue autrefois si attentive à maintenir le bon ordre et à protéger les évêques lorsque leurs ordonnances tendoient à le rétablir. On prétend même ici qu'il n'a pas dépendu de M. le premier président* que la cause de M. de Laon n'eût un meilleur sort, et qu'il a tenu au prélat un discours qui le fait assez entendre. Vous pouvez bien croire que, dans de telles circonstances, on se porte aisément à demander une évocation et des commissaires. Les dispositions à l'accorder ne sont guère moins favorables; et c'est ce qui fait, mon cher fils, qu'avant de donner mon avis décisivement sur ce sujet, je desire que vous me fassiez connoître s'il n'y a rien ici qui puisse justifier la conduite des juges. Tous les dehors de l'affaire paroissent contre eux : mais comme ils peuvent avoir eu des raisons que j'ignore, je serois bien aise de les apprendre par vous, si vous les savez, ou si vous pouvez les savoir, ce qui ne vous sera peut-être pas bien difficile. J'aurois besoin pour cela d'avoir une réponse fort prompte, parce qu'on voudra peut-être finir cette affaire vendredi prochain. Ne perdez donc pas de temps à m'en instruire, mon cher fils, dès demain au soir, s'il se peut, par M. Fréteau, qui revient ici, sinon vendredi matin, et soyez toujours bien persuadé de toute la tendresse que j'ai pour vous.

* M. Antoine Portail.

A M. DE VALINCOUR.

22 janvier 1728.

De toutes les consolations humaines, je n'en connois point de plus touchantes pour moi que celles qui me viennent d'un ami tel que vous, Monsieur. Je ne serai jamais en peine de vos sentimens ni de vos vœux, quand vous ne sauriez pas les exprimer d'une manière qui en relève toujours le prix.

A M. DAGUESSEAU FILS AÎNÉ.

A Versailles, le 18 juillet 1726.

Il est cinq heures du soir quand je reçois votre lettre, mon cher fils, et je doute que ma réponse puisse vous être d'aucune utilité. Je n'étois point l'ancien avocat général en 1697, et il ne me reste aucune idée de ce qui se passa lors de l'enregistrement du contrat de mariage de M. le duc de Bourgogne *; mais je ne doute pas que M. de Lamoignon ** n'ait fait un petit discours en le portant à la grand'chambre : cela est si naturel, si convenable et si conforme à ce qui se pratique en portant des édits et des déclarations, que je ne vois pas trop quelle peut être ici la raison de douter. Au surplus, il ne s'agit pas de faire une harangue ; une ou deux phrases suffisent en pareil cas, et l'état présent de la Reine *** fournit aisément de quoi les remplir.

Je ne doute pas que ce qui vient de paroître sur la consultation des avocats ne donne lieu à bien des discours ****; mais c'est matière de

* M. Daguesseau étoit probablement chargé de faire enregistrer le contrat de mariage de M. le duc de Bourbon, qui épousa, en secondes noces, le 23 juillet 1728, Caroline de Hesse-Reinfels-Rotenbourg. C'est de ce mariage qu'étoit issu feu M.gr Louis-Joseph de Bourbon, prince de Condé.

** Chrétien-François de Lamoignon, fils de M. Guillaume de Lamoignon, premier président au Parlement de Paris. Le Roi lui conféra la présidence de l'Académie des inscriptions en 1705, et il mourut en 1709.

*** La Reine étoit avancée dans sa grossesse, et l'on desiroit vivement qu'elle accouchât d'un Dauphin.

**** M. le Chancelier parle d'un bref du pape, du 9 juin

conversation plutôt que de lettres : il faut même laisser passer les premiers mouvemens et attendre le retour des réflexions, pour en bien juger. L'essentiel est que le Parlement demeure

1728, qui condamnoit la consultation du 30 octobre 1727, signée par cinquante avocats du barreau de Paris, et rédigée par le célèbre Aubry, l'un d'entre eux, en faveur de M. de Soanen, évêque de Sénez, que le concile d'Embrun venoit de suspendre de ses fonctions épiscopales, et même de celles de prêtre, à cause de son testament spirituel, contenu dans une instruction pastorale qu'il avoit publiée sur l'autorité et la visibilité de l'église : il manifestoit dans cet écrit la plus inflexible opposition à la bulle *Unigenitus*. M. de Soanen fut même, pour ce sujet, exilé, par lettre de cachet, à l'abbaye de la Chaise-Dieu, en Auvergne, où il mourut en 1740. Le gouvernement vouloit intimider par cet exemple les autres prélats appelans.

La consultation s'étoit répandue dans le public, malgré les efforts de M. Hérault, lieutenant de police, sur le compte de qui l'on s'égayoit par des épigrammes, dont l'une est parvenue jusqu'à nous :

Hérault, la terreur des écrits,
En guettoit un sur-tout de friande capture ;
Il vient de le trouver, on le dit, on l'assure,
Entre les mains de tout Paris.

M. le Garde des sceaux (M. Chauvelin) chercha vainement des avocats distingués qui voulussent opposer à la consultation un avis contraire. Un Cordelier se chargea d'y répondre : son travail, autorisé par M. le cardinal de Bissy et retouché par M. l'abbé de Targny, parut comme

tranquille jusqu'à ce que le Roi se soit expliqué sur les différens partis qu'on peut prendre au sujet d'un bref qui doit au moins faire sentir aux avocats avec combien d'indulgence on en

imprimé à Bruxelles, sous le titre d'*Avertissement donné aux cinquante avocats, sur leur consultation pour la cause de M. de Sénez, &c.* Cet écrit n'eut aucun succès.

Dans ces conjonctures, le ministère crut devoir éloigner de Paris les évêques contraires au concile d'Embrun, à l'exception de M. le cardinal de Noailles, qui étoit en voie secrète d'accommodement sur la bulle. Les autres prélats reçurent du Roi l'ordre de se réunir et d'exprimer leur avis sur le parti que Sa Majesté devoit prendre au sujet de la consultation. Ils la condamnèrent comme contenant *des maximes et des propositions téméraires, fausses, tendantes au schisme, suspectes d'hérésie, et même hérétiques; comme ayant attaqué le concile d'Embrun témérairement, injustement et au préjudice de l'autorité royale, et du respect qui est dû à un nombre considérable de prélats, et au pape même.* D'après cette décision, le conseil d'état assemblé rendit, le 3 juillet, un arrêt qui ordonna la suppression de l'écrit. Cet arrêt étoit précédé d'un long *considérant*, dans lequel les avocats signataires étoient fort ménagés, et traités même avec éloge; cette particularité explique la phrase où M. le Chancelier fait remarquer l'indulgence dont on avoit usé à leur égard. La sagesse et la modération de l'arrêt firent croire à beaucoup de personnes, à Paris et même à Rome, que M. le Chancelier l'avoit rédigé.

(N. C.)

use ici à leur égard. Nous en dirons davantage sur ce sujet, si vous venez dimanche.

A M. DE FRESNES.

A Fontainebleau, le 27 août 1728.

Il est donc décidé, mon cher fils, que votre affaire sera portée au conseil des dépêches, de samedi prochain en huit? Je compte que vous en avertirez MM. les commissaires, et sur-tout M. de Machault *, qui ne doit avancer son arrivée en ce pays-ci que pour cette affaire. Au surplus, tenez-vous le cœur gai, et comptez que le péril est plus grand de loin que de près.

Les avocats au conseil me pressent fort de trouver bon que les significations pour l'instruction des procès se fassent à Paris. Je veux bien avoir cette complaisance pour eux, et en faire l'essai cette année, sauf à revenir à l'ancien usage, si l'on trouve quelques inconvéniens dans

* Louis-Charles de Machault, seigneur d'Arnouville, conseiller d'état, mort en 1750.

le nouveau. Prenez donc la peine d'envoyer chercher les syndics, et de leur faire part de ce que je vous écris, afin qu'ils puissent le mettre en pratique dès cette semaine. Je leur ferai écrire encore par M. Fréteau, afin qu'ils aient une lettre de ma part qui autorise leur procédure : mais comme M. Fréteau n'arrivera ici que demain, il est toujours bon que les avocats au conseil soient informés de mes intentions sur ce sujet, et il suffira pour cela que vous parliez à un ou deux de leurs syndics, qui se chargeront d'en instruire les autres. Je compte toujours que nous aurons le plaisir de vous voir ici samedi, mon cher fils, et que je pourrai vous y assurer moi-même de toute la tendresse que j'ai pour vous.

J'embrasse votre frère aîné, et je voudrois bien savoir des nouvelles de M. de Chastellux.

Je vous prie de dire au Plaintmont qu'il apporte ici l'*Art de penser* ou la Logique de Port-Royal. Il seroit bon aussi qu'il n'oubliât point à Paris le volume de Cicéron où sont les oraisons, dont je ne serois pas fâché de lire quelques-unes avec lui, s'il m'en juge digne. Si vous pouvez mettre dans votre voiture le volume de Gassendi où il traite de la morale d'Épicure et des anciens philosophes, vous me ferez plaisir de me l'apporter. Pour peu que cela vous embarrasse, j'attendrai une autre occasion pour le faire venir.

A M. RACINE LE FILS.

A Versailles, le 12 janvier 1729.

Vous m'assurez, Monsieur, de la persévérance de votre attachement pour moi, et vous ne sauriez me faire plus de plaisir. Vous me demandez en même temps la continuation de mon estime; mais, comme vous n'êtes pas encore de l'Académie françoise, je prends la liberté de critiquer cette expression. L'estime ne se demande pas, et j'aimerois mieux dire qu'elle se commande. Je n'ai pas cru vous faire grâce en vous donnant depuis long-temps des marques de la mienne; j'ai voulu payer une dette dont je m'acquitterai toujours avec le même plaisir : vous l'exigez encore plus fortement par le mépris que vous faites des priviléges des nouveaux mariés, et vous y avez d'autant plus de mérite, qu'il pourroit se trouver des casuistes qui croiroient que l'oisiveté est préférable aux travaux de l'Académie, sur-tout quand il ne s'agit que de comparer des tragédies* dont on peut dire, sans blesser la mémoire de M. votre père, que la meilleure ne vaut rien, si l'on en juge par rapport à la morale. La mienne n'est pas tout-à-fait si sévère, et je reconnois que la critique de deux pièces de théâtre peut être souvent d'autant plus utile que les pièces sont plus dangereuses. N'auriez-vous point encore ici donné la préférence à l'ancien sur le moderne? Si cela est, je prends parti, sans hésiter, pour le père contre le fils. Savez-vous bien qu'il n'y a guère de prévention plus redoutable que celle qui naît de la crainte de paroître prévenu : mais j'augure mieux de votre goût et même de votre justice, sur laquelle M. votre père n'a pas moins de droit qu'Euripide.

* M. Daguesseau avoit sans doute en vue ici la *Phèdre* de Jean Racine, comparée avec l'*Hippolyte* d'Euripide; parallèle qui devoit faire partie d'un ouvrage auquel ce poëte travailloit alors, et qui parut plus tard sous le titre de *Remarques sur les tragédies de Jean Racine*, suivies d'un *Traité sur la poésie dramatique ancienne et moderne;* 3 vol. in-12, Paris, 1752.

Je suis très-aise d'apprendre que vous vous occupez d'un ouvrage encore plus digne de vous; je veux dire de votre poëme sur *la Religion*. Le plan que vous m'en rappelez en peu de mots me paroît remplir toute l'étendue de la matière, quelque vaste qu'elle soit. Vous me ferez un grand plaisir si vous voulez bien m'envoyer les trois chants que vous avez finis : ou je trouverai le temps de les lire, ou je le déroberai. L'application que vous me faites de ce que Virgile disoit à Mécénas est trop flatteuse; mais s'il ne faut que des critiques pour vous donner du courage, jamais poëte n'en aura plus que vous (c'est-à-dire du courage). Vous savez que je ne suis pas avare de critiques; et comme je lirai votre ouvrage en votre absence et sans être sur le bord d'un canal *, je serai peut-être plus hardi que je ne l'étois à Fresnes, où je ne pouvois faire aucune remarque qu'au péril de ma vie.....

Ut Lugdunensem rhetor dicturus ad aram **.

* L'ancien canal de l'Ourcq borde d'un côté le parc de Fresnes, et c'est probablement en se promenant avec Louis Racine sur les bords de ce canal que M. le Chancelier lui avoit fait des remarques critiques sur son poëme de *la Grâce*.

** Juven. *Sat.* I, v. 43. Au confluent du Rhône et de

C'est assez badiner pour un homme qui n'en a guère le temps, mais qui oublie volontiers ses occupations pour vous montrer qu'il est toujours le même à votre égard, et que les années ne peuvent qu'augmenter cette estime exigée plutôt que demandée, avec laquelle je serai toujours entièrement à vous.

A M. DAGUESSEAU FILS AÎNÉ.

A Versailles, le 19 janvier 1729.

Vous aurez su apparemment ce matin, par une lettre que M. le premier président a dû re-

la Saone, sur l'emplacement qu'occupa ensuite l'abbaye d'Aisnay, à Lyon, soixante nations gauloises avoient consacré un autel à Auguste. C'est près de cet autel que se célébroient des jeux divers [*ludi miscelli*], institués par Caligula : au nombre des exercices publics qui les composoient, il y avoit un combat d'éloquence grecque et latine, où les vaincus étoient obligés de distribuer des prix aux vainqueurs et de composer leur éloge. Quant à ceux dont les ouvrages avoient paru par trop mauvais, on les contraignoit à effacer avec une éponge, et même avec leur langue, ce qu'ils avoient écrit, à moins qu'ils n'aimassent mieux être fustigés, ou plongés dans un des deux fleuves.

cevoir, où en est l'affaire de la thèse *. Le Roi pourra bien se charger lui-même de la finir. Je

* Un jeune prêtre, nommé Lalande, venoit de soutenir en Sorbonne, pour obtenir le bonnet de docteur, une thèse très-hardie, qui, néanmoins, avoit été signée par le syndic de la faculté de théologie et par le grand-maître. Il avoit avancé non-seulement que « les cent une propositions de « Quesnel avoient été justement et très-certainement ana- » thématisées par la constitution *Unigenitus;* mais encore » que toute l'église, après une discussion précédée d'un » mûr examen, avoit reçu cette constitution par un sen- » timent irréfragable, et la proposoit aux fidèles comme » règle de foi, pour être observée avec une obéissance » sans réserve. » Ces expressions, *comme règle de foi,* étoient tirées des actes du concile romain de 1725, sur la bulle, et ce concile n'étoit pas reçu en France; quant à la dernière partie de la proposition, *avec une obéissance sans réserve,* le candidat l'avoit puisée dans les lettres pontificales *Pastoralis officii,* rejetées par tous les Parlemens, par beaucoup d'évêques, et même par la faculté de théologie de Paris.

Le Parlement, instruit de cet événement, crut devoir en informer le principal ministre (M. le cardinal de Fleury), et le prévenir de l'intention où il étoit de sévir contre un acte qui frondoit aussi ouvertement ses arrêts, et dont l'impunité pouvoit entraîner des conséquences funestes. Le ministre s'empressa de répondre qu'il partageoit la désapprobation du Parlement, et se proposoit d'en parler au Roi. Deux jours après, il écrivit à M. le premier président que Sa Majesté se réservoit la connoissance de cette

vois qu'on pense assez ici qu'outre qu'il ne seroit pas bien sûr que le Parlement se renfermât dans les bornes de l'arrêté dont M. le premier prési-

affaire; qu'elle improuvoit la thèse, et manderoit le syndic et le répondant, afin qu'ils eussent à rendre compte de leur conduite.

Le soir même, une nouvelle lettre apprit à M. le premier président l'exécution et le résultat de cette mesure: le Roi avoit enjoint au syndic de redoubler de soin pour ne laisser passer dorénavant aucune thèse qui pût troubler la paix, et faisoit défense au Parlement de délibérer sur cet objet.

Le lendemain, 25 janvier, jour auquel le Parlement devoit s'assembler pour s'occuper de l'affaire, M. le premier président communiqua ces deux lettres à la compagnie, qui, pour suppléer apparemment à l'arrêt projeté qu'il ne lui étoit plus permis de rendre, fit inscrire sur ses registres la résolution suivante:

« La cour, obtempérant aux volontés du Roi, qui a » jugé à propos de prendre connoissance de l'affaire, » d'improuver lui-même la thèse du sieur Lalande, de » mander le syndic et le répondant, et de faire part à la » compagnie de ce qu'il lui avoit plu d'ordonner pour » obvier à de semblables écarts à l'avenir, se borne à en- » joindre au syndic de ne plus laisser passer dans la suite » de pareilles thèses, capables de troubler la paix et d'exci- » ter de nouvelles contestations. » Le Parlement se montroit assez disposé à faire imprimer et publier cet arrêt; mais un ordre supérieur lui en fit défense.

(N. C.)

dent* a envoyé le projet, laisser agiter cette matière au Parlement, ce seroit remédier à un bruit par un autre, et peut-être plus grand que le premier, parce que tous les évêques ne manqueroient pas de dire qu'il n'appartient pas à un tribunal séculier de prendre connoissance d'une question purement spirituelle qui n'intéresse point les maximes de la France, et que, si l'on en peut craindre les suites par rapport à la tranquillité publique, c'est à la sagesse du gouvernement qu'il est réservé de les prévenir, sans que le Parlement puisse s'en mêler, jusqu'à ce qu'il plaise au Roi de le mettre en œuvre sur ce sujet. Voilà le nœud et le point délicat de cette affaire, qui n'a pas été prévu dans les lettres de M. le premier président; et peut-être n'a-t-il pas voulu le prévoir, par la difficulté d'y répondre d'une manière qui pût convenir à ce pays-ci. On pourra bien ne pas lui en parler, non plus qu'à MM. du parquet, pour éviter d'émouvoir une question *jalouse*, comme disent les Italiens; mais il est bon que vous soyez au fait, non pour faire part à ces Messieurs de ce que je vous écris pour vous seul, mais parce que cela peut

* M. Antoine Portail.

influer dans la manière dont vous parlerez avec eux sur cette affaire, dans laquelle il ne tiendra pas à moi qu'on ne garde toutes les mesures convenables par rapport au Parlement, quoiqu'on ne se serve pas de son canal pour la terminer. Au surplus, je ne saurois trop vous recommander de ne point parler sur tout cela : il ne m'est pas revenu que vous l'ayez fait, et on ne m'a rien dit qui puisse donner lieu de croire qu'on ait plus d'attention sur vous en cette occasion, que sur les autres magistrats qui sont entrés dans la même affaire avec le même esprit; mais comme les anciennes préventions se réveillent aisément, il est toujours bon que vous soyez encore plus attentif que les autres sur vos paroles. Je suis persuadé que vous n'avez pas besoin de cet avis pour veiller plus que jamais; et si je vous le donne, mon cher fils, c'est par une précaution vraiment surabondante qui ne doit pas vous déplaire, puisqu'elle ne vient que de la tendresse encore plus surabondante dont je suis rempli pour vous.

Ma santé continue d'être beaucoup meilleure qu'elle ne l'étoit même avant les rigueurs de l'hiver. J'ai passé huit heures dans mon lit cette nuit, et j'en ai bien dormi sept. Les ressentimens d'asthme que j'ai sont aussi courts que légers.

AU MÊME.

Vendredi, à neuf heures du soir, avril 1729.

Je vous envoie, mon cher fils, la procuration que je viens de signer avec M.me la Chancelière, et j'y joins une lettre pour M. de Valjouan. Comme il faut que cet acte soit signé de M. Hachette* et d'un autre notaire, vous l'enverrez demain chez lui, c'est-à-dire chez M. Hachette, afin qu'il vous le renvoie sur-le-champ, signé de lui et d'un notaire en second. Je vous conseille de lui écrire pour cela dès ce soir. Je m'imagine cependant qu'il n'est pas bien nécessaire de vous recommander la diligence en cette occasion. Je vous souhaite encore une fois, mon cher fils, tout le bonheur et toute la satisfaction que vous pouvez desirer dans la grande affaire que vous

* Notaire de M. le Chancelier.

allez conclure *. J'espère de la bonté de Dieu qu'il exaucera les vœux que nous allons former pour vous, votre mère et moi, et qu'il joindra en votre personne les bénédictions temporelles aux bénédictions spirituelles. Je vous dirois donc volontiers comme Tobie :

« *Bene ambuletis, et sit Deus in itinere vestro, et angelus ejus comitetur vobiscum, ita ut cum gaudio revertatur ad nos* **. Ainsi soit-il.

AU MÊME.

A Versailles, le 15 septembre 1729.

Le choix de votre successeur a été fait ce matin, mon cher fils, tel que vous pouviez le prévoir. Si vous aviez toute la politique et la vanité d'Auguste, quelque Tacite moderne pour-

* M. Daguesseau épousa, le 4 avril 1729, M.lle Françoise-Marie-Angélique de Nollent, d'une famille ancienne et distinguée de Normandie. Il ne naquit de cette union aucun enfant.

** Tob. cap. v, ℣. 21 et 27.

roit dire de vous : *Comparatione deterrimâ sibi gloriam quæsivisse.*

J'écris à M. Chauvelin* pour lui annoncer un choix dont il faut espérer à présent qu'il se rendra digne dans la suite. Ce qu'il y a de bien sûr, c'est que si cela arrive, je serai fort aise de m'y être heureusement trompé. Vous ferez porter ma lettre chez lui aussitôt que vous l'aurez reçue, et vous n'irez pas encore aujourd'hui lui faire votre compliment, parce qu'on est convenu avec M. le cardinal qu'on ne parleroit point de ce qui s'est fait ce matin, jusqu'à ce que son Éminence ait écrit à M. le procureur général**, ce qui est peut-être fait à l'heure qu'il est. Je lui écris aussi une lettre que je joins ici, et que je vous prie de lui faire rendre le plutôt qu'il sera possible.

Au surplus, je n'ai pas besoin de vous recommander d'être fort attentif à ne rien dire qui ne soit entièrement convenable sur ce sujet. Je

* Louis de Chauvelin, neveu de M. le Garde des sceaux, venoit d'être reçu avocat général, en remplacement de M. Daguesseau fils aîné, devenu conseiller d'état. Il fut ensuite président à mortier, et mourut en 1754.

** M. Joly de Fleury.

compte aussi que, comme on trouve aisément des suisses à présent que toutes les fêtes sont passées, M. de Fresnes redoublera la garde ordinaire qu'il a à son service. Je vous embrasse l'un et l'autre de tout mon cœur, et j'y joins M.me Daguesseau, qui m'est peut-être encore plus chère que son mari.

A M. HÉRAULT,

LIEUTENANT GÉNÉRAL DE POLICE.

A Versailles, le 31 décembre 1729.

MON cœur avoit déjà suppléé toutes vos raisons, Monsieur, et il ne m'en seroit échappé aucune, quand vous ne les auriez pas si bien expliquées. Vous sentez de vous-même qu'il n'y a contre vous que l'âge et la date des services de quelques intendans. M. le cardinal me parut frappé de cette considération, quand je lui parlai, il y a quelque temps, des places du conseil en général, et il peut y avoir en effet une espèce d'ordre et de justice dans la distribution même des grâces*. Je compte de voir son Éminence cette après-dînée : rien ne sera oublié de tout ce qui peut vous être favorable; et si la

* M. Hérault sollicitoit sans doute son admission à la place de conseiller au conseil d'état privé, direction et finances, qu'il obtint le 25 juin 1730. La bonne opinion que M. le Chancelier paroît avoir eue de ce magistrat, suffiroit pour infirmer le jugement sévère que quelques écrivains ont porté sur son administration. Il lui avoit déjà donné un témoignage non équivoque de son estime, par la lettre suivante, qu'il lui écrivit pour le féliciter sur sa nomination à la place de lieutenant général de police :

A Fresnes, le 26 août 1727.

« La conjoncture dans laquelle on vous choisit pour » remplir la charge de lieutenant général de police fait » votre éloge, Monsieur, et j'espère que vous justifierez » bientôt un choix qui vous fait tant d'honneur. Il seroit » seulement à souhaiter qu'il eût été fait plutôt; vous au- » riez prévenu le mal que vous avez maintenant à guérir. » Vous pouvez juger par ces sentimens, de la joie que j'ai » de vous voir dans une place dont vous êtes si digne. » Il ne me reste que le déplaisir de n'avoir pas été à portée » d'y contribuer; vous l'augmentez encore par la manière » dont vous pensez sur ce qui me regarde. Vous m'en » avez donné des preuves dans tous les temps; et si quel- » que chose m'en faisoit souhaiter de plus favorables pour » moi, ce seroit pour être plus en état de vous témoigner » combien je suis sensible à toutes les marques de votre » amitié, et de vous en donner à mon tour de la véritable

morale par laquelle vous finissez votre lettre ne vous est pas nécesaire dans cette occasion, elle ne sera pas perdue pour cela ; je connois des gens qui en peuvent faire usage. Personne ne sauroit être à vous, Monsieur, plus parfaitement que moi.

A M. DAGUESSEAU FILS AÎNÉ.

A Versailles, le 2 mars 1730.

Je prends, mon cher fils, le parti d'écrire à M. de Missy*, avocat général, pour savoir si le privilége des conseillers du procureur du Roi, pour être jugés toutes les chambres assemblées, a jamais été confirmé ou reconnu expressément

» estime avec laquelle je suis, Monsieur, parfaitement à » vous. »

Les originaux de cette lettre et de celle du texte font partie de la collection de M. de Monmerqué, conseiller en la cour royale de Paris.

* Pierre-Augustin Durand, seigneur de Missy, avoit été reçu, l'année précédente, avocat général au Parlement de Normandie.

par le Roi. Quand il devineroit pourquoi je lui fais cette question, il n'y auroit aucun inconvénient à son égard, et il est bien sûr qu'on ne saura point son secret. Je voudrois bien que vous me renvoyassiez ici le mémoire que j'ai fait autrefois sur la matière dont il s'agit. Il sera bon d'y joindre aussi le *Traité des Parlemens*, par la Roche-Flavin*, qui est in-4.° Mais, à propos de cet ouvrage, j'oublie toujours de charger M. Zacharie le fils de me chercher l'édition in-folio; si vous voulez bien le lui dire, ce sera autant de décharge pour ma mémoire.

Je me souviens, dans ce moment, que vous pourrez trouver ce que nous cherchons, par rapport au Parlement de Rouen, dans un manuscrit in-folio qui est dans mon arrière-cabinet, à côté de la porte vitrée, à main droite en entrant. Ce manuscrit contient des réponses de feu M. Paviot, procureur général, à un grand nombre de questions que je lui avois adressées, comme aux autres procureurs généraux, sur la

* Volume in-folio, curieux et estimé. Bernard de la Roche-Flavin étoit premier président en la chambre des requêtes au Parlement de Toulouse, lorsque Henri III le fit conseiller d'état. Il mourut en 1627.

discipline et les usages de leurs compagnies, et je crois que la question présente en étoit une. Il y a un autre manuscrit du même auteur, qui est l'*Histoire du Parlement de Rouen;* mais il seroit bien long de le parcourir pour voir s'il s'y trouve quelque chose qui puisse servir dans l'occasion qui nous presse de prendre un parti.

J'ai reçu les six copies que vous avez retirées de M. d'Ormesson, et je suis fort aise que vous ayez eu l'attention de les faire collationner; j'ai le reste ici.

Vous n'aurez qu'à envoyer chez M. de Trudaine ou chez M. de Saint-Contest, ce que je vous prie de m'adresser. M. de Trudaine part demain après midi, et je crois que M. de Saint-Contest ne partira que samedi matin. Je lui écrivis hier que le conseil des dépêches ne se tiendroit que le soir; mais M. de Trudaine m'a paru avoir dessein de venir dès demain.

Je suis toujours à vous, et de tout mon cœur, mon cher fils. Il n'est pas possible d'en dire davantage à Mme Daguesseau, mais je lui en dis au moins tout autant.

DE M.ME LA CHANCELIÈRE

A M. DAGUESSEAU FILS AÎNÉ.

A Versailles, le 15 septembre 1730.

J'AI attendu, mon cher fils, pour vour donner de nos nouvelles, que ma lettre pût vous trouver arrivé et un peu reposé des fatigues du voyage. Suivant ce que vous et votre secrétaire m'en avez mandé, elles n'ont pas été grandes; vos gîtes ont été bons, la chère abondante, l'appétit excellent, et les nuits longues et tranquilles sur le duvet. Avec cela on voyage gaiement, à moins que la malice de M.me Daguesseau ne vous ait rendu la vie dure. Plaintmont, calomnieusement, prétend qu'elle va en augmentant à mesure qu'elle respire de plus près l'air de son pays. Pour moi qui trouve sa malice aimable, parce qu'en fine Normande elle épargne sa belle-mère, crainte de sentir ensuite tout le poids de ce terrible nom, je consens qu'elle augmente tous les jours en malice à proportion que l'embonpoint viendra; car il faut que l'un et l'autre marchent de pair, et je ne plaindrai point la peine des chevaux pour l'augmentation de poids qu'ils auront en ramenant M.me Daguesseau et le Plaintmont bien gras et bien dodus.

Pour revenir à nous, nous nous sommes défaits de nos rhumes, et tout se porte bien ici. On y a été fort occupé de nouvelles. L'abdication du roi de Sardaigne* a donné matière à bien des conversations. Après un discours très-touchant qu'il a fait à son conseil, auquel il avoit appelé ce jour-là les premiers présidens des différens tribunaux de Turin; beaucoup d'éloges qu'il donna à son fils** sur sa capacité pour le gouvernement et son amour pour ses peuples, il déclara qu'il lui remettoit la couronne entre les mains; qu'il se retiroit à Chambéry, où il vouloit vivre en gentilhomme; que pour cela 150,000 liv. de rente lui suffiroient, et que c'étoit tout ce qu'il se réservoit : il monta en carrosse aussitôt

* Victor-Amédée II, premier roi de Sardaigne. Il mourut le 17 novembre 1732.

** Charles-Emmanuel III. Son père s'étoit occupé de son éducation avec beaucoup de sollicitude : dans toutes les occasions, il aimoit à le présenter à son armée et à ses sujets.

et partit *. Il est vrai qu'il avoit pris la précaution, pour rendre sa vie plus douce et se donner une compagnie dans sa retraite, de se marier,

* Quelque temps après, « le roi Emmanuel accusa son père d'avoir fait une conspiration pour remonter sur le trône. Victor-Amédée fut arrêté avec une indigne violence : c'étoit pendant la nuit; il étoit couché auprès de sa femme. Un détachement de grenadiers entre dans sa chambre avec des armes et des flambeaux. Amédée se fait reconnoître à eux comme le Roi qui les a si souvent conduits à la victoire. Il lutte contre ceux qui veulent l'entraîner. Sa femme, qui le défend, est exposée aux coups des soldats. On le jette dans une voiture, on le conduit dans la prison de la Révole, et sa femme est renfermée avec les plus viles prostituées. — Au récit de cet événement, la France entière parut demander la guerre pour la délivrance du grand-père de Louis XV. Le gouvernement fut sourd à ce vœu..... Une grande partie du conseil représentoit au ministre que l'on devoit à la dignité du trône et aux droits du sang, une intercession énergique et pressante en faveur du malheureux Victor : mais Fleury, qui jouissoit en secret de l'humiliation d'un monarque dont il avoit été la dupe, continua de rester muet sur cet événement.... Cependant le roi Charles-Emmanuel fit cesser, après quelques mois, des rigueurs qui étoient un sujet d'indignation pour l'Europe. Victor-Amédée fut libre, et sa femme lui fut rendue. Il mourut la même année, sans prononcer de malédiction contre son fils. » (*Histoire de France pendant le* XVIII.*e* *siècle*, par M. Charles Lacretelle, tom. II, pag. 117 à 119.)

le 10 août dernier, à M.me la comtesse de Saint-Sébastien*, dame d'atours de sa belle-fille, qui est une dame âgée de cinquante-deux ans. Il lui a acheté dans ce pays-là, pour 300,000 livres, une terre qui vaut 12,000 livres de rente, et dont elle portera le nom : elle s'appellera M.me la comtesse de Sommerive. Elle aura deux femmes de chambre et trois laquais, et lui un valet de chambre, cinq laquais et deux cuisiniers, deux chevaux de selle et six de carrosse : voilà toute leur maison.

Voilà, comme vous voyez bien, de quoi raisonner. M. votre père prend son parti fort et ferme, et prétend qu'on ne peut bien soutenir une retraite si l'on n'a une femme avec soi, et sur-tout de cinquante-deux ans. Je parierois bien que vous serez du même avis, à l'exception que vous la voulez de vingt-cinq, et vous avez raison.

Mme de Chastellux est arrivée à bon port, et fort charmée de son petit Beauvoir, qu'elle dit

* Victor-Amédée l'avoit épousée sans lui communiquer son projet d'abdication. Charles-Emmanuel auroit, a-t-on dit, remis le trône à son père, si lui seul l'avoit redemandé; mais c'étoit une maîtresse ambitieuse qui vouloit régner, et tout le conseil fut forcé d'en prévenir les suites funestes.

être un personnage grave et sérieux, mais fort joli. Le vicomte, dans le premier quart-d'heure de l'entrevue, vouloit déjà lui avoir appris toutes les sciences, et ne cessoit de lui donner des leçons.

Donnez-moi souvent de vos nouvelles, mon cher fils; je vous donnerai de même des nôtres: c'est toute la consolation de l'absence, et je ne sens pas moins vivement que vous, je vous en assure, la peine d'être séparée d'un trio que j'aime aussi tendrement qu'il s'embrasse tous les jours réciproquement à mon intention.

DE LA MÊME

A M.me DE CHASTELLUX.

A Versailles, le 29 septembre 1730.

Je suis fort aise, ma chère fille, de ce que mes lettres vous ont amusée et ont dissipé un peu la tristesse de M. de Chastellux. Je le plains infiniment de la perte qu'il vient de faire; un ami d'esprit et de mérite est chose rare, sur-tout à la campagne, et il manquera bien à M. de Chastellux, dans les voyages qu'il fait souvent tout seul et où il étoit sûr de trouver en lui une bonne compagnie.

Vous ne vous plaindrez donc point, ma chère fille, de mes lettres : elles ont été jusqu'à présent suffisamment fournies de nouvelles, et vous peuvent donner matière de consolation. Celle-ci n'aura pas moins cet honneur que les autres. M. le duc d'Antin reçut avant-hier au soir une lettre *de secrétaire d'état*, de la part du Roi (la mode est changée, cela ne s'appelle plus *lettre de cachet*), par laquelle il lui est ordonné de faire partir M. d'Espernon * pour aller demeurer, jusqu'à nouvel ordre, dans une de ses terres, telle qu'il voudra choisir, parce que sa conduite a déplu au Roi : en conséquence, il est parti pour Bellegarde. Dans le même temps, on a fait changer les gardes des serrures de l'appartement du Roi, et fait de nouvelles clefs, parce

* Louis de Pardaillan de Gondrin, duc d'Antin, pair de France, connu sous le nom de *duc d'Espernon*. Il étoit alors colonel du régiment Royal-Marine; il fut fait maréchal des camps et armées en 1743, et mourut la même année, à l'âge de trente-six ans. Le duc d'Antin dont il est question plus haut étoit son grand-père.

qu'il y en avoit trop d'anciennes. On a donné ces nouvelles clefs à M. Bachelier, valet de chambre du Roi, qu'on a chargé en même temps du détail du château, afin de soulager M. le comte de Noailles*, dont on le fait lieutenant pour cette partie du gouvernement, qui ne pouvoit être qu'à charge à un homme de sa condition : on appellera cela *inspecteur du château.*

Voilà, ma chère fille, tout ce que vous aurez pour cette lettre; n'en trouvez-vous pas assez? Je vais mardi à Paris, et j'y donnerai ordre pour qu'on achète des *brassières* à votre fils, une ou deux, suivant qu'on aura vu celles qu'il a et si elles peuvent servir. La lettre du vicomte a été très-bien reçue et a réjoui M. votre père : comme nous allons à Fresnes pour une quinzaine, il tâchera d'y apprendre assez de latin pour lui répondre. Embrassez-le bien pour moi, et donnez-lui un baiser de plus pour le donner à son petit frère. Ne lui faites pas perdre les expressions

* Philippe, comte de Noailles, avoit alors le gouvernement de Versailles, Marly et dépendances. Il étoit second fils de M. le maréchal duc de Noailles, et devint lui-même maréchal de France en 1775.

*morvandoises**, afin que nous puissions nous en réjouir quand vous nous le ramenerez. Je serai assurément, ma chère fille, bien aise de vous revoir; mais le petit Bourguignon augmentera bien ma joie, et je le baiserai de bon cœur.

A M.me LA COMTESSE DE CHASTELLUX.

A Fresnes, ce 10 octobre 1730.

Vous vous plaignez de mon silence, ma chère fille, et il faut bien que vous ayez raison, puisque je m'en plains moi-même : mais, en vérité, j'ai été ou si occupé ou si détourné depuis votre départ, que je n'ai pu trouver un moment pour vous écrire; et j'avois tant de dettes à payer quand je suis arrivé ici, que j'ai voulu commencer par m'en acquitter avant toutes choses, quand ce ne seroit qu'afin que M. de Chastellux ne puisse pas dire que je ne pense qu'à mon plaisir. Vous jouissez du beau temps à Chastellux comme nous le goûtons à Fresnes, et nous y avons à-peu-près

* C'est-à-dire, *du Morvan*, pays qui faisoit partie de la Bourgogne et du Nivernois.

les mêmes amusemens. M. de Chastellux est occupé de ses plans et de ses travaux, comme moi des miens; vous filez comme M.me la Chancelière; vous jouez et elle joue; vous vous promenez beaucoup , et elle se promène encore plus : voilà une vie assez douce, mais qui malheureusement ne durera pas autant pour nous que pour vous. Nous sommes déjà à la moitié de notre séjour en ce pays-ci; mais je ne suis pas sans espérance d'y venir faire encore un tour après la Toussaint, pour prendre mes grandes résolutions sur mes ouvrages de cet hiver. Je crains bien que nos bâtimens, qui n'avancent pas trop, ne leur fassent grand tort, et ne réduisent mon fonds à bien peu de chose pour le parc; j'en suis aux expédiens pour y suppléer; et vous vous étonnez après cela que je n'aie pas le temps de vous écrire!

Je crois que votre frère le chevalier s'est bien acquitté de tous les complimens dont je l'avois chargé pour M. de Chastellux, sur la perte qu'il a faite. M.me la Chancelière a été mon second interprète*; mais, quoique je rende justice à leur éloquence, je les défie cependant de bien

* Voy. la lettre précédente.

exprimer combien je suis sensible à tout ce qui touche M. de Chastellux : et n'allez point vous imaginer que vous y avez votre part; je rabattrois bien votre vanité si vous pouviez vous en flatter, et je vous dirois que j'aime M. de Chastellux pour lui-même, et sa femme pour l'amour de lui. Vous avez encore perdu un voisin dont la société vous faisoit plaisir; ce sont des pertes presque irréparables.

Je suis ici sans aucun enfant; voilà ce que c'est que de n'en avoir pas fait une assez grande quantité. Quand je les vois, il me semble que ce n'est pas grand'chose; mais dès le moment qu'ils s'éloignent, je sens que je les aime beaucoup. N'allez pas vous aviser, par cette raison, de prolonger votre séjour à Chastellux, pour vous rendre plus aimable ou plus aimée : vous aurez été assez long-temps absente pour me faire trouver un goût de nouveauté dans votre présence, qui m'inspirera une nouvelle tendresse. Vous me devez d'ailleurs un petit *Morvandeau*, que j'attends avec impatience, et que je vous prie d'embrasser trois fois par jour pour moi. Je ne vous charge de rien pour son frère aîné, parce que je prends la liberté de lui écrire moi-même.

Je ne connois rien de si fade que la fin des lettres, et d'ailleurs j'ai trouvé celle de mon papier.

A M. DAGUESSEAU FILS AÎNÉ.

A Fresnes, le 8 novembre 1730.

L'ADMIRATION est une passion muette, mon cher fils, et c'est ce qui a fait sans doute que je n'ai pu encore parler sur les prodigieux effets de vos grands talens pour l'économie. J'aurois dû cependant en être moins surpris qu'un autre, et dire à la vue de ces merveilles :

Je reconnois mon sang dans ce grand économe.

Mais M.me la Chancelière prétend en avoir tout l'honneur, et je voulois attendre, pour me vanter, que cette querelle fût finie entre elle et moi. Je pourrois cependant attendre trop long-temps; et vous serez revenu en ce pays-ci, suivant toutes les apparences, avant que nous soyons d'accord sur ce point. Ainsi, je ne veux pas différer davantage de vous faire mes complimens sur tout ce que vous avez si heureusement opéré pendant votre voyage. Il y a des choses vraies qui ne sont pas vraisemblables, et je crains que vous ne soyez dans ce cas. Je ne trouve que des incrédules qui prennent le parti de nier tous les faits et toute la profondeur de votre capacité économique. Tout le mal vient d'un esprit pervers que nous avons ici et qui a voulu souffler le feu de la division domestique jusque dans le séjour de l'union et de la paix, c'est-à-dire en Normandie. Heureusement le Plaintmont me paroît bien désabusé des premières impressions qu'il avoit prises contre vous, et il connoît le véritable auteur des vers satiriques que vous avez reçus; mais la querelle n'est pas finie, et le Romieu prétend bien se défendre contre les chicanes plus que normandes, selon lui, qu'on lui a faites sur la mesure; ce qui marque, encore selon lui, qu'on reconnoît qu'il a de son côté la raison et la rime. A propos de chicanes normandes, je n'ai pas encore vu ce que vous avez fait sur la fraude du même pays. J'attends pour cela votre arrivée et celle de M. le Guerchois, qui me paroît avoir repris vigueur dans le bas Maine, pour soutenir le doute normand. Revenez donc défendre la cause de la bonne foi et de la vérité. Je ne crains point que le pays d'Auge vous ait changé sur cet article; mais je trouve très-mauvais qu'il n'ait pas tempéré le sang de M.me Daguesseau. Si cela est, nous n'avons qu'à nous bien tenir. Ayez soin de la rétablir tant pour vous que pour nous : il faut au moins qu'elle nous mette en état de dire du bien de sa santé. Si je l'aime méchante, que ferois-je si elle étoit bonne? Je me fais un véritable plaisir de l'embrasser bientôt en ce pays-ci avec vous, mon cher fils, et le jurisconsulte Plaintmont, qui va faire les délices de Paris comme il a fait celles de Caen.

A M. LE COMTE DE CHASTELLUX.

A Paris, le 11 janvier 1731.

IL est bien vrai, Monsieur, que qui a compagnon a maître, et qui le sait mieux que moi! Mais, est-ce vous ou M.me de Chastellux qui devez parler ainsi, et comment faut-il distribuer ici les personnages de compagnon et de maître?

c'est ce qui peut être plus douteux ; et le mieux que je puisse faire pour vous est de ne point décider. L'essentiel est que vous vous accordiez tous deux dans le désir de nous revenir voir bientôt, et je souhaite fort que les neiges, qui doivent être toutes fondues à présent, n'y mettent plus d'obstacle. Nous tenons en chambre un gendarme plus militairement que richement habillé, pour vous recevoir. J'ai eu la témérité, moi indigne, d'en dire mon avis à Messieurs de la gendarmerie, et je ne sais si je n'en suis point brouillé avec le corps, qui me trouve trop magnifique. Si vous m'en grondez aussi, vous ne serez pas le premier : en vérité vous pouvez vous en reposer sur le chevalier*. En tout cas, je prendrai le vicomte pour juge, et je suis sûr qu'il sera pour moi. Je vous attends tous, même cet inconnu que M.me de Chastellux nous cachera encore quelque temps, avec une impatience qui répond à tous les sentimens avec lesquels vous savez, Monsieur, combien je vous suis tendrement attaché.

* M. le chevalier Daguesseau.

A M. DAGUESSEAU FILS AÎNÉ.

A Versailles, le 28 février 1731.

J'AI reçu, mon cher fils, tous les livres que je vous avois demandés et même mieux, parce que vous avez suppléé au défaut de ma mémoire; mais vous n'en êtes pas encore quitte. Il faut m'envoyer aussi, s'il vous plaît, le livre de Marsile de Padoue, en chair et en os; vous le trouverez chez moi.

La censure de ce livre * ne se trouve point

* Il s'agit du livre intitulé *Defensor pacis*. Marsile Ménandrin, plus généralement connu sous le nom de *Marsile de Padoue*, publia cet ouvrage à l'occasion des démêlés du duc de Bavière avec la cour de Rome. En défendant la cause de ce prince, il avança cinq propositions qui furent condamnées par le pape Jean XXII. M. l'abbé Fleury juge que la cinquième tendoit à confondre les deux puissances temporelle et spirituelle; elle étoit ainsi conçue : « Ni le pape ni toute l'église ensemble ne peuvent punir personne, quelque méchant qu'il soit, de peine coactive, si l'empereur ne leur en donne l'autorité. »

C'étoit bien en vain que M. le Chancelier cherchoit une condamnation du *Defensor pacis* dans le concile provin-

dans le diurnal ou dictionnaire du concile de Sens, de 1528, que vous m'avez envoyé. Il y a peut-être un point de critique littéraire à éclaircir sur ce sujet; il faudroit pour cela vérifier

cial de Sens de 1528, tenu à Paris sous la présidence du cardinal Duprat, archevêque de Sens; car il n'y fut question ni de cet ouvrage, ni des erreurs qu'il contient: elles furent, à la vérité, condamnées dans un autre concile postérieur de la province de Sens, tenu aussi à Paris, en 1612, sous la présidence du cardinal du Perron, alors archevêque de Sens; mais ce n'étoit point comme extraites du *Defensor pacis*, et dans la personne de Marsile; on les condamna dans celle d'Edmond Richer, syndic de la faculté de théologie de Paris, et comme tirées de son traité *de Potestate ecclesiasticâ et politicâ.*

Il s'agitoit alors au Parlement une question pour laquelle le *Defensor pacis*, et la censure qui en avoit été faite, pouvoient être utiles à M. le Chancelier: cette question étoit relative à une *instruction pastorale* et à un *mandement* de M. l'archevêque d'Embrun (Pierre de Tencin), contre la consultation des cinquante avocats en faveur de M. l'évêque de Sénez. M. de Tencin paroissoit vouloir faire relever de l'autorité spirituelle le pouvoir des magistrats, ainsi que l'avocat général du Roi, M. Gilbert de Voisins, l'avoit remarqué dans son réquisitoire tout récent contre ce mandement, et contre un autre de M. l'évêque d'Apt (M. Joseph-Ignace Foresta de Colongue), composé dans les mêmes principes. Ce prélat s'y applaudissoit de ce que le Parlement avoit fait brûler un de ses précédens écrits, intitulé *Appel du Roi mineur au Roi majeur.* Le

ce concile dans la collection du P. Labbe*, dans celle du P. Hardouin**, et dans le recueil des Conciles de France du P. Sirmond***. Il seroit bon aussi de voir ce qui est dit sur ce sujet dans la Bibliothèque de M. du Pin****; et ce qui me jette en quelque soupçon sur cette censure, c'est que M. le Merre***** n'en a rien mis dans les

Parlement, par un arrêt du 29 janvier, avoit condamné au feu le *mandement* de M. l'évêque d'Apt, et supprimé celui de M. l'archevêque d'Embrun, avec son *instruction pastorale*.

(N. C.)

* Philippe Labbe, jésuite, mort en 1667.

** Jean Hardouin, jésuite, mort en 1729. *Voyez* la note de la page 295 du tome I.er

*** Jacques Sirmond, jésuite, mort en 1651. Il avoit été pendant long-temps confesseur de Louis XIII. M. le Chancelier parle du recueil connu sous le titre de *Concilia antiqua Galliæ*, en 3 vol. in-folio, auxquels on en a joint deux de supplément.

**** *Bibliothèque des auteurs ecclésiastiques*, depuis le premier siècle de l'église jusqu'en 1711 (58 vol. in-8.°), par Louis Ellies du Pin, professeur de philosophie au Collége royal. Il mourut en 1719.

***** Il a déjà été parlé beaucoup de lui dans les notes sur l'affaire des Conciles du P. Hardouin. L'ouvrage cité

Mémoires du clergé, quoiqu'il y ait inséré deux autres articles du même concile de Sens. Voilà une matière de dissertation critique que je vous présente.

J'ai fait autrefois un très-long mémoire sur les procès criminels des évêques; il y a plusieurs choses sur l'autorité du Roi à cet égard, et surtout dans ce qui regarde les crimes de lèse-majesté. Ce mémoire est écrit en assez grand papier, de la main de M. Dupuis, et il doit être dans les cartons qui ont pour titre, *Procès criminels des évêques;* je le rédigeai à l'occasion du procès fait au cardinal de Bouillon*. Si vous le trouvez,

est intitulé *Recueil des actes, titres et mémoires concernant le clergé de France,* 12 vol. in-folio, imprim. de 1716 à 1750. Le douzième est de Pierre le Merre son fils.

* Emmanuel-Théodose de la Tour, cardinal de Bouillon. Ce mémoire, dans lequel M. le Chancelier avoit examiné la question si un cardinal françois qui commet un crime de lèse-majesté, est exempt de la juridiction royale par sa dignité, se trouve à la page 199 du tome V de ses *Œuvres in-4.°* C'est par erreur que l'éditeur l'a mis à la date de 1700; il paroît être de 1710, époque où M. Daguesseau, alors procureur général, rendit plainte au Parlement contre M. le cardinal de Bouillon, et où ce cardinal fut décrété de prise de corps, le 28 mai. On sait qu'en 1700, pendant qu'il étoit à Rome, le Roi, dont il contra-

mon cher fils, vous n'aurez qu'à me l'adresser dans un paquet cacheté. A l'égard du livre de *Marsilius Patavinus*, vous profiterez de la première occasion qui se présentera pour me l'envoyer, sans préjudice de la Dissertation que j'attends incessamment de vous sur le concile de Sens.

rioit les vues, rendit en son conseil, le 11 septembre, un arrêt qui le dépouilloit de sa dignité de grand aumônier, du cordon du Saint-Esprit, des émolumens attachés à ces honneurs, et faisoit saisir les revenus de tous les bénéfices qu'il possédoit en France. Ce ne fut qu'en 1710, le 22 mai, que le cardinal, qui étoit alors en France dans une de ses abbayes, consentit à donner au Roi la démission de la grande aumônerie, et à lui renvoyer le cordon du Saint-Esprit. Dans sa lettre au monarque, il lui disoit: « En conséquence de ces démissions, je reprends la liberté que ma naissance et ma qualité de prince étranger me donnent. Par ma qualité de prince souverain (du pays de Bouillon), je ne dépends que de Dieu; par ma qualité de cardinal évêque, doyen du sacré collége, évêque d'Ostie, et premier suffragant de l'église romaine, je ne dépendrai plus que d'elle. » Il partit aussitôt pour Tournay, où il étoit lors de l'arrêt rendu contre lui par le Parlement; et il mourut à Rome le 2 mai 1715. Dans sa dernière maladie, il écrivit à Louis XIV une lettre de soumission, et des lettres d'abolition furent accordées à sa mémoire, le 10 mai suivant.

(N. C.)

AU MÊME.

A Versailles, le 23 mai 1731.

J'AI enfin trouvé le temps d'étudier attentivement l'histoire du Parlement de Rouen *. Il faut avouer, mon cher fils, que vos Normands savent faire des objections ou plus solides ou du moins plus embarrassantes que celles des Francs-Comtois ou des Dauphinois : ils sont d'ailleurs accoutumés à respecter leur coutume comme l'évangile; et un changement de religion

* Plusieurs articles de l'ordonnance du mois de février 1731, sur les *donations*, contrarioient les dispositions de la coutume de Normandie, sur-tout relativement *aux avantages entre époux, aux démissions de biens, aux promesses de garder succession*, &c. Le Parlement de Rouen ne crut pas devoir enregistrer cette ordonnance. Il adressa des remontrances au Roi, et Sa Majesté chargea M. le Chancelier d'aplanir les difficultés qui retardoient l'exécution de la nouvelle loi. Cette lettre atteste le soin avec lequel il s'occupa de remplir les intentions de Louis XV; et l'ascendant de son génie dut l'emporter, puisque l'ordonnance qu'il avoit si longuement méditée, fut enfin lue et enregistrée le 13 juillet suivant.

seroit peut-être plus aisé à introduire en Normandie qu'un changement de jurisprudence. La matière mérite donc d'être traitée sérieusement. J'ai fait dans cette vue un extrait de ce qu'il y a de plus fort dans les remontrances dont il s'agit, et j'ai mis rapidement à côté les premières réflexions qui me sont venues dans l'esprit pour y répondre. Mais comme je me défie toujours de moi-même, et encore plus quand j'ai à traiter avec des Normands, je vous prie de raisonner à fond sur les points contentieux avec M. du Hamel*, qui est bien plus capable que moi de trouver la juste solution des difficultés, et qui d'ailleurs a eu une si grande part à la rédaction de l'ordonnance. Pour vous mettre bien en état de le consulter, je vous envoie les remontrances entières, avec mon extrait et les apostilles. Il seroit bon de revoir aussi les mémoires que le Parlement de Rouen avoit envoyés avant la rédaction de la loi, et qui, autant que je puis m'en souvenir,

* Henri du Hamel, célèbre avocat au Parlement de Paris, originaire d'une famille distinguée de Vire. Quoiqu'il fût aveugle alors, la voix publique ne l'en plaçoit pas moins à la tête des avocats consultans. Il mourut en 1744.

n'étoient pas aussi forts, à beaucoup près, que ses remontrances. Je souhaiterois fort que vous eussiez le temps de faire vos notes en abrégé avec M. du Hamel, avant que de venir ici, afin que nous puissions finir promptement cette affaire. Vous me rapporterez alors, s'il vous plaît, tout ce que je vous envoie, avec les premiers mémoires du Parlement de Rouen. Quelque tour de Normand, si M. du Hamel, qui est de Vire, pouvoit nous en suggérer, ne seroit pas inutile pour éluder des difficultés qu'il ne faut cependant point laisser subsister, et sur lesquelles nous avons affaire à des esprits difficiles à convaincre quand on ne fera que suivre le droit chemin de la raison : ce seroit ce qu'on appelle *argumentum ad hominem.* Votre petit oracle domestique seroit peut-être bon à consulter pour cela; elle n'a pas besoin de lire Horace pour savoir ce grand principe :

.... Ridiculum acri
Fortiùs et meliùs magnas plerùmque secat res *.

Je l'embrasse de tout mon cœur, et vous après elle, mon cher fils.

Je n'ai pas relu ce que je vous envoie; ainsi,

* Horat. lib. I *Satyr.* X, v. 14.

s'il y a des fautes, je vous laisse le soin de les corriger.

AU MÊME.

A Paris, le 28 novembre 1731.

Je ne ferai point l'éloge, mon cher fils, de vos merveilleux talens pour l'économie rustique, parce que j'aurois peur de paroître vouloir me louer moi-même, et faire dire qu'on se ressemble de plus loin. Après tout, le plus sûr est encore d'en juger par l'événement : c'est le seul moyen de convaincre les incrédules, qui ne laissent pas d'être en grand nombre, et j'éprouve souvent le même malheur. Pour ce qui est de l'érudition et des recherches de l'antiquité, je n'en ai jamais été en peine, et vous n'avez pas à craindre que ce soit par-là que *le pot s'enfuie.* Mais de pareilles découvertes ne vous conduiront tout au plus qu'à avoir un tiers de gant, quoique ce soit encore trop pour un chasseur tel que vous; et je soupçonne que l'auteur du titre qui conserve la mémoire de ce beau droit *, avoit l'esprit prophétique sur les possesseurs futurs de la terre d'Herbelot **. J'en découvrirois peut-être la preuve dans quelque centurie de Nostradamus; mais je n'ai pas le temps de la chercher. Au surplus, je trouve très-bon que vous fassiez céder votre zèle pour le conseil, à la nécessité de trouver un fermier avant de quitter la Normandie, terre qui nourrit bien ses enfans, mais qui dévore les étrangers. Vous pouvez donc préférer en cette occasion la chose domestique à la chose publique; et la dernière y perdra peu, car nous avons bien de la peine à remonter la machine du conseil; et si c'étoit trop dire que nous n'avons encore rien fait, on peut dire au moins que nous n'avons fait *que des riens,* suivant l'élégante traduction de Pline ***, célébrée

* Le droit *de gants* est un droit seigneurial, qui, dans la plupart des anciennes coutumes, étoit dû à chaque mutation de fief. Les gants étoient une reconnoissance de l'investiture accordée par le seigneur au nouvel acquéreur.

** Terre de Mme Daguesseau.

*** Cette élégante traduction est celle des *Lettres de Pline le jeune* et de son *Panégyrique de Trajan,* par Louis de Sacy, avocat.

par M. Rollin *. Plût à Dieu, cependant, que nous ne fussions occupés que de ces riens! Nous le sommes toujours d'affaires tristes et d'un dénouement difficile **, quoiqu'il y en ait une de retranchée par le retour des avocats ***. Mais,

* Charles Rollin, recteur de l'université de Paris, professeur d'éloquence au Collége royal, et membre de l'Académie des inscriptions, mort en 1741, à quatre-vingts ans.

** La bulle *Unigenitus* avoit été enregistrée sans aucune restriction, dans un lit de justice tenu le 8 avril 1730. Le Roi défendit au Parlement de délibérer; mais la compagnie désobéit, excitée par le fameux abbé Pucelle, et protesta contre l'enregistrement de la veille. Ce triste sujet de troubles devoit l'occuper long-temps encore, et l'agitation que de telles délibérations entretenoient dans les esprits, affligeoit d'autant plus M. le Chancelier, que sa sagesse en prévoyoit toutes les fâcheuses conséquences.

*** « Trois curés du diocèse d'Orléans, qui exposèrent le sentiment véritable de tous les ordres de l'état sur cette bulle, et qui osèrent parler comme presque tous les citoyens pensoient, furent excommuniés par leur évêque (Louis Gaston Fleuriau). Ils en appelèrent comme d'abus au Parlement, en vertu d'une consultation de quarante avocats....... Le cardinal de Fleury fit rendre contre leur consultation un arrêt du conseil, flétrissant, qui les condamnoit à se rétracter.... Tout le corps des avocats de Paris et de Rouen signa une déclaration très-éloquente, dans laquelle ils expliquèrent les lois du royaume. Ils ces-

à l'heure que je vous écris, le Parlement, qui est assemblé, travaille peut-être à faire naître de nouvelles épines : c'est ce qui fait que j'ai à peine le temps de vous écrire. Je souhaite que tout soit fini avant votre arrivée, afin que nous n'ayons plus qu'à nous livrer à des travaux plus paisibles et en même temps plus utiles au public. M.me Daguesseau a raison de croire que je n'oublie pas les absens, lors même qu'ils ne me donnent aucun signe de vie. Je m'attends à la voir arriver avec une nouvelle provision de ce sel raffiné et plus que chatouillant qui se fabrique à Herbelot; mais je sens que j'aurai toujours la foiblesse de l'aimer de tout mon cœur, et d'être charmé de l'embrasser, aussi bien que vous, mon cher fils, en vous assurant d'une tendresse qui est au-dessus de toute expression.

sèrent tous de plaider, jusqu'à ce que leur déclaration, ou plutôt leur plainte, eût été approuvée par la cour. Ils obtinrent cette fois ce qu'ils demandoient. » (VOLTAIRE, *Histoire du Parlement.*)

A M. LE COMTE DE CHASTELLUX.

A Versailles, le 23 janvier 1732.

Je suis dans mon tort, Monsieur, de ne vous avoir pas encore rendu vœux pour vœux dans le commencement de cette année; mais les affaires se trouvent toujours si bien en ce pays-ci, qu'on a trop de temps pour les choses désagréables, et qu'on en manque pour celles qui font plaisir. Si je ne vous écris pas, je n'en suis pas moins occupé de ce qui vous regarde. J'ai beaucoup entendu parler depuis quelque temps des mines de plomb qu'on a trouvées en Bretagne, auprès de Rennes, et qui commencent à être en valeur. Comme on prétend que les entrepreneurs ont fait d'abord beaucoup de fautes qu'ils ont payées bien cher par les dépenses inutiles qui en ont été la suite, j'ai demandé un mémoire exact de ce qu'ils ont fait en bien ou en mal, et je compte de vous l'envoyer bientôt, afin que vous puissiez mettre l'un et l'autre à profit, et, suivant le proverbe espagnol, *hazer* *escarmientos en cabo ageno**. Mais, pour vous être plus utile à cet égard, il seroit bon que je susse où vous en êtes de vos découvertes : le temps ne me paroît pas trop propre à les avancer. Quoi qu'il en soit, vous n'avez qu'à parler; vous savez que je suis toujours à votre service. Je vous souhaite un temps plus doux que celui qu'il fait ici, une bonne santé, et tout ce qui peut vous faire plaisir. Je fais des vœux pour moi-même quand j'en fais pour vous, Monsieur, personne ne pouvant vous être plus tendrement attaché que je le suis, et à vous, et à tout ce qui vous environne. Le dénombrement commence à en être trop long pour le faire en détail.

A MM. DU CHAPITRE DE L'ÉGLISE D'AUXERRE.

A Paris, le 11 juin 1732.

J'APPRENDS, Messieurs, avec bien du plaisir, par votre lettre du 4 de ce mois, que la cérémonie de la réception de M. le comte de Chas-

* *S'instruire aux dépens d'autrui.*

tellux * dans votre église, s'est passée avec une égale satisfaction de part et d'autre. Si vous l'avez vu avec joie prendre la place que d'anciens services ont acquise à ses pères, il n'est pas moins touché de l'honneur d'entrer en possession d'une dignité singulière, qui le met à la tête d'un chapitre aussi distingué que le vôtre. Je partage avec lui la reconnoissance qu'il a de toutes les marques qu'il a reçues, en cette occa-

* Claude de Beauvoir, seigneur de Chastellux, maréchal de France, soutint, en 1423, le siége de Crevant contre le comte de Doukan, connétable d'Écosse, et acquit ainsi un privilége fort particulier. Ayant défendu à ses dépens cette ville, qui appartenoit au chapitre d'Auxerre, chassé les Écossois, et pris de sa main le connétable qui les commandoit, le chapitre, par acte juridique, lui accorda, pour lui et sa postérité mâle possédant la terre de Chastellux, le privilége d'avoir la première place du chœur et d'y être assis en habit de guerre, un surplis par-dessus, un baudrier, et une aumusse au bras, un oiseau de chasse sur le poing, avec séance et voix délibérative dans le chapitre, et droit de distribution comme chanoine. (*Voyez* le Dictionnaire historique et critique de Bayle, édition de 1734, tome II, pages 434 et 435.)

M. le comte de Chastellux venoit, à son tour, d'être admis à jouir de cette prérogative, bizarre sans doute, mais qui lui rappeloit un souvenir historique très-honorable pour sa maison.

sion, de votre amitié, et de la distinction avec laquelle vous regardez un confrère qui n'aura pas moins de zèle pour votre service que celui qui a mis le premier dans sa maison un titre si précieux. J'entrerai toujours dans les mêmes sentimens, et rien ne me fera plus de plaisir que de pouvoir trouver les occasions de vous assurer, Messieurs, que je suis parfaitement à vous.

A M. HÉRAULT,

LIEUTENANT GÉNÉRAL DE POLICE.

A Versailles, le 10 juin 1733.

Il n'y a qu'à se louer, Monsieur, de l'entière et prompte facilité des supérieurs des Jésuites. Vous vous consolez aisément de ce qu'elle peut faire perdre au mérite de l'habileté du négociateur; et malheureusement vous n'avez que trop d'autres occasions de la faire valoir en traitant avec des esprits plus difficiles*.

* Un soi-disant abbé Fichant, prêtre du diocèse de Quimper, par une lettre insérée, au mois de juin 1731,

M. le procureur général m'écrit que l'on consent à ne mettre que dans la dernière requête des Jésuites une reconnoissance qui auroit été

dans les *Mémoires* ou *Journal de Trévoux* (pag. 547), avoit prétendu prouver que les *Élévations à Dieu sur tous les mystères de la religion chrétienne* (Paris, 1727, 2 volumes), n'étoient pas de feu M. l'évêque de Meaux, et que l'éditeur de cet ouvrage le lui avoit faussement attribué. Les auteurs du Journal dirent, dans leur réponse à ce correspondant : « Il est manifeste par vos remarques et par celles-ci (qu'ils y ajoutoient), que feu M. Bossuet, évêque de Meaux, n'auroit ni pensé ni parlé comme le fait penser et parler le livre des *Élévations*. On avertit, dès le frontispice, que l'ouvrage est posthume : peut-être n'étoit-il qu'à peine conçu lorsque ce savant évêque finit ses jours, et qu'il a reçu tous ses accroissemens et ses traits, par la plume qui l'a mis au jour, conformément à la *Prière publique* (de M. l'abbé Duguet). »

Dans le cahier de février 1732 (page 313), ce même prétendu Fichant publia, contre les *Méditations* de M. Bossuet *sur l'Évangile*, qui avoient paru l'année précédente (4 volumes in-12), une nouvelle lettre dans laquelle il tâchoit de les rendre suspectes d'interpolations et de falsifications. « Il n'y a dans le monde, disoit-il, que l'auteur (janséniste) des *Nouvelles ecclésiastiques* qui puisse être tenté de dire le contraire, » et l'on faisoit ainsi considérer comme faussaire, l'éditeur des Œuvres posthumes du grand Bossuet. Cet éditeur étoit pourtant son neveu, M. l'évêque de Troyes.

Enfin, dans le cahier du mois de mai suivant (pag. 925),

mal placée dans la première et avant la vérification.

Il me parle aussi d'un léger changement qui me paroît être en mieux. On vouloit faire dire

le Journal de Trévoux reproduisit les mêmes accusations; et cependant le prélat qu'il avoit si gravement provoqué, ne se décida que le 23 mars 1733 à présenter au Parlement de Paris une requête, à l'effet d'obtenir justice de ce que les auteurs de cet ouvrage et le soi-disant prêtre Fichant « s'inscrivoient en faux contre les Œuvres posthumes de l'évêque de Meaux, et accusoient son neveu de les avoir falsifiées. » M. l'évêque de Troyes fit déposer au greffe de la cour les manuscrits originaux, pour que la confrontation en fût faite légalement. Toutes les maisons des Jésuites s'en alarmèrent à Paris. Leurs divers supérieurs supplièrent en commun M. le cardinal de Fleury de leur éviter la mortification que devoit leur attirer cette affaire. L'intendant de Champagne (M. le Pelletier de Beaupré) reçut du principal ministre du Roi, l'ordre d'aller trouver M. l'évêque de Troyes, et de lui faire des propositions de nature à le calmer : mais ce prélat ne crut pas devoir se contenter des explications particulières qu'il lui offrit de la part des Jésuites. En même temps, M. Hérault, à qui cette lettre est adressée, avoit été chargé de porter les adversaires de M. l'évêque de Troyes à lui donner des satisfactions qui pussent faire suspendre l'instruction de la procédure; et les éloges de M. le Chancelier prouvent que le lieutenant général de police s'acquittoit de sa mission avec beaucoup de zèle.

(N. C.)

à M. l'évêque de Troyes, dans la requête qui suivra celle des Jésuites, que leur reconnoissance venoit bien tard. Au lieu de ces mots, on propose de mettre que cette reconnoissance *ne suffit pas;* ce qui est, en effet, non-seulement plus convenable, mais plus doux.

Nous n'avons pas cru ici qu'il fût à propos que vous donnassiez dès à présent aux supérieurs des Jésuites une copie de tous les endroits du mémoire * qui les regardent; et la même raison qui vous a arrêté, nous fait penser que le meilleur parti est de leur dire que le mémoire restera entre vos mains, et qu'à mesure qu'ils auront quelque démarche à faire, vous leur donnerez, sous le plus grand secret, la copie de ce qui doit leur servir de modèle. C'est pour leur intérêt même que cette conduite paroît nécessaire, parce que, s'il échappoit la moindre chose qui pût faire croire que l'on agit de concert, il n'en faudroit peut-être pas davantage pour déranger toutes les mesures qui ont été prises.

* Ce mémoire, rédigé par l'avocat de M. l'évêque de Troyes, qui cherchoit lui-même à pacifier cette affaire affligeante, n'avoit pas encore paru. Il avoit été confié à M. Hérault.

J'espère, au surplus, qu'il n'arrivera ici aucun contre-temps. Quoi qu'on en dise, vous avez une étoile pacifique, et j'augure toujours bien de toute affaire qui est entre vos mains *.

* Cette négociation réussit, et le Parlement rendit, le 7 septembre 1733, *pour M. l'évêque de Troyes contre Michel Fichant, le provincial des Jésuites de la province de France, le supérieur de la maison professe, le recteur de leur noviciat de la ville de Paris, et le recteur du collége de la rue Saint-Jacques* (Louis-le-Grand), un arrêt par lequel *acte fut donné* aux Jésuites « de ce qu'ils con-
» viennent et reconnoissent que l'imprimé du livre des
» *Élévations* est conforme au manuscrit, lequel est entiè-
» rement de la main de feu M. Bossuet, évêque de Meaux;
» des désaveux qu'ils font à cet égard, tant de la lettre du
» sieur Fichant, que de la réponse à ladite lettre, imprimée
» dans les Mémoires pour servir à l'histoire des sciences
» et des beaux-arts, du mois de juin 1731, comme aussi
» de leur déclaration et protestation..... qu'ils n'ont eu
» aucune intention de manquer au respect qu'ils doivent
» à M. l'évêque de Troyes, et à la mémoire de l'illustre
» Jacques-Bénigne Bossuet, ni entendu s'ériger en juges
» du fond d'un ouvrage qui porte un nom si respectable
» par la dignité, le profond savoir et les lumières supé-
» rieures de l'auteur; acte, en outre, de la déclaration
» qu'ils font du sensible déplaisir qu'ils ont de ce qui s'est
» passé...., et de ce qu'ils supplient M. de Troyes de
» vouloir bien l'oublier, et honorer leur compagnie de sa
» protection et de sa bienveillance, qu'ils tâcheront tou-
» jours de mériter par leurs très-humbles respects; acte

Vous connoissez tous les sentimens avec lesquels je suis, Monsieur, parfaitement à vous *.

» encore de la déclaration par eux faite de veiller plus » que jamais sur le travail des auteurs des *Mémoires*, » pour empêcher qu'il ne s'y glisse rien de contraire aux » déclarations portées par leur requête; et, en ce qui » concerne le sieur Fichant (représenté par le même avo- » cat qui représentoit les Jésuites), la cour lui donne acte » des mêmes aveux, reconnoissances, désaveux, déclara- » tions et protestations portés par ses requêtes; enfin acte » à M. l'évêque de Troyes de ce qu'il ne demande plus » ni réparation personnelle, ni dommages-intérêts, ni » dépens : permis à lui de retirer les pièces déposées au » greffe, et de faire imprimer le présent arrêt. »

Cet arrêt fut en effet imprimé, débité et vendu publiquement par les colporteurs; mais M. l'évêque de Troyes crut devoir à l'église et à la mémoire de son oncle, de publier, au mois d'octobre suivant, une *Instruction pastorale* dans laquelle il démontra d'une manière invincible que les ouvrages dont nous avons parlé ne contenoient aucune des propositions jansénistes et hérétiques supposées par l'abbé Fichant.

(N. C.)

* L'original de cette lettre fait partie de la collection de M. de Monmerqué.

A M. LE COMTE DE CHASTELLUX.

A Fontainebleau, le 15 octobre 1733.

Je n'eus pas le temps de vous remercier dès hier au soir, Monsieur, de la vivacité avec laquelle vous entrez dans les intérêts communs de mon fils le chevalier, et de ceux qui sont enveloppés dans la même disgrace*. Leur cause, sur-tout en se réduisant aux sous-lieutenans, me paroît bonne, et leur avocat encore meilleur. Il seroit inutile d'entrer aujourd'hui dans un plus grand détail sur ce sujet, après ce que j'écrivis hier au chevalier, et dont il n'aura pas manqué de vous faire part. Soyez mon conseil aussi bien que le sien, Monsieur, si vous croyez qu'il y ait quelques démarches à faire en ce pays-ci sur ce qui vient de se passer, et continuez de donner à notre chevalier tous les avis dont il peut avoir besoin dans la nouvelle carrière où il entre.

* M. le Chancelier parloit d'une nouvelle ordonnance qui venoit de contrarier beaucoup le corps de la gendarmerie.

Pour moi, je ne puis lui en donner qu'un, qui comprend tous les autres; c'est de suivre vos exemples.

Vous voilà à présent au-delà du Rhin *, spectateur d'un siége qui, apparemment, ne sera pas long : mais c'est toujours une grande affaire engagée, quand le premier coup de canon est tiré. Dieu veuille que nous soyons bientôt au dernier! Vous ne faites peut-être pas ce souhait d'aussi bon cœur que moi. Il y a un point dans lequel nos vœux se réunissent bien certainement; c'est non-seulement la prospérité des armes du Roi, mais votre bonheur et votre avancement particulier. Je crois même le desirer peut-être encore plus ardemment que vous ne le pouvez faire. Nous attendons ici, après-demain, M.me de Chastellux, qui fait, je crois, bonne mine à mauvais jeu depuis le passage du Rhin. Aimez toujours, Monsieur, un beau-père qui vous est plus tendrement attaché qu'il ne peut vous l'exprimer.

* La guerre qui donna la Lorraine à la France, venoit de commencer.

A M. DAGUESSEAU FILS AÎNÉ.

A Fontainebleau, le 27 octobre 1733.

Je suis fort en reste à votre égard, mon cher fils; et ce qui aggrave mes torts, c'est que je ne suis pas en droit de vous dire que le temps m'a manqué. Il y a long-temps que je n'ai eu autant de loisir que j'en ai cette année dans ce pays-ci. Les grandes affaires dont on y est occupé ont au moins cet avantage pour moi, que, comme heureusement elles ne roulent point sur moi*, je suis beaucoup plus libre pour travailler de suite à ce qui me regarde : mais c'est précisément ce qui me rend plus paresseux à écrire des lettres. De plus grands ouvrages me débauchent l'esprit; je veux achever chaque jour la tâche que je me propose; et je compte que les rognures du temps que j'y donne me suffiront pour vous écrire. J'en suis la dupe, comme vous le voyez, mon cher fils; et c'est ce qui a

* M. le Chancelier n'étoit point consulté relativement aux combinaisons militaires qui absorboient à cette époque toute l'attention du gouvernement.

fait que je ne vous ai point encore parlé ni de vos occupations rustiques, ni des distractions que vous accordez par intervalle à la jurisprudence. Je vous admire sur le premier point, sur lequel on ne peut pas dire de vous *patrissat,* et je sens le merveilleux effet de l'air que vous respirez et de la compagnie normande, encore plus efficace que l'air du pays. Je voudrois bien seulement que la dame d'Herbelot, qui vous a donné tous vos talens économiques, voulût imiter l'exemple de la reine de Jérusalem, et se mettre en état de faire ses couches sous cette plate-forme antique dont vous avez fait l'heureuse découverte. Mais elle aime mieux critiquer le temps passé, le présent et l'avenir, que de suivre un si beau modèle; et peut-être après tout, si elle faisoit tant que d'être grosse, elle pourroit bien n'accoucher que d'une épigramme : c'est la présence de Romieu qui m'inspire cette pensée allobroge. A propos de Romieu, vous lui devez un compliment sur le bonheur qu'il va avoir d'être au conseil le défenseur de ces malheureux opprimés qu'on appelle les fermiers du Roi, contre les vexations qu'ils souffrent de tous côtés, selon M. Fréteau.

Je m'amuse à la bagatelle, au lieu de vous parler de la jurisprudence dans laquelle je me suis remis cependant jusqu'au cou. J'ai étudié de nouveau toute la matière de l'ordonnance projetée sur les testamens*; mais je n'ai point encore les notes de M. Bargeton**, dont j'ai besoin pour y mettre la dernière main; je lui ai fait écrire de nouveau pour le presser de me les envoyer. Mais ce n'est pas le seul ouvrage que j'aie apporté ici, et je crains bien que le temps ne se trouve trop court pour tout finir. Ainsi, je remettrai à votre retour et les obser-

* Cette ordonnance, qui, avec celle de 1731 sur les donations, a placé le nom de M. Daguesseau à côté de ceux de nos plus sages législateurs, fut donnée au mois d'août 1735.

** L'un des premiers avocats du Parlement de Paris au temps de M. le Chancelier Daguesseau. « Méconnu, tant qu'il fut obscur et peu riche, par une famille de son pays et de son nom qui se prétendoit noble, il s'en vit recherché aussitôt que son mérite lui eut acquis du crédit et de la fortune; mais il répondit à celui qui, afin de l'engager à se laisser reconnoître pour son parent, vantoit l'ancienneté de son origine : « Puisque vous êtes gentilhomme, je n'ai pas l'honneur de vous appartenir. » (*Dictionnaire de Moréri.*)

vations de l'avocat toulousain*, et les visions du notaire normand. Je souhaite fort que vous avanciez ce retour, non-seulement par la raison du plaisir que j'ai à vous voir, mais parce qu'il m'est revenu que, dans le conseil, vos meilleurs amis ne parloient pas bien de vos longues absences. Il seroit bien à desirer, en effet, que vous pussiez vous arranger de manière que tous les voyages de Fontainebleau ne se passassent pas sans vous. C'est de quoi nous raisonnerons plus à loisir quand vous serez revenu; mais il est toujours bon que vous y pensiez pendant que vous êtes occupé des soins domestiques, et que vous pouvez mieux juger du temps qu'ils vous demanderont l'année prochaine.

On compte toujours que le Roi partira le 24 du mois prochain, pour arriver à Versailles le 27, qui sera le vendredi; et comme il sera fête le lundi suivant, je ne pourrai tenir le premier

* Jean-Baptiste Furgole, avocat au Parlement de Toulouse, mort en 1761. Cette lettre prouve que M. le Chancelier l'avoit consulté sur son travail. Il seroit superflu d'ajouter que M. Furgole est l'auteur d'*Observations sur l'ordonnance de 1731 concernant les donations*, et d'un *Traité des testamens*, qui recommandent sa mémoire à l'estime des jurisconsultes et des magistrats.

conseil que le mercredi 2 décembre. Voyez s'il vous sera possible de vous rendre à Versailles le mardi, ou au plus tard pour le second conseil, qui sera le lundi suivant, et avant lequel il se tiendra peu de bureaux, si ce n'est peut-être celui de M. Fagon et celui de l'abbé Bignon. Je souhaite de vous revoir en bonne santé, aussi bien que M.me Daguesseau, que j'embrasse avec vous, mon cher fils, et de tout mon cœur, quoique j'espère peu de la retrouver meilleure.

Je ne vous mande point de nouvelles et je me repose de ce soin sur le gazetier Plaintmont, qui fait l'admiration et les délices de la cour, avec son menton toujours en équilibre avec son nez. Je n'ai pourtant guère envie de rire quand je pense que notre pauvre chevalier essuie peut-être à présent des coups de canon ou de fusil. Vous savez que l'on fait monter la tranchée à la gendarmerie, ce qui est tout nouveau et fait grand plaisir aux officiers de ce corps. Il s'en faut bien que j'en aie autant qu'eux. Il faut s'abandonner à la Providence, et la prier de nous être favorable.

A M. LE COMTE DE CHASTELLUX.

A Fontainebleau, le 28 octobre 1733.

Vous augmentez ma reconnoissance, Monsieur, à mesure que vous refusez de recevoir mes remerciemens de tout ce que vous faites pour le chevalier. Je voudrois savoir mettre en œuvre les bons matériaux que vous m'envoyez pour soutenir la cause qui lui est commune avec bien d'autres, et je vois bien que la science des faits et la connoissance des anciens usages n'est pas ce que nous possédons le mieux en ce pays-ci. On ne m'a encore rien dit des lettres de M. Castelmoron, ni du mémoire qu'il a envoyé; et il est vraisemblable que, comme l'ordonnance* n'est faite que pour cette année, on s'en tiendra à des réponses générales, pour ne remettre l'affaire en discussion qu'après la fin de la campagne. Ainsi, je persiste toujours à croire qu'il ne faut point presser la décision, et je vois que c'est aussi votre

* Elle introduisoit dans la gendarmerie des changemens dont ce corps s'affligeoit beaucoup.

sentiment. Si cependant vous pensiez qu'il fût bon que je fusse instruit par avance de ces moyens plus doux que vous dites qu'on auroit pu prendre pour remédier à l'inconvénient du grand nombre de mestres de camp, vous êtes le maître de me les indiquer, bien entendu que je n'en ferai usage que selon que vous le jugerez convenable pour le bien de la chose. Vous êtes bon pour être le conseil du père aussi bien que du fils, et je n'y ai pas moins de confiance que lui. Il n'écrit point de lettre où il ne marque combien il s'estime heureux d'être instruit et conduit par vous. Pour moi, je vous avouerai, Monsieur, que la fin de votre lettre, où vous me dites en propres termes qu'on en a assez vu de lui pour le croire très-capable du métier, m'a fait pleurer de joie. Je connois toute votre amitié pour mon fils et pour moi; mais je vous connois également si incapable de parler contre votre pensée, que je compte absolument sur ce que vous m'écrivez. S'il réussit, comme je l'espère, vous aurez de quoi aimer en lui votre ouvrage, outre ce que vous y aimez déjà.

La défense de la place* que vous assiégez pa-

* Le fort de Kehl, assiégé par le maréchal de Berwick,

roit si molle, que le noviciat ne sera pas trop rude pour notre jeunesse, et ce n'est peut-être pas un mal qu'elle s'accoutume par degrés à un métier qui lui est tout nouveau. Je crains cependant qu'un gouverneur qui ménage si fort sa poudre ne réserve de la prodiguer quand vous serez tous plus près de lui. Vous voyez que j'ai peur de loin, pendant que vous ne l'avez pas de près; mais nous faisons chacun notre personnage. Vous savez que je ne me suis jamais donné à vous que pour un grand poltron. J'espère que votre première expédition sera bientôt finie. Que ferez-vous ensuite? c'est de quoi on ne parle point ici, et qui pourra dépendre des mouvemens des ennemis, s'il est vrai qu'ils en fassent.

M.me de Chastellux est en bonne santé, se faisant vollontiers, à la cour, des affaires dont elle se tire assez bien; au surplus, n'aimant pas plus la tranchée que son père : mais la poltronnerie est bien tombée quand elle tombe en quenouille.

le 20 octobre 1733, capitula le 28 à 9 heures du soir, le jour même où M. Daguesseau écrivoit. (*Voy.* les *Mémoires de Berwick*, tome II, pag. 336.)

A M. DAGUESSEAU FILS AÎNÉ.

A Versailles, le 14 mars 1734.

Vous ne me parlez dans votre lettre, mon cher fils, que de M. de M..... d'A....., et vous ne me dites rien de la part du père; je ne comprends pas cependant que vous ne l'ayez point vu depuis que vous êtes à Paris. Vous ne me dites rien non plus de M. Melon*, par lequel vous deviez commencer, suivant ce que vous m'aviez dit en partant d'ici. Tout cela me fait croire que vous m'avez écrit une première lettre qui n'est pas encore arrivée, et ces sortes de dérangemens ne sont pas sans exemple de Paris à Versailles, et de Versailles à Paris. Quoi qu'il en soit, je ne sais si l'on ne pourroit point dire de la maison de M. de M..... :

Ipsa si cupiat salus,
*Servare prorsus non potest hanc familiam**.

Le fils vous a pourtant bien parlé, et vous

* Voyez la note de la page 284, tome I.

* Terent. *Adelph.* act IV, sc. 7.

lui avez répondu encore mieux; mais je crains qu'il ne parle pas aussi bien à son père qu'il vous parle. Je reçus hier une lettre longue, lamentable et presque désespérante, où le père paroît cependant un très-bon homme qui a résolu de se croire et de se dire malheureux, et qui ramasse tout ce qui lui a déplu dans son fils, et tout ce qu'il croit avoir fait pour lui, afin de se justifier à lui-même et de se livrer sans mesure à toute la noirceur de son ame, pour pouvoir accuser librement son fils de la plus grande ingratitude. Au travers de tout cela, on voit un fond de vertu, de religion et de tendresse pour ce même fils, qui me fait une compassion infinie, et d'autant plus que le remède en paroît plus difficile que le mal n'est grand en lui-même. Un peu d'onction des deux côtés guériroit tout d'un coup la plaie; mais je ne crois pas qu'il y ait une goutte d'huile dans tout le sang du père et du fils. L'un a une humeur qui peut aller jusqu'à la fureur; l'autre a un flegme dont la glace peut piquer peut-être encore plus. Il ne faut pourtant pas désespérer de les réunir; mais c'est l'ouvrage du temps et d'une suspension entière de tout entretien, parce que, dans le moment présent, je vois bien qu'il ne peut y en avoir aucun qui n'aigrisse le mal, au lieu de l'adoucir. Je me suis donc réduit à écrire hier au père une lettre tendre et compatissante, où j'entre dans toute sa douleur, en lui témoignant cependant que je crois qu'il n'y a eu et qu'il ne pourra jamais y avoir qu'un malentendu entre lui et son fils. Je l'exhorte à ne songer qu'à sa santé, qui a souffert, comme il me le marque, de tout ceci, et à oublier pour un temps ce qui s'est passé, jusqu'à ce que j'aie pu approfondir la chose et parvenir à lui donner le plaisir de reconnoître qu'il a été trop loin en portant un jugement si triste sur les dispositions de M. son fils. Je ne sais si ma lettre, qui est fort pressante, produira un bon effet; je le souhaite fort au moins, et vous pouvez y contribuer beaucoup par la manière dont vous parlerez au père et au fils. Celui-ci ne pourroit-il pas vous prier de témoigner à son père combien il est pénétré de douleur de voir qu'une entrevue qui devoit produire un renouvellement de tendresse, ait eu un effet si contraire à ses desirs; qu'il seroit au désespoir si, pour avoir cru profiter de la liberté que son père lui donnoit de lui parler à cœur ouvert, il lui étoit échappé quelque terme qui lui eût déplu contre son intention, et qu'il le supplie de vouloir bien l'oublier? Vous pourriez ajouter que vous le trouvez en effet très-abattu, et que vous craignez fort que cela ne nuise à sa santé. Le salut de l'affaire seroit que le père s'attendrît, à quoi son état le dispose assez, et que l'on pût, dans quelque temps, ménager une nouvelle entrevue, en convenant d'avance qu'il n'y seroit question ni de mariage ni d'aucune autre affaire, et qu'elle se passeroit en témoignages réciproques d'amitié et de tendresse, en remettant le reste à un temps où la santé du père seroit rétablie, et en lui faisant trouver bon que, sur l'article du mariage, le fils ne lui parlât que par mon canal ou par le vôtre. Voilà tout ce que je pense sur ce sujet, mon cher fils. C'est à vous d'en faire usage avec la bonté de cœur et la sagesse qui vous sont naturelles.

A M. LE COMTE DE CHASTELLUX.

A Paris, le 29 décembre 1735.

J'AI été si accablé de ma douleur, Monsieur, que je n'ai pas encore eu le courage de vous faire réponse. Je ne crains point de vous avouer ma foiblesse, parce que je sais que vous avez le cœur assez bon pour la plaindre, et pour partager avec moi mon extrême affliction *. Ç'auroit été, à la vérité, une grande consolation pour moi de vous voir ici vous joindre à ma famille, qui ne cherche qu'à me dédommager, autant qu'elle le peut, de ce que j'ai perdu ; mais le devoir est préférable à tout : vous êtes citoyen et serviteur du Roi avant que d'être mon gendre ; et, bien loin de désapprouver le parti que vous avez pris de demeurer dans votre poste, j'aurois été très-affligé que vous en eussiez pris un autre. Je dois vous aimer pour vous beaucoup plus que pour moi, et, indépendamment de la raison du devoir, la vue de votre avancement, que je préférerai tou-

* M.me la Chancelière venoit de mourir.

jours à ma propre satisfaction, ne me permettroit pas d'hésiter sur ce sujet. Tout ce que j'ai appris depuis deux jours par M. de Belle-Isle* me confirme encore plus dans le même sentiment. Je vois que c'est par choix et par distinction qu'il vous a placé dans le poste où vous êtes, et rien n'auroit été moins convenable en toute manière, que de le quitter pour remplir un simple devoir de famille et d'amitié. Vous n'y perdez rien d'ailleurs, Monsieur; je connois tous vos sentimens pour moi, et votre présence, quoique plus consolante, sur-tout dans l'état où je suis, n'ajouteroit rien à l'opinion que j'ai de votre attachement, et je crois pouvoir dire même de votre tendresse pour un beau-père affligé.

* Charles-Louis-Augustin Foucquet, comte de Belle-Isle, alors lieutenant général des armées du Roi, devint ensuite maréchal de France, prince de l'Empire, membre de l'Académie françoise, et secrétaire d'état du département de la guerre. Il mourut en 1761.

A Mlle DE FRESNES.

À Versailles, le 20 février 1736.

JE connois trop votre bon cœur, ma chère fille, pour n'être pas persuadé de la part que vous prenez à la satisfaction que j'ai d'établir mon fils de Fresnes d'une manière fort convenable à son goût et au mien. Tout ce que je desire, c'est qu'il soit heureux, et j'ai tout lieu de l'espérer, avec la femme qu'il paroît, par tout ce qui s'est passé, que le ciel lui avoit destinée *. C'est peut-être un effet des prières d'une mère plus digne d'être exaucée de Dieu que son père. Je sais combien elle me manque ici bas; mais j'ai cette confiance dans sa vertu et dans la bonté de Dieu, qu'elle y supplée ailleurs, et encore plus efficacement qu'elle ne pourroit

* M. de Fresnes épousa, le 1.er mars 1736, Anne-Louise-Françoise Dupré, dame de la Grange-Bléneau en Brie. Le 12 février 1737, elle accoucha de Henriette-Anne-Louise Daguesseau, et mourut le lendemain.

le faire par sa présence. Tout cela n'empêche pas que le triste souvenir de ce que j'ai perdu ne trouble ma joie dans cette occasion, et n'y mêle une amertume que ma foiblesse me rend trop sensible. Priez Dieu, ma chère fille, qu'il me donne un esprit de force et de soumission entière à ses volontés, dont j'ai un si grand besoin. Il vous a fait ce don précieux pour vous mettre à portée de soutenir un état aussi pénible à la nature que le vôtre, et je souhaite qu'il vous affermisse de plus en plus dans ces sentimens de patience et de résignation que le ciel peut vous conserver, comme lui seul a pu vous les donner. Je tâcherai de vous aller voir au premier moment de liberté que je pourrai trouver.

A M. LE CHEVALIER DAGUESSEAU.

Le 26 novembre 1736.

Il y a deux jours que je veux vous écrire, mon cher chevalier, sans pouvoir en trouver le temps. Vous méritez bien que je vous dise à vous-même combien je sens vivement tous les soins que vous avez pris de notre aimable malade. Vous me direz peut-être que c'est pour vous-même que vous l'avez fait; mais, quand cela seroit, je ne vous en saurois pas moins de gré. J'aime tant M.me Daguesseau, que je suis ravi de trouver les mêmes sentimens et le même goût dans les autres. Je m'imagine cependant que je n'y ai rien gâté, et qu'en cherchant votre propre satisfaction, vous n'avez pas eu moins de sensibilité pour la mienne. Dieu soit béni de nous avoir comblés tous également de joie! Elle se fortifie et s'affermit toujours de plus en plus. J'ai un compliment à lui faire; c'est sur le succès de l'action de son féal et bien amé Plaintmont: vous voyez par-là que je suis plus régulier que les habitans de la chancellerie, dont je n'ai pas encore entendu parler sur ce sujet. Je leur pardonne de n'être occupés que de l'objet qu'ils ont sous les yeux; j'en ferois bien autant si j'étois à leur place. Il semble que la bonté de Dieu ait voulu me délivrer de l'inquiétude où j'étois sur un objet qui m'est si cher, afin qu'il me restât du sentiment pour goûter le plaisir de voir notre avocat général réussir autant qu'on assure qu'il l'a fait. Il m'a manqué la douceur de pouvoir partager cette satisfaction avec tous ceux qui, après moi, y sont le plus sensibles; et malheureusement il faut se résoudre à voir durer encore long-temps une séparation dont je compte tous les momens; mais on a beau les compter, ils n'en vont pas plus vîte, et nous sommes bien heureux encore de ce que Dieu veut bien se contenter de n'exiger de nous que cette pénitence. Je vous embrasse de tout mon cœur, mon cher fils, aussi bien que votre frère, qui nage à présent dans la joie; mais sur-tout notre chère malade. Ne soyez point jaloux de cette espèce de préférence; le bien qu'on recouvre après avoir été menacé de le perdre, semble devenir le plus précieux de tous. Ne seroit-ce point une adresse de notre Normande, pour se rendre encore plus chère? Je voudrois bien qu'elle s'en fût épargné la façon.

A M. DAGUESSEAU FILS AÎNÉ.

A Versailles, le 21 février 1737.

TOUT bien considéré, mon cher fils, je crois qu'il n'y a point de meilleur canal que celui de M. le président Talon, pour faire connoître mes sentimens à M. Chauvelin sur le malheur qui lui est arrivé *.

Je vous prie donc d'aller chez lui, c'est-à-dire chez M. le président Talon, dès aujourd'hui, pour lui dire que je m'adresse à lui comme à un

* Le Roi ayant appris à M. le cardinal de Fleury que M. Chauvelin avoit essayé de lui enlever sa place, le premier ministre le fit renvoyer; il fut même question de le livrer à la justice comme accusé d'avoir trahi les intérêts de l'État dans l'espoir de parvenir à rallumer la guerre. On se contenta pourtant de l'exiler à Bourges. Les sceaux furent alors rendus à M. le Chancelier.

M. l'avocat général Talon, reçu président à mortier le 12 décembre 1731, avoit epousé une fille de M. Chauvelin.

parent et à un ami commun, et au plus honnête homme du monde, pour témoigner à M. Chauvelin combien je suis touché de sa triste situation. Toutes les marques que j'ai reçues de son amitié dans des jours plus heureux pour lui, m'y rendent véritablement sensible. Vous pouvez l'assurer qu'elles me seront toujours présentes comme à toute ma famille, et que rien ne me fera plus de plaisir que les occasions de lui montrer que j'en conserve le souvenir.

Vous ferez aussi mon compliment à M. le président Talon*, personnellement, sur tout ce

* M. Daguesseau se conforma aux intentions de son père. Le 25 du même mois, M. le président Talon lui écrivit la lettre suivante :

« Les affaires du Parlement m'ayant empêché jusqu'à » présent, Monsieur, d'aller à Grosbois, la lettre de M. le » Chancelier dont vous avez bien voulu me faire part, » étoit trop flatteuse pour la laisser ignorer un moment à » M. Chauvelin. Je n'ai pas manqué de l'en informer exac- » tement; et ne vous ayant point trouvé ce matin, j'ai » pensé que vous voudriez bien me permettre de vous » communiquer sa réponse. Les sentimens que vous y » verrez sont bien sincères; et, en toutes occasions, j'ai » toujours reconnu en lui, pour M. le Chancelier, tout ce » que mon respect et mon attachement particulier pou- » voient desirer. Je crois, Monsieur, que vous me rendez la

qui le touche en cette occasion. Vous connoissez tous mes sentimens pour lui; et comme ils sont aussi les vôtres, vous les expliquerez aussi bien que je le pourrois faire.

» justice d'en être persuadé, et qu'on ne peut rien ajouter » à tous les sentimens avec lesquels je ne cesserai jamais » d'être, Monsieur, votre très-humble et très-obéissant » serviteur. »

TALON.

Voici la Réponse de M. CHAUVELIN à M. le président TALON.

« Pardon de la peine, Monsieur; mais je vous prie de » voir M. Daguesseau, et de l'assurer que n'ayant plus les » sceaux, je suis charmé de les voir entre les mains de » M. le Chancelier. Je l'honore, je le respecte, et je puis » dire que je l'aime et ne cesserai pas de l'aimer. Je desire » fort qu'il me conserve les sentimens qu'il m'a témoignés; » je les mériterai toujours : les marques de son souvenir » me seront constamment chères et me feront le plus sen» sible plaisir. »

A M. DE PLAINTMONT.

A Versailles, le 31 mars 1737.

M. LE duc de Brissac * a perdu sa cause, mon cher Plaintmont; mais vous avez gagné la vôtre par l'approbation que le public a donnée à votre ouvrage; et si vos conclusions n'y ont pas été suivies, Dieu l'a peut-être permis pour tempérer un excès de complaisance que vous auriez pu avoir en vous-même dans un événement plus satisfaisant pour votre amour-propre. Faites un bon usage, par cette réflexion, mon cher fils, de l'aventure qui vous est arrivée; il est avantageux de s'accoutumer de bonne heure à voir sans peine que l'avis d'autrui l'emporte sur le nôtre. Le grand Jérôme Bignon **, satisfait d'a-

* Jean-Paul-Timoléon de Cossé, duc de Brissac, pair et maréchal de France : en octobre 1771, le Roi le nomma gouverneur de la ville, prévôté et vicomté de Paris.

** Mort le 7 avril 1656; il fut l'un des plus grands magistrats dont s'honore le parquet de France. L'abbé Pérau a écrit sa vie; Paris, 1757, deux parties in-12.

voir bien appuyé son opinion, n'étoit jamais plus content que quand les juges ne la suivoient pas, parce qu'alors rien ne rouloit plus sur lui. Tâchez de penser avec autant de modestie et de détachement de vous-même, mon cher fils : vous y aurez moins de mérite qu'un homme qui avoit des lumières si supérieures; et, au surplus, que le succès de vos premiers coups d'essai redouble votre émulation et votre ardeur de bien faire, non pour votre gloire, ce seroit un motif trop frivole, mais pour le bien de la justice, et pour vous mettre en état de servir dignement le public. Je vous permets cependaut d'y joindre le motif de contenter votre père.

A M.lle DE FRESNES.

A Fresnes, le 5 juin 1737.

JE suis aussi affligé que vous, ma chère fille, d'avoir été privé si long-temps du plaisir de vous voir; mais vous êtes destinée à habiter les lieux les plus proches du ciel, et moi j'ai été malheureusement condamné tout cet hiver à ramper sur la terre. Aussi je vous regardois comme un oiseau dont le nid étoit si élevé, qu'il ne m'étoit pas possible d'en approcher : il est vrai que M.me le Guerchois avoit imaginé, en dernier lieu, le moyen de rétablir le commerce entre vous et moi; mais depuis qu'elle me l'a donné, mon séjour à Paris a été tellement entrecoupé par des voyages de Versailles, que je n'ai pu trouver le moment de vous aller voir. Celui de Fresnes est venu ensuite, et il ne faut pas me le reprocher, puisque, depuis neuf mois, je n'avois pu trouver un instant pour y venir respirer et prendre un peu de repos dont ma santé avoit un grand besoin. Mais consolez-vous, ma chère fille ; mon séjour en ce pays sera fort court : en voilà déjà la moitié de passée, et j'espère que l'octave du Saint-Sacrement ne finira pas sans que j'aie le plaisir de vous embrasser : mon cœur est sans cesse avec vous, si ma personne y est rarement. Je ressens toujours très-vivement toutes vos peines, et elles redoublent ma tendresse pour vous, bien loin de la diminuer. Notre consolation commune est la manière dont Dieu vous fait la grâce de soutenir un état si triste et si pénible à la nature. Il veut vous mener au ciel par la voie des souffrances : c'est celle que J.-C. a choisie pour lui-même ; et quand une fois vous serez parvenue au terme, ces jours de douleur et d'humiliation, ces croix si accablantes et que vous portez de si bon cœur, seront le sujet de votre joie et de votre consolation éternelle. Voilà ce que vous savez et ce que vous sentez beaucoup mieux que moi, ma chère fille : Dieu veuille accroître en vous et affermir toujours de plus en plus ces saintes dispositions ! Demandez-les lui pour moi-même. Il n'y a point de vie sans peines et sans amertume : celles de l'esprit sont quelquefois plus difficiles à supporter que celles du corps, parce qu'elles troublent la tranquillité de l'ame, qui se conserve plus aisément dans un état d'infirmité qu'on peut regarder comme une marque de prédestination, et que vous considérez en effet de cette manière. Jouissez donc toujours de cette paix qui vous dédommage de vos souffrances, et offrez-les à Dieu pour un père qui vous aime plus tendrement, ma chère fille, qu'il ne peut vous l'exprimer, et qui ira vous le dire incessamment.

Il faut avouer de bonne foi que votre demoiselle Paris est demeurée au fond de ma poche avec votre lettre; mais je vais réparer ma faute en donnant son mémoire à l'abbé Couet, qui est ici : il verra ce qu'on peut faire en faveur de cette pauvre fille, qui paroît en effet un objet digne de votre charité.

A M. DAGUESSEAU FILS AÎNÉ.

A Versailles, le 18 février 1737.

La scène de ce matin* avoit été rendue en ce pays-ci bien différemment de la manière dont elle est racontée dans votre lettre, mon cher fils, et

* M. Roujault, conseiller au Parlement de Paris, dénonça aux chambres assemblées, le 15 février, le refus que le doyen du chapitre de Douay avoit fait au sieur Rivette, chanoine de la même église, des sacremens et de la sépulture, pour ne s'être pas soumis à la bulle *Unigenitus.* Ce magistrat demanda que la cour s'occupât promptement de remédier à ce schisme, dans l'intérêt de l'État et de la religion. Le premier président s'empressa de s'opposer à toute délibération sur ce sujet. Il essaya vainement de persuader à la compagnie qu'il étoit plus utile de le laisser agir seul, et de s'en reposer absolument sur lui dans cette affaire. Une vive et longue altercation s'engagea. M. Coste de Champeron, l'un de Messieurs, proposa d'ajouter à l'arrêté à intervenir, que le président des assemblées ne pourroit, dans aucun cas, empêcher ni retarder la délibération; et deux séances s'étoient écoulées dans cette agitation, lorsque le premier président annonça, le 18, que le conseil du Roi avoit rendu la veille

dans celle de M. le premier président*. On avoit cru que l'avis de M. de Champeron sur l'arrêté, avoit été adopté par acclamation, et qu'il n'étoit plus question que de rédiger cet arrêté, qui feroit le sujet de l'assemblée de demain. Je vois au contraire, par la lettre de M. le premier président, à laquelle la vôtre est conforme, qu'il a empêché le progrès de la délibération sur l'arrêté, en ne prenant l'avis de personne sur ce point, et que, s'il y a eu une acclamation, c'est sur ce qu'il a voulu diviser les deux points, je veux dire les remontrances et l'arrêté : sur quoi l'on s'est récrié que l'un ne valoit rien sans l'autre, et sur quoi aussi M. le premier président a tenu ferme et a toujours persisté à ne point laisser délibérer sur l'arrêté. Voilà au moins l'idée que je me suis formée en lisant attentivement sa lettre et la vôtre.

Il reste présentement à desirer que le temps de cette après-dînée et celui de la nuit aient donné ou donnent un bon conseil à ceux qui

un arrêt pour évoquer cette affaire, ordonner l'apport des pièces, et en défendre la connoissance à toutes les cours souveraines et autres juges, &c.

* Louis le Peletier de Rosambo.

cherchent des voies de conciliation; car on ne sauroit en donner d'ici, parce qu'il faudroit pour cela savoir ce qu'on a proposé, ou ce que l'on proposera. Ainsi, il faut se borner, par rapport à nous, à ce que M. le premier président me marque à la fin de sa lettre, c'est-à-dire à ne rien faire, quant à présent, que de se reposer entièrement sur son courage et sur sa sagesse. L'un et l'autre sont mis à de grandes épreuves; mais il sera bien dédommagé dans la suite, s'il peut sortir honorablement, comme je l'espère, d'un combat si opiniâtre.

Le triste détail que vous me faites de ce qu'on a trouvé dans le corps de celle que nous pleurons*, présente une sorte de consolation, mais si imparfaite, qu'elle ne mérite pas qu'on s'y arrête. La plus grande ou plutôt la seule, est celle qui vient de la religion. J'apprends avec une véritable satisfaction que votre pauvre frère en est fort occupé; il ne sauroit trop la regarder comme sa seule ressource dans un si grand malheur. Dieu ne permet souvent ce que nous appelons des maux, que pour en tirer les véritables

* M. de Fresnes venoit de perdre sa femme. Voyez la note de la page 257 et la lettre suivante.

biens qu'il nous prépare, et c'est entrer dans les vues de la Providence que de faire un si bon usage des afflictions. Embrassez bien tendrement pour moi un frère qui vous est fort cher, mais que vous ne sauriez aimer aussi fortement que je le fais; j'espère de l'embrasser moi-même demain. Je vous plains d'être obligé de demeurer dans le tumulte du palais; mais vous pouvez aussi le mettre à profit pour y prendre des leçons de prudence et de conduite : les bons et les mauvais exemples forment également, quand on sait en faire usage. Dites-vous à vous-même, mon cher fils, ce que je vous charge de dire aux autres. N'oubliez pas M.me Daguesseau.

P. S. Je consens de tout mon cœur, si cela convient à mon fils de Fresnes, qu'il remette sa petite fille* entre les mains de M.me Dupré; c'est une consolation qu'on ne peut guère refuser à un père et à une mère si justement affligés d'une perte irréparable, et cela ne peut servir qu'à nourrir plus l'union et l'amitié entre le beau-père et le gendre.

* Fruit unique de son premier mariage. (*Voy.* la note de la page 257.)

AU MÊME.

A Versailles, le 19 février 1737.

Vos nouvelles continuent, mon cher fils, de ne paroître que celles qui viennent d'ailleurs, et je trouve que M. le premier président se soutient par les mêmes raisons qu'il me semble que j'aurois alléguées, si je m'étois trouvé dans une place si difficile à bien tenir. Sa lettre contient en substance la même chose que la vôtre; il me paroît plein de courage et même d'espérance : ainsi il n'y a qu'à le laisser faire comme il le desire; et s'il peut se passer de nous jusqu'au bout, cela sera beaucoup mieux pour lui et pour nous. Je vous adresse la réponse que je lui fais, et je souhaite qu'il soit aussi content de moi que je le suis de lui.

Je viens d'embrasser bien douloureusement mon fils de Fresnes; et malgré toute l'affliction dont il a le cœur pénétré, je suis édifié du courage, de la raison avec laquelle il supporte un coup si accablant. C'est me consoler moi-même que de travailler à sa consolation; mais il n'y a que la religion et le temps qui puissent adoucir une si grande et si juste douleur *. Vous pourrez peut-être le venir voir samedi, et je n'en serai pas fâché, outre le principal motif de votre voyage, parce que vous pourrez m'apprendre bien des détails sur le Parlement, qu'on ne sauroit renfermer dans une lettre. Je souhaite que l'affaire soit alors entièrement finie, et que je puisse vous assurer plus tranquillement de toute la tendresse dont je suis rempli pour vous, mon cher fils.

* M. de Fresnes se maria pour la seconde fois en 1741; il épousa Marie-Geneviève-Rosalie de Bret, dont les ancêtres avoient été, les uns, premiers présidens, gouverneurs et intendans de la Provence, intendans de Bretagne, conseillers d'état; et les autres, chefs d'escadre dans les armées navales et baillis de l'ordre de Malte. De ce second mariage naquirent M. le marquis Daguesseau, aujourd'hui pair de France; Angélique-Françoise-Rosalie, femme de M. le premier président Bochart de Saron, moissonné par la faulx révolutionnaire en 1794; et Claire-Geneviève-Pauline, mariée à M. le comte de Ségur, pair de France.

AU MÊME.

A Versailles, le 20 février 1737.

Vous savez à présent, mon cher fils, tout ce qui s'est passé ici ce matin : ainsi il ne me reste plus que de demander à Dieu la grâce d'en faire un bon usage. Les réflexions de M. le premier président sur cet événement, qu'il prévoyoit, sont une preuve de la véritable amitié qu'il a pour moi, et je vous prie de lui en témoigner toute ma reconnoissance. Je les avois prévenues de moi-même, et j'avois fait d'avance ce raisonnement :

Il n'est pas possible de penser à mon fils aîné pour le soin de la librairie; lui préférer son cadet, ce seroit afficher bien grossièrement l'exclusion forcée de l'aîné : il vaut donc mieux penser à un étranger, qui paroîtra alors un homme choisi par le cardinal, et qui par-là me déchargera bien plus des inconvéniens qui peuvent arriver, quelque attention qu'on ait à les prévenir. La continuation de M. Rouillé paroît au premier coup d'œil ce qui seroit le plus naturel et le plus convenable; mais le meilleur de tous les partis est de s'en rapporter absolument à son Éminence. M. d'Ormesson feroit sans doute à souhait pour moi, s'il pouvoit avoir le temps de conduire une besogne délicate et épineuse; il seroit même très-agréable à M. le cardinal : mais ses autres occupations ne lui permettroient pas d'entrer dans un pareil détail, et l'on croiroit toujours qu'il ne fait que prêter son nom à quelqu'un de mes enfans. Aussi, le parti de s'en remettre à M. le cardinal est une espèce de parti forcé en cette occasion. Je sais bien que cela donnera lieu à beaucoup de propos peu divertissans; mais il faut s'y attendre et ne s'en pas mettre beaucoup en peine, puisqu'il est impossible de se conduire d'une autre manière.

Les esprits me paroissent s'adoucir dans le Parlement, par ce que M. le premier président m'écrit aussi bien que vous; mais comme nous n'avons rien à faire ici sur tout cela, et que j'ai eu bien de la peine à achever cette lettre, interrompue vingt fois, je ne vous en dirai pas davantage sur ce sujet, et je n'écrirai point ce soir à M. le premier président, afin d'attendre ce qui se passera demain.

Soyez toujours bien persuadé de toute ma tendresse, mon cher fils,

---

AU MÊME.

A Versailles, le 21 février 1737.

La vexation que les complimens vrais ou faux de ce pays-ci me font souffrir, me laisse à peine le temps de vous écrire un mot, mon cher fils. Je suis plus content de la scène de ce matin que de celle d'hier, quoiqu'elle fût moins mauvaise que la précédente; il paroît même que, depuis la fin de l'assemblée, l'esprit de paix et de réunion a fait de grands progrès, et il y a lieu d'espérer que l'affaire pourra prendre demain une meilleure forme, s'il est vrai que la crainte de paroître plier d'abord après l'événement d'hier, ait eu quelque part au retardement de ce matin. M. le premier président écrit ici aussi bien qu'il se conduit à Paris; il ne veut point de secours, et nous n'avons nulle impatience de lui en donner. Je lui rends, par ma réponse, toute la justice qui lui est due, et je n'y ai pas oublié de le rémercier de la confidence qu'il vous a faite. M. d'Ormesson m'a écrit et m'a parlé sur ce sujet comme vous me l'avez écrit, et je pense entièrement de la même manière.

J'ai oublié de dire à votre frère que je crois qu'il faut qu'il aille aussi de ma part faire des complimens à M. le président Chauvelin sur le malheur de son oncle, et chez M. le marquis et M.me la marquise de Bissy, qui m'ont témoigné beaucoup d'amitié dans tous les temps. Il y a aussi M. le cardinal de Bissy, à qui je voudrois bien donner quelques signes de vie. Vous pouvez partager cette commission avec votre frère; il est indifférent que ce soit vous qui la fassiez ou lui : quand même il auroit déjà été en son nom chez quelqu'un de ceux que je viens de nommer, il faudroit y retourner pour parler ou pour se faire écrire de ma part.

Je suis toujours tendrement à vous, mon cher fils. Votre frère de Fresnes se porte assez bien.

AU MÊME.

A Paris, le 8 décembre 1737.

Je commence à m'ennuyer du silence des trois reclus de la chancellerie. Que M.me Daguesseau n'écrive point, je n'en suis pas surpris : ce n'est pas là sa manière, et, dans l'état où elle est, elle ne pourroit être tentée d'écrire que parce que cela lui est défendu. Mais puisque les deux ermites qu'elle a sous ses lois, grands écrivains de leur caractère naturel, veulent l'imiter en tout, il faut bien prendre le parti de les agacer et de leur dire adieu avant que de s'éloigner d'eux pour retourner à la cour. Elle va me paroître bien triste, quand je n'y trouverai point mon aimable compagnie, et il me semblera que je n'aurai fait que changer le lieu de mon exil. Ma consolation sera d'avoir au moins l'esprit tranquille sur la santé de M.me Daguesseau : je la laisse d'ailleurs avec ce qu'elle aime le mieux. Il m'en coûte pour en convenir, mon cher fils ; mais, après tout, cela est et cela doit être. On dit qu'on murmure, dans le petit conseil des trois reclus, d'un voyage de Fresnes. Je ne suis point contraire à la pensée de faire changer d'air à notre malade, ou plutôt à notre convalescente; cela peut être très-bon pour elle et convenable à l'imagination du public : mais Fresnes, dans la saison où nous sommes, est un séjour bien froid et bien humide pour une personne qui sort de la petite vérole, éloigné d'ailleurs de tout secours; et, en vérité, je n'ai point envie de retomber dans des alarmes qui ont failli, pour parler comme M. de Fresnes, à me renverser. La maison du marquis de Tessé*, qui l'offre de si bon cœur, me paroît bien plus convenable; c'est être à Paris que d'être à Bercy**. Si l'on a quelque scrupule sur l'air de ce dernier lieu, j'ai pensé qu'on pourroit emprunter la maison de M. de la Houssaye***

* René Mans de Froulay, marquis de Tessé, grand d'Espagne de la première classe, grand écuyer de la Reine, &c. Il mourut de ses blessures à Prague, le 3 août 1742.

** Beau château aux portes de Paris, sur la route de Charenton.

*** Amelot de la Houssaye, devenu ministre des affaires étrangères par la disgrace de M. Chauvelin.

à Issy, qui est toute meublée et qu'il ne doit plus habiter, ou celle de M. de Garville, à Sèvres, qui me plairoit pourtant moins à cause du voisinage de la rivière. Il seroit facile d'en trouver bien d'autres à-peu-près dans la même distance; et dans le malheur que j'ai d'être séparé de vous, mes chers enfans, c'est un soulagement pour moi d'en être le moins éloigné qu'il est possible, et de me trouver à portée d'en savoir à tout moment des nouvelles. Faites-y donc toutes vos réflexions, et vous en aurez le temps, parce que je ne crois pas qu'aucun médecin veuille donner encore la clef des champs à M.me Daguesseau avant une quinzaine de jours.

Je reviens à vous seul, mon cher fils. Quel usage faites-vous de votre loisir depuis que votre ame est tranquille? Je voudrois bien que vous l'employassiez à finir votre travail, si long-temps différé, sur le réglement des manufactures.

AU MÊME.

A Versailles, le 30 décembre 1737.

Ce sera donc la *follette** qui aura l'honneur de vous avoir tous rendus sages sur le voyage de Fresnes, mon cher fils? La raison n'y avoit fait que blanchir, et c'étoit inutilement qu'elle avoit appelé le mauvais temps à son secours; mais, grâces à la *follette,* j'espère que vous vous détacherez de l'idée d'un voyage qui m'a toujours fait de la peine, par la crainte d'exposer une santé encore tendre, quoique bonne, aux injures de la saison présente. Vous voyez bien que c'est de votre vénérable abbesse que je veux parler; car je ne sais comment il arrive que je parle toujours d'elle dans le temps que je veux parler des autres. Notre bon et féal chevalier ne m'en occupe pas moins : j'espère qu'il sera bientôt guéri; et il le seroit peut-être dès aujourd'hui, s'il avoit pris la précaution de se mettre dès hier au lit; c'est le remède spécifique de la

* Maladie qui régnoit alors à Paris.

maladie courante, avec une boisson abondante. Tâchez de vous en garantir, si vous le pouvez, mon cher fils, et faites redoubler les voiles et les capuchons à votre abbesse, qui devient à son tour la garde-malade.

Pour ce qui est de M. Joly et de votre coutume de Dunois, laissez-moi en repos jusqu'à l'année prochaine. On ne me donne pas ici le temps, je ne dis pas de décider, mais d'entendre seulement de quoi il s'agit. Je m'en consolerai pourvu que vous vous portiez tous bien, et que j'aie bientôt la consolation de me voir enfin réuni à tous les objets d'une tendresse que je sens trop pour la pouvoir bien exprimer.

AU MÊME.

A Versailles, le 25 mars 1737.

La survivance de M. Langlois à M. Fréteau pour la place de conseil des fermes du Roi est une affaire qui s'avance fort, et qui me paroît sur le point d'être entièrement consommée, suivant ce que je viens d'apprendre, mon cher fils. Je ne m'en suis mêlé en aucune manière, ni pour la favoriser, ni pour l'empêcher, parce que, d'un côté, la bienséance et une ancienne amitié ne me permettoient pas de mettre obstacle aux vues que M. Fréteau pouvoit avoir, et que, de l'autre, je ne voulois pas nuire à M. Langlois, à qui l'on avoit fait à mon insu de grandes avances sur ce sujet. Il paroît, à la vérité, qu'on veut garder le secret sur ce qui se passe, et si l'on y pouvoit compter absolument, le meilleur parti sans doute seroit de laisser ignorer la chose à M. Fréteau; mais il est bien difficile d'espérer qu'elle ne transpirera par aucun endroit: trop de personnes sont dans la confidence, pour pouvoir s'en flatter; et si ce secret échappe, comme cela paroît presque inévitable, M. Fréteau, qui l'apprendra sans préparation, en pourra être fort touché, et me reprocher de ne l'avoir point fait avertir; il y sera même d'autant plus disposé, qu'on lui a donné l'éveil sur ce sujet, en lui demandant la copie de l'arrêt qui lui assure, pendant sa vie, la jouissance des émolumens de sa place. Il m'en a écrit, il m'en a parlé, et je lui ai promis même, pour calmer son inquiétude, que je m'informerois des raisons qui avoient porté les fermiers généraux à lui faire demander la copie de son arrêt. Dans toutes les circonstances, toute sorte de motifs de bienséance et de ménagement semblent exiger qu'on prépare M. Fréteau à un événement qui l'affligera, suivant toutes les apparences. Ne laissez pas cependant, mon cher fils, d'en raisonner avant toutes choses avec M. d'Ormesson, qui croira peut-être qu'il faut aussi se concerter, en cette occasion, avec M. Debaye, qui a demandé à M. Langlois un grand secret. Ce qui seroit fort à desirer, c'est qu'on pût trouver le moyen d'adoucir la peine de M. Fréteau par quelque grâce personnelle; et c'est ce qui ne seroit pas difficile avec des personnes d'un autre caractère que celles à qui l'on a affaire : car ils ont beau dire que les gratifications dont ils se chargent sont comprises dans un état arrêté par le Roi ; c'est toujours de leur volonté que cela dépend. Le Roi se soucie fort peu qu'ils paient 1,200 liv. de plus ou de moins, et il y a bien paru par ce qui s'est passé du temps de M. Chauvelin. M. Fréteau ne manquera donc pas de dire qu'on fait des règles comme l'on veut contre ceux à qui on n'a pas envie de faire plaisir. Mais, quoique tout cela soit assez déplaisant, on ne peut pas prendre les gens à la gorge pour les rendre généreux ou reconnoissans. Je doute seulement qu'après cela M. Fréteau continue de regarder ceux dont il s'agit* comme les pères de la patrie.

Je reviens à l'essentiel ; c'est de faire bien comprendre à M. Fréteau, supposé qu'on lui parle, que je n'ai aucune part à ce qui s'est passé, comme cela est très-vrai ; que la chose est venue entièrement de M. le cardinal, qui a de la bonté pour M. Langlois, et à qui quelques-uns de ses amis ont dit que M. Langlois étoit dans le besoin, et que, si son Éminence pouvoit, sans qu'il en coûtât rien au Roi, lui accorder une survivance,

* Les fermiers généraux.

il lui assureroit une subsistance honnête dans la suite, sans faire aucun tort à M. Fréteau. Voilà en substance ce qu'il faut tâcher de lui faire entendre, en l'accompagnant de toutes les marques possibles d'amitié de ma part. Vous vous arrangerez sur tout cela avec M. d'Ormesson. Sera-ce vous ou un de vos frères qui se chargera de parler à M. Fréteau? C'est encore ce que je vous laisse à discuter dans votre petit conseil domestique, pourvu que ce soit toujours M. d'Ormesson qui y préside.

Je ne m'attendois pas à vous écrire une si longue lettre; mais les minuties tiennent souvent plus de place que les grands objets.

AU MÊME.

A Versailles, le 26 mars 1738.

Vous avez très-bien fait, mon cher fils, de m'informer exactement de ce qui s'est passé ce matin au Parlement*; votre courrier est arrivé

* Le 16 décembre 1737, le Parlement supprima quatre thèses dans lesquelles de jeunes bacheliers de Sorbonne avoient soutenu que le concile de Florence fut œcuménique dans sa célébration et sa réussite, malgré que l'église gallicane n'eût jamais admis comme tel que le concile de Bâle, jusqu'à sa vingt-cinquième session inclusivement.

La Sorbonne se pourvut contre cet arrêt au grand conseil du Roi, qui, le 10 mars suivant, le déclara non avenu, et permit à cette nouvelle école de continuer, sauf cependant les maximes du royaume, à soutenir l'œcuménicité du concile de Florence.

Les chambres du Parlement s'assemblèrent le 26 du même mois, et les gens du Roi, dans leur réquisitoire contre l'arrêt du conseil, demandèrent qu'il fût fait au Roi des remontrances à ce sujet. Une grave, savante et longue discussion s'ouvrit : M. le président d'Aligre et presque tous les magistrats étoient de l'avis des officiers du parquet; mais M. l'abbé Pucelle prétendit que de simples remontrances seroient inutiles et même dangereuses, lors-

ici plus d'une heure avant celui de M. le premier président. Ainsi vous aurez au moins l'honneur d'avoir donné le premier avis. Vous l'emportez encore plus du côté de l'exactitude dans le récit; six lignes d'un côté, et plus de quatre pages de l'autre! Si vous aviez fait la gageure d'Horace avec M. le premier président,

Videamus uter plus scribere possit *,

qu'il s'agissoit des lois fondamentales de l'État. Il proposa d'adresser au Roi des remontrances pour lui faire sentir les fâcheuses conséquences qui résulteroient de l'arrêt du grand conseil. MM. les conseillers Augier et Durey de Mainière embrassèrent cet avis. M. le conseiller Titon ajouta de fortes raisons à celles de M. l'abbé Pucelle, et se plaignit, avec autant de vivacité que d'amertume, de la décadence qu'il reprochoit à la faculté de théologie depuis 1729. M. le conseiller Davy de la Fautrière parla dans le même sens, et demanda, en outre, que, par l'arrêté proposé, on mandât le syndic de la faculté, afin de lui enjoindre de nouveau, sous peine de nullité des grades obtenus, de faire soutenir à tous les candidats les propositions du clergé de 1682.

M. le président opina pour les remontrances pures et simples; mais la compagnie adopta entièrement le projet d'arrêté présenté par M. l'abbé Pucelle, et c'est de ces débats animés que M. l'avocat général Daguesseau n'avoit pas manqué de rendre un compte détaillé à M. le Chancelier. (N. C.)

* Horat. lib. I *Satyr.* IV, v. 16.

vous l'auriez bien gagnée avec usure; mais il répondroit peut-être que c'est parce que les gens du Roi sont de grands bavards.

Après tout ce badinage, il n'y a pourtant pas trop à rire sur ce qui se passe. La queue de l'arrêté est ce qu'il y a de plus mauvais; c'est ici une matière bien sérieuse de délibération. Il n'y a qu'à prier Dieu qu'il nous inspire bien pour maintenir l'autorité où il l'a placée, et assurer la tranquillité publique.

Je consens très-volontiers qu'on prenne la matière des partages pour objet des conférences sur la législation qui se tiendront chez M. le premier président, entre Pâque et la Pentecôte.

A l'égard de M. Fréteau, je n'ai rien à ajouter à la lettre que je vous écrivis hier, si ce n'est qu'aujourd'hui, comme hier, je vous aime toujours très-tendrement, mon cher fils.

A M. LE COMTE DE CHASTELLUX.

A Fontainebleau, le 9 novembre 1738.

J'AVOIS espéré, Monsieur, soit par un effet de ma paresse naturelle, soit par mon goût décidé pour le plaisir, et sur-tout pour celui de vous revoir, que je pourrois faire réponse moi-même de vive voix à la lettre que vous m'aviez écrite; mais, comme je vois que votre retour pourra bien être différé jusqu'après le nôtre à Versailles, je m'acquitte enfin d'une dette que j'ai déjà laissé vieillir, et je commence par vous remercier de l'attention que vous avez eue de me faire savoir les dispositions de M. le comte d'Aunay sur l'impression des ouvrages de M. le maréchal de Vauban*. Ce qu'il pense sur ce sujet me paroît

* M. le maréchal de Vauban étoit d'une famille de gentilshommes nommée le Prestre, qui relevoit, pour son petit fief de Vauban, de la terre de Chastellux. Le maréchal fut enterré à Bazoche, autre terre qui relevoit alors aussi de Chastellux, où se trouvoit la première foi et hommage des le Prestre pour le fief de Vauban. C'est à cause de ces rapports que M. le comte de Chastellux pre-

assez raisonnable; il faut voir comment on pourra s'arranger sur cela avec les libraires qui ont fait des avances : car, à l'égard du sieur Bélidor*, je ne vois pas trop comment on pourra concilier son ouvrage avec celui de M. d'Aunay. Mais vous serez en ce pays-ci avant qu'on puisse prendre un arrangement fixe sur tout cela, et il est bien juste, d'ailleurs, d'attendre celui qui veut non-seulement perfectionner, mais doubler le présent qu'on a déjà fait au public.

noit autant d'intérêt à la publication des ouvrages dont il est question.

* Bernard Forest de Bélidor, colonel d'infanterie, professeur royal aux Écoles d'artillerie de la Fère, membre des Académies des sciences de Paris et Berlin. En 1737 et 1740, il parut deux ouvrages de Vauban sur les fortifications et la défense des places. Vraisemblablement ce M. d'Aunay (ou d'Onay), proche parent et peut-être neveu de Vauban, dont la femme se nommoit ainsi, présida à ces éditions, qui eurent lieu (soi-disant) en Hollande. Mais M. Daguesseau savoit sans doute que Bélidor étoit possesseur d'un manuscrit de Vauban beaucoup plus complet et plus exact; les éditions de Hollande n'étoient que des fragmens informes. Celle de Bélidor, infiniment préférable, parut sous ce titre : *Traité de la défense des places, ouvrage original de M. de Vauban;* Paris, 1769, in-8.° Bélidor a fait lui-même un *Traité des fortifications.*

Il faut que Mme de Chastellux soit bien dépourvue de nouvelles, pour vous avoir fait part d'une bagatelle dont votre lettre m'a fait voir qu'elle vous avoit instruit. Je voudrois avoir pu mériter mieux vos remerciemens, en vous mettant en état de suivre votre inclination et votre goût pour le service : mais vous savez comment les choses se sont tournées par rapport à une place qui auroit pu vous convenir, et dont on a disposé d'une manière que personne ne pouvoit prévoir ni prévenir. Je ne vois rien qui tende à quelque nouvel arrangement pour le service sur la frontière, et s'il y avoit quelque mouvement sur ce sujet, je serai toujours attentif à en profiter, pour entrer dans ce que vous desirez.

Vous nous avez envoyé ici un fils qui ne vaudra pas moins que ses frères, et une fille si aimable, que je crois qu'on ne sauroit trop tôt l'enfermer dans un couvent. J'ai demandé, quand elle est arrivée, si c'étoit là tout, et si vous ne nous gardiez point encore à Chastellux quelque nouvel enfant dont Mme de Chastellux nous auroit fait mystère. Elle assure bien que non, mais je ne sais si l'on doit s'y fier. En tout cas, le plant qui croît à Chastellux vient si bien, que je me consolerois quand il y en auroit encore davantage. Je ne m'étonne pas que le séjour vous en plaise. Quittez-le cependant quand vos affaires vous le permettront, pour venir retrouver en ce pays-ci l'homme du monde qui vous est, Monsieur, le plus véritablement et le plus tendrement attaché.

AU MÊME.

A Fontainebleau, le 17 novembre 1739.

Je ne suis point en peine, Monsieur, de la fidélité et de l'exactitude de ma fille à m'exprimer tous vos sentimens pour moi; mais j'avoue que j'ai encore plus de plaisir à en être assuré par vous. Ce n'est pas que j'en doute; mais on aime à s'entendre dire des choses agréables, et votre lettre a été d'ailleurs une nouvelle preuve pour moi de votre bonne santé. Je n'avois pas besoin de toute l'inquiétude que votre maladie m'a donnée, pour sentir combien vous m'êtes cher. Il semble que vous ayez voulu me dédommager de cette inquiétude par une guérison aussi prompte et aussi parfaite que la vôtre. Avouez que Mme de Chastellux est la femme du monde qui sait le mieux arranger sa marche ; elle arrive précisément auprès de vous dans le moment où elle n'a plus que la satisfaction de vous trouver entièrement hors d'affaire : il falloit bien au moins qu'elle vous tînt compagnie pendant votre convalescence, puisqu'elle n'avoit pu vous être d'aucun secours pendant votre maladie, et je n'ai point approuvé que vous me la renvoyassiez si promptement; mais voici le temps où nous pourrons nous revoir. Le Roi part d'ici le 24 ou le 25, la Reine le 23, M. le Dauphin le 21, M. le cardinal le 20; et moi, s'il plaît à Dieu, le 18. Il me semble que ceux qui s'en iront les premiers dans cet ordre, ne seront pas les plus malheureux, quoique ce ne soient peut-être pas les meilleurs courtisans. Mme de Chastellux peut donc arranger son retour sur le plan que je viens de vous tracer. Tout ce que je souhaite est qu'elle vous quitte le plus tard qu'elle pourra, et que vous veniez la rejoindre le plus tôt qu'il vous sera possible, avec votre aimable suite. J'embrasse de tout mon cœur la mère et les enfans; et pour vous, Monsieur, je ne saurois exprimer à quel point je vous suis tendrement attaché.

M. d'Angervilliers m'a donné bien de l'inquiétude pendant deux ou trois jours, par une maladie qui ressemble fort à celle qu'il eut l'hiver dernier : mais il est beaucoup mieux, presque sans fièvre, et on espère que sa poitrine résistera encore heureusement à cette nouvelle attaque.

La guerre paroît être sur le point de se déclarer entièrement entre l'Espagne et l'Angleterre. Quelles en seront les suites? c'est ce que personne ne sauroit dire : mais le plus sûr est que si, à cette occasion, on faisoit de notre part des arrangemens de précaution, vous seriez à portée de vous présenter à ce qui pourra vous convenir.

AU MÊME.

A Paris, le 17 décembre 1739.

J'AI très-peu mérité vos remerciemens, Monsieur, sur la grâce que le Roi vous a faite*. Je desirois beaucoup pour vous, mais il ne m'étoit pas possible de fixer mes desirs sur une place dont je n'ai appris la vacance qu'en apprenant en même temps qu'elle vous étoit destinée. Je n'ai donc eu que la peine de remercier, et c'est une peine que je prendrai toujours avec plaisir quand on voudra vous faire du bien. Il ne manqueroit rien à ma satisfaction, sans cet érysipèle**

* M. le comte de Chastellux venoit d'être nommé commandant de la province de Roussillon.

** En se jouant ainsi, M. Daguesseau avoit présent à la pensée ce vers de Boileau :

> De quel genre te faire, équivoque maudite
> Ou maudit.......

On écrivoit alors presque toujours *érésipèle*, et le genre de ce mot, comme celui d'*équivoque* et de plusieurs autres, étoit encore douteux. Mais depuis l'usage a fixé *équivoque* au genre féminin, et *érysipèle* au masculin.

importun ou *importune* qui est venu ou venue troubler notre joie ou retarder du moins l'empressement que j'avois de vous faire moi-même mon compliment. Je souhaite que la grâce du Roi soit ici un remède spécifique qui vous délivre promptement de ce mauvais hôte, et j'ai lieu de l'espérer par les nouvelles que M.me de Chastellux a reçues aujourd'hui. Ne hasardez pourtant point de vous mettre en chemin sans être pleinement guéri; et, quoique vous ne soyez pas accoutumé à reculer, faites-le cependant en cette occasion, pour être en état de mieux sauter : nous serons bien dédommagés d'un léger retardement par le plaisir de vous revoir en parfaite santé avec les aimables compagnons de votre voyage, qui méritent bien qu'on leur fasse aussi des complimens. Le meilleur qu'on puisse leur faire est d'avoir un père tel que vous. Permettez à leur grand-père de les embrasser ici, en attendant mieux, et recevez en même temps les assurances de tous les sentimens qui m'attachent à vous, Monsieur, plus tendrement que je ne puis vous l'exprimer.

A M. RACINE LE FILS.

A Versailles, le 20 janvier 1740.

Je n'ai pas douté, Monsieur, que vous n'ayez pris beaucoup de part à la grâce que le Roi a faite à M. de Chastellux, et je ne doute pas que vos vœux ne me soient aussi favorables tous les jours de l'année que le premier. Vous pouviez donc vous épargner la dépense de deux complimens superflus, et vous livrer plutôt à quelque enthousiasme poétique dont nous aurions profité dans la suite. Il me semble que vous laissez bien languir votre muse, et ce seroit grand dommage que la finance la rendît muette. J'ai bien envie de réveiller en vous votre ancien goût pour la poésie, quand vous pourrez venir en ce pays, et me procurer le plaisir de vous y assurer moi-même de tous les sentimens avec lesquels vous savez, Monsieur, que je suis entièrement à vous.

A M. PREVOST DE LA JANNÈS *.

A Paris, le 1.er juillet 1740.

MONSIEUR, j'ai reçu avec plaisir l'ouvrage que vous avez fait avec M. Pothier sur la coutume d'Orléans**, et je ne doute pas que je n'aie encore plus de plaisir à le lire quand je pourrai en trouver le loisir. Rien n'est plus louable à des magistrats que de faire jouir le public de leurs veilles et du temps qu'ils peuvent dérober à leurs autres occupations, pour se rendre utiles à leur siècle et à la postérité par leurs ouvrages.

* Prevost de la Jannès (Michel) appartenoit à une ancienne famille de magistrature. Né à Orléans en 1696, il y mourut en 1749. Il fut, comme son père, conseiller au présidial et au châtelet de cette ville. En 1731, il joignit à cette charge la chaire de professeur en droit françois en l'Université du même lieu. M. le Chancelier Daguesseau lui donna de son propre mouvement, pour successeur dans cette dernière place, l'illustre Pothier, ami et collègue du défunt.

** *Coutume d'Orléans*, par Fornier, avec les notes de MM. Prevost de la Jannès, Jousse et Pothier; 1740, 2 vol. in-12.

Je ne sais où en est la grande entreprise* de M. Pothier : il me fera plaisir de m'en instruire.

Je suis, Monsieur, véritablement à vous**.

* Honoré de la correspondance intime de M. le Chancelier, Prevost de la Jannès s'empressa de faire jouir Pothier de la même faveur, aussitôt qu'il l'eut déterminé à entreprendre le bel œuvre de la classification des lois des *Pandectes*, dont lui-même avoit, dès sa jeunesse, conçu la possibilité et desiré l'exécution. Telle étoit l'entreprise dont M. le Chancelier demandoit des nouvelles.

** L'original de cette lettre appartient à M. de la Place de Montevray, président à la cour royale d'Orléans, et de la Société royale des sciences, belles-lettres et arts de la même ville.

A M. DE MARVILLE,

MAÎTRE DES REQUÊTES, LIEUTENANT GÉNÉRAL DE POLICE.

A Compiègne, le 3 août 1740.

QUOIQUE l'état de M. Hérault me laissât peu d'espérance, Monsieur, je ne m'attendois pas que sa fin fût aussi prompte et aussi soudaine qu'elle l'a été *. Je sens tout ce que vous perdez et tout ce que je perds moi-même par la mort d'un homme dont je connoissois la vertu depuis long-temps, et qui n'avoit laissé passer aucune occasion de me donner, dans tous les temps, des marques de son amitié. Il mérite d'être regretté non-seulement par ses proches et par ses amis, mais par le public, dont les intérêts lui ont toujours été chers, et auquel il étoit en état, par son âge, de rendre encore long-temps des services. Je joins donc bien sincèrement et bien

* M. Hérault, beau-père de M. de Marville et son prédécesseur, étoit mort la veille à l'âge de quarante-neuf ans. Il étoit alors intendant de Paris. L'original de cette lettre est dans la collection de M. de Montmerqué.

tristement mes regrets aux vôtres et à ceux de toute la famille de M. Hérault, que je vous prie d'assurer de toute la part que je prends à sa douleur. Personne ne peut s'y intéresser plus véritablement que je fais, ni être, Monsieur, plus parfaitement à vous.

A M. DE PLAINTMONT.

A Fontainebleau, le 17 octobre 1740.

Je suis aussi édifié qu'attendri, mon cher fils, du récit touchant que vous me faites de la triste cérémonie à laquelle vous avez assisté. La ferveur et la tranquillité de la malade sont le fruit d'une vie sainte, et la plus précieuse récompense de la vertu. Vous apprenez par-là, mon cher fils, que la bonne vie est la seule bonne préparation à la mort, et Dieu veuille qu'un si grand exemple fasse sur vous toute l'impression qu'on en doit attendre ! Vous avez très-bien fait de prendre toutes les mesures possibles pour prévenir une scène que je craignois sans en rien dire, et que vous aviez encore plus raison de craindre par les confidences qu'on vous avoit faites. Heureusement vos soins et vos précautions ont réussi, et tout s'est passé avec la simplicité et la décence convenables, sans y rien mêler de ce qu'on appréhendoit. Je ne sais où M. l'archevêque * a pris l'idée qu'il s'est formée de M.me le Guerchois. Elle est prévenue sans doute sur la matière, mais elle ne dogmatise point, et elle est bien éloignée d'avoir le caractère d'un chef de parti. Elle en blâme même plusieurs excès ; et entre celles qui pensent comme elle, je doute qu'il y en ait de plus raisonnable. Il ne seroit pas hors de propos de le faire dire à M. l'archevêque, afin qu'il ne tienne point de mauvais propos qui lui échappent souvent sans intention de nuire. Au surplus, l'état où est ma sœur me fait perdre presque toute espérance, et il faut que les médecins ne sachent plus où ils en sont, puisqu'ils lui ordonnent des gouttes du général Lamotte**. Elles raniment la chaleur naturelle pour quelques momens, mais elles l'épuisent et la consument

* Charles-Gaspar-Guillaume de Vintimille, archevêque de Paris.

** Baumé, dans ses *Élémens de pharmacie*, fait connoître la composition de ce médicament.

en lui donnant un mouvement forcé. Je m'attends donc à tous momens aux plus tristes nouvelles, à moins que Dieu, par sa grande bonté, ne fasse une espèce de miracle pour nous conserver encore un bien qui nous est si précieux. Il veut que nous espérions en lui contre toute espérance, et c'est là notre seule ressource dans une situation si déplorable. Je vous plains fort de vous trouver chargé d'une harangue si mal placée dans de telles circonstances.

J'ai déjà travaillé sur ce que vous m'avez envoyé, et j'aurai assez d'une ou deux bonnes matinées pour pouvoir achever ce que j'ai commencé : mais rien n'est plus difficile à trouver ici que du temps, au milieu des occupations et encore plus des distractions dont on est assiégé; et d'ailleurs un cœur affligé et un esprit agité ne sont pas propres à produire de pareils ouvrages. Je ferai cependant tout ce que je pourrai pour diminuer votre travail.

AU MÊME.

A Fontainebleau, le 27 octobre 1740.

Je n'ai pu, mon cher fils, examiner l'ébauche que vous m'avez envoyée de la première partie de votre harangue *, sans y reconnoître une espèce de désordre et de confusion qui m'a peint le trouble et l'agitation de votre esprit, causés par la vue du triste objet que vous avez continuellement sous les yeux. C'est ce qui a fait que vous avez jeté comme au hasard sur le papier, les idées qui se présentoient à vous dans des temps souvent interrompus par les soins que vous preniez d'une malade qui en est si digne, et que, n'ayant pas le loisir de méditer assez vos pensées pour les bien digérer et leur donner un arrangement qui en fît sentir la suite et le progrès, vous y avez suppléé, autant que vous le pouviez, par une abondance d'images et d'expressions dont plusieurs ont été souvent répétées, et dont aucune n'a été suffisamment

* Voyez la lettre suivante.

travaillée. Mais je n'ai garde de vous le reprocher; j'y trouve au contraire une preuve de la bonté de votre cœur, dont je suis beaucoup plus touché que je ne le serois à la vue d'un chef-d'œuvre de votre esprit.

Vous comprendrez aisément, après cela, qu'il auroit été long et presque impossible de faire des remarques à côté de tous les endroits qui pouvoient en mériter, et si j'avois voulu prendre cette méthode, elle n'auroit produit * . . . .
. . . . fermeté ne pourroit la garantir. Ne cessez au moins, mon cher fils, de lui témoigner que je ne suis occupé que d'elle, et que je souffre plus que ceux qui peuvent avoir la consolation de la voir et de s'édifier en la voyant.

Je souhaite que, depuis que vos frères ont pu partager vos soins, vous ayez trouvé un peu plus de temps pour travailler à votre discours : c'est une dette qui vous est bientôt exigible; vous êtes dans le cas où il faut faire de nécessité vertu, et il y a des esprits qui ne réussissent jamais mieux que quand ils se sentent pressés

* Il y a ici une lacune, la lettre ayant été en partie déchirée.

par le temps. A mon égard, je serai toujours à votre service, comme je viens de vous le marquer, et il me semble, mon cher fils, que ma tendresse croît à mesure que je vous vois dans une situation plus pénible.

AU MÊME.

A Fontainebleau, le 29 octobre 1740.

Je n'ai point changé d'idée, mon cher fils, sur le plan de votre discours; vous trouverez celle que j'ai toujours eue dans le petit grimoire que vous écrivîtes sous ma dictée dans mon cabinet, et je crois même que je vous citai alors ce vers d'Horace :

.... *Alterius sic*
Altera poscit opem res, et conjurat amicè *.

* Voici le passage entier d'Horace auquel appartient la citation de M. le Chancelier :

Naturâ fieret laudabile carmen, an arte,
Quæsitum est; ego nec studium sine divite venâ,
Nec rude quid prosit video ingenium : alterius sic
Altera poscit opem res, et conjurat amicè.

HOR. *de Art. poet.* v. 409.

Quand je n'aurois pas pensé ainsi de moi-même, votre ébauche m'auroit inspiré le plan que j'ai suivi. Je n'ai fait que retrancher quelques écarts, et remettre à sa place ce qui n'y étoit pas, sans rien changer à l'ordre et à l'économie du discours. Relisez la fin de la première partie de votre ouvrage, où vous adressez la parole aux avocats qui conservent le bon goût; vous y verrez que vous faites consister la perfection dans l'accord de l'imagination et de la raison : rien ne rentre même mieux dans votre pensée, comme vous me paroissez le sentir, et dans votre division primitive, dont le premier membre devoit rouler sur les inconvéniens et le second sur les avantages de l'imagination *. Ce que je vous ai envoyé regarde le premier objet, et ce que vous faites actuellement remplira le second. C'est cette dernière partie que j'attends avec impatience, partageant aussi tendrement que je le fais, vos peines et vos inquiétudes dans la triste et embarrassante situation où vous vous trouvez.

Au surplus, il s'en faut bien que je sois aussi content que vous le paroissez de l'ouvrage que

* Il paroît qu'il s'agissoit d'un discours de rentrée.

je vous ai envoyé. J'y reconnois encore beaucoup d'imperfections et de défauts même; mais ils ne seront peut-être pas bien difficiles à corriger.

J'oubliai même dernièrement de faire deux remarques en vous l'envoyant.

La première est que je crains qu'on ne trouve le père de Neuville* trop clairement désigné dans un endroit du discours qui, effectivement, le peint assez d'après nature : c'est un morceau qu'il faudra relire dans cette vue, et remanier peut-être, pour en confondre un peu plus les traits, ou y mêler quelque chose d'étranger à l'éloquence de la chaire, pour dépayser l'auditeur et détourner les applications malignes.

La seconde est qu'il y a peut-être dans tout le discours trop d'images ou de métaphores tirées des feux, des étincelles, des éclairs, &c., et je crois qu'il faudra qu'une critique plus aus-

* Pierre-Claude Frey de Neuville, jésuite, et prédicateur distingué. Ses sermons auroient pu occuper un rang honorable à côté de ceux des Massillon et des Bourdaloue; seulement on lui a reproché trop de recherche dans le style, et un emploi trop fréquent de l'antithèse. C'est aussi ce défaut que M. le Chancelier a en vue. Le P. de Neuville mourut en 1774.

tère qu'elle ne peut l'être dans la première chaleur de la composition, éteigne une partie de l'illumination, pour donner plus d'éclat à ce qui en restera.

Il n'y a rien de plus singulier et de plus varié que l'état de la pauvre M.me le Guerchois; mais, quoique les médecins ne soient pas effrayés de ces accès de vapeurs convulsives qui succèdent si souvent à des calmes peu durables, je crains toujours que, dans l'extrême foiblesse où elle est, il ne survienne quelque défaillance plus grande qui nous l'enlève dans le temps qu'on s'y attendra le moins. C'est ce qui fait ma grande inquiétude, et je tremble lors même que j'essaie d'espérer*. Il ne faut point penser à l'aller voir, dès le moment qu'on croit que mon arrivée pourroit faire un effet tout contraire à mes desirs, dans l'état d'agitation où les vapeurs l'ont fait tomber. Suppléez donc à mon absence, comme vous le faites, mon cher fils, avec tant d'affection et d'assiduité. Je n'approuve pas trop le partage que vous faites de votre temps, en

* Les tristes pressentimens de M. le Chancelier ne tardèrent pas à se réaliser. M.me le Guerchois touchoit à sa fin.

donnant les nuits à notre malade, et les jours à votre harangue. Dans quel temps dormez-vous donc ? et comment peut-on faire quelque chose de bon, sur-tout en genre d'ouvrage d'esprit, quand on n'a point dormi ? J'aimerois mieux au contraire donner les après-dînées à ma sœur, et garder les matinées pour vous, d'autant plus que M.me de Chastellux couche chez elle, et est à portée de venir à son secours pendant la nuit. Mais ce que je blâme mérite cependant mes louanges par les preuves que vous donnez de votre bon cœur ; et, après tout, on ne peut, en pareil cas, que s'en remettre à ceux qui sont auprès des malades, parce qu'il y a bien des délicatesses et des convenances qui se sentent et qu'on ne sauroit écrire.

Continuez, mon cher fils, d'assurer ma sœur que, présent ou absent, je ne saurois penser qu'à elle. Je ne cesse point de demander à Dieu sa conservation, et il me semble que je le fais par des motifs tirés de la religion même. A votre égard, je ne finirois point si je voulois vous exprimer tous les sentimens de tendresse dont je suis rempli pour vous, mon cher fils.

A M. DAGUESSEAU FILS AÎNÉ.

A Versailles, le 11 janvier 1741.

Je n'ai pas le temps, mon cher fils, de faire ici toutes les réflexions que le récit de ce qui se passe dans l'intérieur du Parlement, et dont vous me rendez un compte si détaillé par votre lettre, pourroit demander. Le jugement le plus équitable qu'on en puisse porter, est que si le premier des acteurs est trop froid, les autres sont trop vifs et d'un caractère propre à gâter les meilleures causes. Les compagnies deviennent plus ardentes, dans leurs affaires particulières, que les plaideurs mêmes; on n'a jamais pressé le gouvernement avec une impatience pareille. Le Roi est le maître de son temps et de ses momens; le Parlement n'est pas la seule compagnie qui mérite que l'on ait quelques égards pour elle, et en général notre caractère n'est pas d'aller si vite : cependant on n'y perd point de temps. A proprement parler et à examiner la chose de sang-froid, le parti n'est pas aussi aisé à prendre que des esprits échauffés peuvent se l'imaginer. Ce qu'il y a de certain, c'est que des démarches aussi violentes que celles qui ont été proposées, ne pourroient que nuire au Parlement : il se battroit, à dire le vrai, contre un fantôme ; car comment nommer autrement un arrêt qui ne paroît point? et ce seroit le meilleur service que le Parlement pourroit rendre à la chambre des comptes.

La lettre que j'écrivis hier n'étoit pas faite pour être montrée, et je n'ai pu m'empêcher d'en dire un mot à M. le premier président, parce qu'il m'a écrit qu'il avoit été obligé de la faire voir. Au surplus, faites ce que vous pourrez de votre côté pour apaiser le mouvement des esprits : qu'on nous donne un peu de temps, et qu'on ne nous impatiente pas à notre tour en voulant trop nous presser. C'est tout ce que je puis vous écrire ce soir, mon cher fils, en vous assurant toujours de toute la tendresse dont je suis rempli pour vous.

Songez que l'arrêt dont on se plaint n'a été rendu qu'avant-hier, et qu'on se récrie aujourd'hui comme si tout étoit perdu, parce qu'une affaire qu'on ne suit ici que d'hier n'est pas encore finie.

AU MÊME.

A Versailles, le 12 janvier 1741.

Il est écrit, mon cher fils, que dans la plupart des grandes affaires, il arrive presque toujours que les deux parties intéressées ont leur tort. Je me repose sur vous du soin de faire sentir celui de la chambre des comptes : mais, en vérité, la chaleur des meilleures têtes du Parlement et l'ardeur avec laquelle on presse le Gouvernement, en voulant lui faire craindre des démarches qui retomberoient sur le Parlement même, a quelque chose de bien peu décent. Mais comme, après tout, nous sommes bonnes gens, j'espère qu'on prendra demain une résolution pour finir l'importune affaire dont il s'agit. Vous en serez bientôt informé, si cela est. Je vous adresse la réponse que je fais à M. le procureur général, en profitant d'une occasion que j'ai eue d'envoyer porter une autre lettre à Paris. Je vous embrasse toujours de tout mon cœur, mon cher fils.

AU MEME.

A Versailles, le 13 janvier 1741.

Je vous envoie, mon cher fils, la copie d'un arrêt où nous trouverons au moins l'avantage de vous faire tous taire. Ce sera à la chambre des comptes de crier à son tour, et elle ne manquera peut-être pas de le faire. Elle n'est pas bien traitée par l'arrêt du conseil; mais malheureusement elle l'avoit trop mérité. J'en suis fort fâché pour le pauvre M. de Nicolaï*, que j'aime véritablement. Je ne doute pas qu'en récompense le Parlement ne soit fort satisfait, et il a sujet de l'être. Je ne vois pas qu'à moins de tout tuer, comme M. le cardinal le disoit hier dans sa lettre à M. le pre-

* Aimard-Jean de Nicolaï, marquis de Goussainville, colonel d'un régiment de dragons de son nom, en 1727, fut ensuite conseiller au Parlement de Paris, après la mort de son frère aîné, et devint premier président de la chambre des comptes, en 1734.

mier président, on pût mieux faire pour lui. J'espère que demain matin, non-seulement la tranquillité, mais la joie, seront rétablies dans le palais. Plût à Dieu qu'il fût aussi aisé de faire rentrer la rivière dans son lit*, que d'arrêter le torrent de vos lettres et de celles de ceux qui vous ont égalé ou même surpassé en importunité! Je n'en suis pas moins tendrement à vous, mon cher fils.

Ce qui a retardé l'expédition de l'affaire du Parlement, si retardement y a, est qu'on vouloit donner au pauvre M. de Nicolaï la consolation de l'entendre avant de le condamner, et il n'est venu que ce matin. Je crains bien que cette consolation ne soit tournée en amertume pour lui, par le malheur qu'il a eu de ne pouvoir justifier son arrêt. Si vous avez occasion de parler de lui, faites-le le plus honnêtement qu'il sera possible.

* On étoit alors dans le fameux hiver de 1740. La *débâcle* avoit lieu au moment où M. le Chancelier écrivoit. La crue des eaux de la Seine fut telle, qu'elles s'élevèrent sur le Port au Blé à la hauteur d'un premier étage.

A M.LLE DE FRESNES.

A Fontainebleau, le 25 avril 1742.

VOTRE lettre d'hier me fait voir, ma chère fille, que, quand vous l'avez écrite, vous ne saviez pas encore la grande perte que nous avons faite du pauvre M. de Chastellux*. Je reçus dimanche dernier la nouvelle de sa mort, et j'en ai été vivement touché pour moi-même, pour votre sœur et pour ses enfans, à qui il est enlevé dans le temps qu'ils pouvoient en avoir le plus grand besoin. Ma seule consolation, dans un pareil malheur, est la religion, à laquelle il a été fort attaché pendant sa vie, et dont il a donné les marques les plus touchantes pendant sa maladie et jusqu'au dernier soupir. Tous ceux qui l'ont vu de plus près, m'ont écrit qu'il n'y avoit jamais eu de fermeté plus chrétienne, ni de mort plus édifiante que la sienne. Votre pauvre sœur est arrivée précisément pour en être le témoin, et deux jours seulement avant ce triste spectacle.

* *Voyez* tome I, pag. 50 et suivantes.

Elle est pénétrée de la plus grande douleur, mais d'une douleur aussi chrétienne qu'étoit la fermeté de son mari. Elle est en chemin pour revenir d'un voyage si affligeant, et je compte qu'elle pourra passer demain au soir, pour achever sa route jusqu'à Paris, d'où ses deux fils aînés vont partir pour l'armée. Levez les mains au ciel pour eux, ma chère fille; vos prières peuvent être d'un grand secours pour une famille si affligée. Ma santé est assez bonne, quoiqu'un si triste événement fût bien capable de la déranger. Je voudrois que vous en pussiez dire autant de la vôtre; mais je vois par votre lettre qu'elle n'est pas meilleure que quand je suis parti. Dieu veut que chacun ait ses croix dans ce monde. Nous l'éprouvons bien avec votre sœur dans ce moment; mais la vôtre est une croix continuelle et sans relâche, la plus dure par conséquent et la plus insupportable à la nature, mais aussi la plus méritoire et la plus précieuse aux yeux de Dieu. Il vous prépare une récompense proportionnée à vos souffrances *. Priez-le sans cesse de continuer à vous donner

* Elle mourut vers la fin de l'année 1745. *Voy.* pag. 53 du tome I.er

le courage nécessaire pour porter avec patience et soumission une croix si pesante. Je joins mes foibles prières aux vôtres, et je n'ai point de termes, ma chère fille, pour vous exprimer toute la tendresse dont je suis rempli pour vous.

A M. PREVOST DE LA JANNÈS.

A Paris, le 2 novembre 1742.

MONSIEUR, vous ne pouviez mieux employer les momens de votre loisir qu'à écrire la vie d'un homme aussi respectable par son grand sens et par la lumière qu'il a répandue sur le fond de la jurisprudence romaine, dans un ouvrage que je me souviens en effet avec plaisir d'avoir vu croître, en quelque manière, sous mes yeux*.

* M. Prevost de la Jannès, qui joignoit les talens du littérateur au savoir du jurisconsulte, a laissé un grand nombre de manuscrits dont M. de la Place de Montevray, président honoraire en la cour royale d'Orléans, est parvenu, par un zèle assurément bien digne d'éloges, à rassembler la majeure partie. Nous regrettons comme lui la perte de celui dont M. le Chancelier parle dans cette lettre; il avoit pour titre : *Histoire de la vie et des ouvrages de*

Je ne doute pas que vous n'ayez bien réussi à faire connoître le caractère d'un homme qui faisoit consister une partie de son mérite à le cacher; et je lirai, avec plaisir, l'ouvrage que vous avez fait dans cette vue : mais si vous pensiez à le donner au public, ne jugeriez-vous pas à propos que j'en fisse part au fils et à la famille de celui dont vous écrivez la vie? ils pourroient vous donner des avis utiles et vous fournir même des matériaux pour la rendre encore plus parfaite. Je ne ferai cependant aucun usage de votre

J. Domat. L'impression de cet écrit éprouva de grands obstacles : le censeur Hardion lui refusa son approbation, sous le prétexte que l'ouvrage tendoit au *jansénisme;* il exigeoit de nombreuses corrections, et sur-tout le retranchement absolu de ce qui concernoit l'immortel auteur des *Lettres provinciales.* Compatriote et ami de Domat, Pascal, au moment de mourir, lui avoit laissé tous ses papiers secrets. Prevost de la Jannès refusa de subir la loi de la censure. Il se contenta de déposer cet éloge à la bibliothèque publique d'Orléans, où malheureusement, comme tant d'autres, il a été la proie du vandalisme révolutionnaire. M.gr le comte de Peyronnet, Garde des sceaux de France, a eu la joie, l'année dernière, de découvrir le seul portrait original qui se soit conservé de Domat. Son Excellence en a fait don à l'ordre des avocats de Bordeaux. Il ne pouvoit sans doute recevoir d'elle une preuve plus noble ni plus touchante de sa bienveillance et de son estime.

manuscrit jusqu'à ce que vous m'ayez fait savoir ce que vous pensez sur ce sujet; et je vous prie d'être persuadé de l'estime avez laquelle je suis, Monsieur, entièrement à vous*.

* L'original de cette lettre appartient à M. le président de la Place de Montevray. Ce savant magistrat, qui s'occupe depuis long-temps d'une *Histoire littéraire de l'Orléanois*, est l'auteur des articles insérés sur Pothier et Prevost de la Jannès, dans la *Biographie universelle* de M. Michaud; il a bien voulu nous fournir les notes explicatives des trois lettres dont nous lui devons la publication.

A M.LLE HENRIETTE DE FRESNES*.

A Versailles, le 1.er janvier 1743.

VOUS avez raison, ma chère enfant, d'aimer un grand-papa qui vous aime plus tendrement que personne, et qu'Isaac même, votre aimable papa. Je vois que la lecture des figures de la Bible vous fait grand plaisir, par les jolies comparaisons qu'elle vous inspire. J'en excepte cependant celle de votre grand-père avec Abraham. Plût à Dieu que je pusse lui ressembler! Je ne l'imite que dans la tendresse qu'il avoit pour sa

* Henriette-Anne-Louise Daguesseau, dame de la principauté de Tingry en Boulonnois et de la Grange-Bléneau en Brie, fut mariée, le 4 février 1755, à Jean-Paul-François de Noailles, titré duc d'Ayen, gouverneur de Saint-Germain-en-Laye, mestre de camp du régiment de Noailles, cavalerie, et brigadier des armées du Roi. M.lle Daguesseau fut mise en possession du tabouret chez la Reine, le 12 mars suivant. Elle périt sur l'échafaud en 1794, au même moment que M.me la vicomtesse de Noailles sa fille, et M. Bochart de Saron, son beau-frère, premier président du Parlement de Paris.

famille. Vous y avez déjà une grande part, ma chère fille, et je suis persuadé que vous la ferez croître tous les ans par votre progrès dans la vertu et dans les sciences qui vous conviennent. N'y perdez rien de votre gaieté et de votre enjouement; j'espère que vous viendrez bientôt m'en donner de nouvelles preuves. C'est une affaire que je tramerai avec votre papa Isaac; et je suis sûr que Rebecca, votre belle-mère, n'y sera pas contraire. Vous avez oublié votre tante Daguesseau : n'y auroit-il pas moyen de la trouver dans les figures de la Bible? Je consens cependant que vous différiez de répondre à cette question, jusqu'à ce que je puisse vous embrasser, ma chère enfant, et vous dire moi-même combien j'aime une jeune Rachel qui répond si bien à la bonne éducation que lui donnent des tantes aussi aimables que respectables. Je les prie de trouver bon que je les assure ici qu'on ne peut les honorer plus que je fais.

A M. DAGUESSEAU FILS AÎNÉ.

A Paris, le 14 septembre 1743.

Vous voilà donc heureusement arrivé à Plombières, mon cher fils, et je vois avec plaisir que la moitié du remède de M. Pousse* a déjà très-bien opéré, puisque vous avez secoué en chemin presque toutes les incommodités avec lesquelles vous étiez parti : c'est une mauvaise compagnie dont vous avez bien fait de vous délivrer promptement. A l'égard des eaux, qui font la seconde partie de l'ordonnance du docteur, je crois qu'elles ne pourront que vous faire du bien; mais, comme je m'imagine qu'il y a beaucoup plus de moral que de physique dans votre mal, j'avoue que j'attends bien plus de M.me Daguesseau que des eaux pour le rétablissement entier de votre santé. La joie de la revoir est un remède plus spécifique pour vous que tous ceux de la médecine; il n'y

* Docteur-régent de la faculté de médecine en l'Université de Paris, et professeur en chirurgie.

a point de vapeurs qui ne se dissipent par le charme de sa conversation. Je suis bien éloigné de vous gronder, comme elle l'a fait, de m'avoir quitté; il est bien juste que je vous préfère à moi-même. Je puis seulement vous porter envie sur le plaisir que vous avez d'être avec elle : mais nous serons bientôt contens tous deux; votre voyage aura fait seulement que j'aurai deux joies au lieu d'une en vous revoyant tous deux en même temps. Je souhaite que la bonne santé de l'un et de l'autre rende ma satisfaction complète. Vous ne serez point exposé avec moi à entendre le bruit du canon. Savez-vous ce que j'ai pensé quand j'ai appris que Plombières en retentissoit? Je me suis imaginé que ce bruit endormoit M.me Daguesseau, et qu'il vous réveilloit. Lequel des deux marque le plus grand courage? C'est ce que je ne décide point, par la crainte de décider contre vous. Je ne doute pas que vous n'ayez été très-content de l'aimable politesse du cardinal de Rohan; mais n'allez pas la mettre sur votre compte, et rendez-en grâce à celle qui en est la cause. Il me paroît toujours charmé d'elle, et j'en ai encore vu de nouvelles preuves dans une lettre qu'il m'a écrite la veille de votre arrivée à Plombières. Je commence à craindre que M.me Daguesseau ne devienne trop à la mode : c'est trop, en vérité, de vouloir se rendre maîtresse de tous les cœurs, depuis la Seine jusqu'au Rhin. Mon amour-propre souffre de voir que chacun se vante de connoître autant que moi tout ce qu'elle vaut; je suis bien sûr au moins que personne ne peut l'aimer autant que je le fais, et, pour peu que je fusse de mauvaise humeur, je vous le disputerois à vous-même.

Au surplus, mon cher fils, prenez tranquillement vos eaux; tenez-vous le cœur gai; ne rêvez ni de conseils ni de bureaux; noyez tous les *factums* dans le bassin de Plombières. Je persiste toujours dans mon arrangement, c'est-à-dire que je pars lundi pour Fontainebleau, où je compte de tenir le premier conseil le lundi suivant, qui sera le 23 : ne vous pressez point d'arriver, même pour l'autre conseil, qui sera le 30, selon les apparences. J'aime fort votre présence : mais j'aime encore mieux votre bonne santé et celle de M.me Daguesseau; le séjour de Plombières lui fera trouver celui de Fontainebleau plus supportable. Pour moi, tous les lieux me sont égaux, pourvu que je voie deux enfans qui me sont aussi chers que ceux qui habitent à présent la cabane de Plombières. M.me Daguesseau me permettra-t-elle de la confondre ainsi avec vous? Mais voilà comment elle est placée dans mon cœur, et prenez garde qu'elle n'y ait au moins l'égalité.

A M.me LA COMTESSE DE CHASTELLUX.

A Paris, le 4 juin 1744.

J'APPRENDS avec bien du plaisir, ma chère fille, que malgré les mauvais chemins et un temps peu favorable, vous êtes arrivée heureusement et sans aucun accident à Chastellux. Je ne doute pas que vous n'y ayez trouvé beaucoup d'affaires qui demandoient nécessairement votre présence; et si cela n'a pas empêché que vous n'ayez eu beaucoup de peine à vous séparer de moi, il ne m'en a pas moins coûté pour sacrifier le plaisir que j'ai de vous voir continuellement, au besoin que vos enfans ont de vous pour ménager leur fortune, et vous mettre en état de soutenir ceux qui sont à l'armée. Ils sont bien dignes, en vérité, de toute votre tendresse et de la mienne : Dieu veuille les bien garder ! C'est à lui seul qu'il faut les recommander de toute manière, et pour l'ame et pour le corps. L'aîné n'est plus au siége de Menin*, et mon fils de Fresnes en reçut hier une lettre par laquelle il lui mande qu'on l'a fait partir pour l'armée du maréchal de Saxe*.

* Durant le siége de cette place, on dit à Louis XV qu'en brusquant un peu, en perdant quelques hommes, on seroit quatre jours plutôt dans la ville. « Eh bien! ré» pondit ce bon prince, prenons-la quatre jours plus tard; » j'aime mieux perdre quatre jours devant une place qu'un » seul de mes sujets. »

* Maurice comte de Saxe avoit été promu au grade de maréchal de France, dans le mois de mars précédent. « Quoique la nature lui eût donné tout ce qui peut séduire le peuple et les cours, c'étoit un homme dont il n'est pas aisé d'apprécier tout le mérite. Lorsqu'il étoit condamné au repos, il concevoit et développoit avec feu des projets qui, malgré leur vaste étendue, pouvoient être regardés comme ceux d'un aventurier. Mais, à mesure qu'il approchoit de l'événement, cette effervescence se calmoit, les ressources qu'il indiquoit étoient sûres, et ne s'offroient à personne. Vif, gai, plein de franchise, il ne parut jamais un étranger au milieu des François. La gloire qu'il acquit

A l'égard de vos trois autres enfans, je ne suis pas surpris qu'ils aient fort bien soutenu le voyage : ce sont deux daims et une biche que vous allez lâcher dans les bois de Chastellux ; ils vous y tiendront au moins bonne et aimable compagnie. J'espère que ce ne sera pas sans parler quelquefois d'un vieux père qui voudroit bien y être avec vous, et qui ne souffre pas moins que vous de notre séparation présente. Vous avez très-bien fait de ne pas augmenter le déplaisir par un adieu qui nous auroit attendris tous deux également, et je m'en défiai quand vous sortîtes de ma chambre la veille de votre départ. Il ne faut plus penser à présent qu'au plaisir que nous aurons, s'il plaît à Dieu, de nous retrouver tous ensemble après la campagne de vos enfans et la vôtre. Celle que j'ai faite à Fresnes n'a pas été si longue ; elle n'a duré que cinq jours. J'ai trouvé le château dans un désordre effroyable; on y a découvert encore de nouvelles réparations à faire : mais on excuse aisément les défauts de ce qu'on aime. J'espère d'y retourner bientôt, toujours fâché de ne vous y avoir pas

parmi nous est toute nationale. » (*Histoire de France pendant le XVIII.e siècle*, par M. Lacretelle jeune.)

avec moi, ma chère fille, et de ne pouvoir vous assurer que par lettre, de toute la tendresse dont je suis rempli pour vous.

A LA MÊME.

A Paris, le 16 juin 1744.

J'AI été si content d'une lettre de votre fils aîné, par laquelle il me fait, avec tant d'intelligence et de précision, le récit de ce qui s'est passé à l'investissement de Menin, pour lequel il avoit été commandé, que je cherche à partager avec vous, ma chère fille, la satisfaction que j'en ai, en vous envoyant la copie de cette lettre. Elle vous sera peut-être bien inutile, parce que votre fils pourroit bien vous avoir écrit directement la même chose; mais quand je serois tombé ici dans le cas d'une radoterie de grand-père, vous y trouveriez toujours une marque de la tendresse dont je suis rempli pour la mère et pour le fils. Portez-vous toujours bien comme on dit que vous le faites, de même que votre petite famille de Chastellux. J'espère que vos deux cadets feront parler d'eux un jour, aussi bien que l'on parle à présent de leurs deux aînés. M. Desgranges, que le Roi a été obligé d'envoyer ici pour le *Te Deum* de Menin à cause de la maladie de M. de Dreux, m'en a dit des merveilles. Dieu veuille que nous apprenions toujours de si bonnes nouvelles!

A LA MÊME.

A Paris, le 5 août 1744.

J'ai appris avec bien du plaisir, par votre dernière lettre, ma chère fille, que vous jouissiez d'une bonne santé, avec votre petite et aimable famille. Vous avez eu apparemment un aussi beau temps à Chastellux que nous l'avons eu en ce pays-ci : je n'ai guère vu d'été aussi tempéré et plus agréable; il n'y a même presque pas eu d'orages; mais vos montagnes en produisent souvent plus que nos plaines. Je porterois envie au bonheur que vous avez de jouir du repos et de la liberté de la campagne, si vous n'y aviez pas trouvé autant d'affaires à arranger, et dans un temps aussi difficile que celui-ci. Il l'est plus pour vous que pour un autre, parce que votre bon cœur souffre de n'être pas toujours en état de fournir, comme vous le voudriez, aux besoins de tous vos enfans, et sur-tout de ceux qui sont à la guerre. Il y a déjà quelque temps que je n'en ai eu des nouvelles; mais ils sont dans l'armée qui donne à présent le moins d'inquiétude, quoique l'armée des alliés ait passé l'Escaut. Tous les yeux sont tournés aujourd'hui du côté du Rhin, et nous sommes dans une situation bien critique. Le maréchal de Coigny*, qui s'étoit retiré sous le canon de Strasbourg, a fait un mouvement du côté de Schelestadt, et l'on croit que c'est pour s'avancer vers le lieu où se doit faire la jonction de l'armée du Roi à celle du maréchal. Nous voilà donc dans l'attente des plus grands événemens, et l'on ne fait guère de bon sang en cet état, quand on est bon citoyen et bon père. Dieu veuille nous délivrer heureusement d'une si cruelle inquiétude! Levez les mains au ciel du haut de vos montagnes, ma

* François de Franquetot, duc de Coigny, maréchal de France, mort en 1759.

chère fille; et aimez-moi toujours aussi tendrement que je vous aime.

J'ai reçu une belle épître de votre chevalier, et je compte de lui faire réponse aussitôt que je pourrai en trouver le moment. Je l'embrasse en attendant, aussi bien que sa sœur et son frère. Je m'imagine que je les trouverai bien crus en tout genre, à votre retour. Je voulois leur envoyer un livre par M. de Jonquoy, mais il ne se trouve pas prêt. Si vous savez quelque voie par laquelle je puisse le faire partir, autrement, s'il se peut, que par la poste, je vous prie de me le faire savoir.

A LA MÊME.

A Paris, le 1.er septembre 1744.

La maladie du Roi * m'avoit tellement agité et troublé l'esprit, ma chère fille, que pendant quinze jours je n'ai pu presque penser à aucun

* « Le jour qu'on chantoit dans Metz un *Te Deum* pour la prise de Château-Dauphin, le Roi ressentit des mouvemens de fièvre; c'étoit le 8 d'auguste (d'août). Dès la nuit du 14, il étoit à l'extrémité. Cet événement porta la crainte et la désolation de ville en ville; les peuples accouroient de tous les environs de Metz.... Le danger du Roi se répand dans Paris au milieu de la nuit: on se lève; tout le monde court en tumulte sans savoir où l'on va. Les églises s'ouvrent en pleine nuit; on ne connoît plus le temps ni du sommeil, ni de la veille, ni du repos. Paris étoit hors de lui-même; toutes les maisons des hommes en place étoient assiégées d'une foule continuelle; on s'assembloit dans tous les carrefours. Le peuple s'écrioit: « S'il meurt, » c'est pour avoir marché à notre secours! » Tout le monde s'abordoit, s'interrógeoit dans les églises sans se connoître: il y eut plusieurs églises où le prêtre qui prononçoit la prière pour la santé du Roi, interrompit le chant par ses pleurs, et le peuple lui répondit par des cris. Le courrier qui apporta, le 19, à Paris, la nouvelle de sa convales-

autre objet. Nous avons commencé à respirer il y a huit jours, et nous sommes entièrement tranquilles à présent. Les dernières nouvelles que j'ai reçues hier au soir, portent que le Roi, après avoir encore été purgé, a commencé à manger un peu de viande, ce qui fait voir que les médecins n'ont plus aucun reste d'inquiétude sur sa convalescence. Ils s'opposent fort à l'envie que Sa Majesté auroit d'aller en Alsace, et je commence à croire qu'ils l'emporteront, par la crainte de l'impression que les brouillards de Fribourg, qui commencent de bonne heure, pourroient faire sur sa santé.

cence, fut embrassé et presque étouffé par le peuple; on baisoit son cheval; on le menoit en triomphe; toutes les rues retentissoient d'un cri de joie : « Le Roi est guéri! » Quand on rendit compte à ce monarque des transports inouis de joie qui avoient succédé à ceux de la désolation, il en fut attendri jusqu'aux larmes; et en se soulevant par un mouvement de sensibilité qui lui rendoit des forces : « Ah! s'écria-t-il, qu'il est doux d'être aimé ainsi! et qu'ai-je » fait pour le mériter? »

Voltaire termine cet admirable tableau de la douleur et de la joie publiques, par cette réflexion malheureusement trop vraie : « Tel est le peuple de France, sensible jusqu'à l'enthousiasme, et capable de tous les excès dans ses affections comme dans ses murmures. » *(Précis du siècle de Louis XV.)*

Je ne vous parle point de tout ce qui vient de se passer sur les bords du Rhin, et qui a été bien au-dessus de notre attente : on vous a envoyé ce qu'on a bien voulu en écrire. Notre armée, pour la plus grande partie, doit avoir à présent achevé de passer au-delà du Rhin, aussi bien que celle de l'empereur, qui sera de plus de quarante mille hommes ; et le prince Charles*, qui va, à ce qu'on dit, vers la Bohême, aura peut-être plus de peine à continuer sa route qu'il n'en a eu à se tirer de nos mains. La gendarmerie est du nombre des corps qui ont passé le Rhin, et qui vont, à ce qu'on croit, s'établir dans le Brisgaw, pour vivre aux dépens de la reine de Hongrie, et lui rendre une partie du mal qu'elle nous a fait en Alsace. Votre frère le chevalier paroît s'être conduit d'une manière qui lui a fait

* « Dès que le Roi eut repris ses sens, il s'occupa, au milieu de son danger, de celui où le prince Charles avoit jeté la France par son passage du Rhin : il n'avoit marché que dans le dessein de combattre ce prince ; mais ayant envoyé le maréchal de Noailles à sa place, il dit au comte d'Argenson (ministre de la guerre) : « Écrivez de ma part » au maréchal de Noailles que, pendant qu'on portoit » Louis XIII au tombeau, le prince de Condé gagna une » bataille. » (VOLTAIRE, *Précis du siècle de Louis XV.*)

honneur dans le commandement dont il avoit été chargé sous M. de Lowendal*, lors de la dernière action qui s'est passée en Alsace.

Je n'entends point parler depuis long-temps de vos deux enfans, peut-être parce que, dans l'armée où ils sont, ils n'ont rien de nouveau à écrire; mais ils devroient au moins nous faire savoir qu'ils se portent bien. Il y a bien deux mois que je n'ai reçu de leurs nouvelles, si ce n'est par une lettre du comte de Beauvoir*, qui écrivit, il y a quinze jours, à M. de Fresnes pour une bagatelle dans laquelle il avoit besoin de lui. Je les aime trop pour ne pas desirer d'en avoir plus souvent des nouvelles.

Au surplus, je vois approcher avec un grand plaisir le temps où vous nous reviendrez voir et où nous serons tous réunis. Continuez cependant d'arranger vos affaires autant que vous le pourrez, et de vous bien porter avec votre aimable compagnie.

* Woldemar, comte de Lowendal. Il fut promu maréchal de France après qu'il eut pris d'assaut Berg-op-Zoom, au mois de septembre 1747, et il mourut en 1755.

** Philippe-Louis, fils cadet de M.me de Chastellux. En 1762, il fut promu au grade de maréchal des camps et armées du Roi.

A M. RACINE LE FILS.

A Paris, le 6 septembre 1744.

VOUS avez bien retenu ce vers de Despréaux, Monsieur :

> Rien n'est beau que le vrai, le vrai seul est aimable.

C'est le vrai, en effet, qui fait le vrai mérite des vers que vous m'envoyez*; ils ne sont qu'une expression fidèle des sentimens de douleur et de joie que tous les cœurs viennent d'éprouver : mais, quelque plaisir qu'ils fassent par-là, je ne sais s'ils n'auroient pas besoin d'être remaniés, resserrés et fortifiés, avant que d'être donnés au public. Ils le trouveront prévenu par un concurrent qui ne m'auroit pas paru autrefois redoutable pour vous, mais qui s'est surpassé en traitant le

* *Voyez* l'épître de Racine fils, adressée au Roi, au nom de la ville de Paris, après la maladie da Sa Majesté à Metz. *Poésies nouvelles par M. Racine*, Paris, 1747, tome II, page 243

même sujet, et qui a enlevé un grand nombre de suffrages qu'on a voulu lui faire perdre par une assez mauvaise critique : je vous envoie son ouvrage, qui n'est peut-être pas encore parvenu jusqu'à vous. On ne manquera pas d'en faire la comparaison avec le vôtre, et je vous laisse le soin de voir si le dernier est encore en état d'obtenir la préférence que je lui desire. La circonstance de la pension que vous demandez dans l'Académie des belles-lettres, est une nouvelle raison pour ne pas vous presser de faire imprimer vos vers. Des concurrens d'un autre genre en deviendront sûrement les critiques; et, quoique cela n'ait rien de commun avec la pension dont il s'agit, on ne sauroit trop éviter (quand on demande une grâce qui dépend des suffrages de toute sorte d'esprits), on ne sauroit, dis-je, trop éviter de donner la moindre prise sur soi. Au surplus, je suis fort touché de toutes les raisons qui vous sont favorables pour obtenir une faveur qu'on peut regarder en un sens comme une justice; mais je ne suis pas assez instruit des usages de votre Académie, pour savoir si votre absence n'y met point un obstacle fondé sur des exemples précédens. C'est ce que j'éclaircirai avec M. de

Boze*, et j'en parlerai aussi à M. l'abbé de Pompone**, qui est votre président cette année, et à M. de Maurepas***, quand il sera ici. Si vous

* *Voyez* la note de la page 158 du tome I.er

** Henri-Charles Arnaud, plus connu sous le nom d'*abbé de Pompone,* obtint et mérita la confiance de Louis XIV et de Louis XV. Il remplit avec distinction le poste d'ambassadeur à Venise, et se rendit utile dans les emplois honorables qu'il exerça à la cour. Il avoit été élu membre de l'Académie des inscriptions en 1743. Il mourut en 1756, âgé de 87 ans.

* Le comte de Maurepas commença d'être réellement chargé, en 1725, d'un ministère qui embrassoit plusieurs grandes provinces, Paris, la cour et la marine. « Superficiel et incapable d'une application sérieuse et profonde (dit Marmontel dans ses *Mémoires*), mais doué d'une facilité de perception et d'une intelligence qui démêloient dans un instant le nœud le plus compliqué d'une affaire, il suppléoit dans les conseils, par l'habitude et la dextérité, à ce qui lui manquoit d'étude et de méditation. Accueillant et doux, souple et insinuant, flexible, fertile en ruses pour l'attaque, en adresse pour la défense, en faux-fuyans pour éluder, en détours pour donner le change, en bons mots pour démonter le sérieux par la plaisanterie, en expédiens pour se tirer d'un pas difficile et glissant; un œil de lynx pour saisir le foible ou le ridicule des hommes, un art imperceptible pour les attirer dans le piége ou les amener à son but, un art plus redoutable encore de se

n'avez point encore écrit à l'un ou à l'autre, vous êtes dans votre tort, et je vous conseille de le réparer incessamment.

Ma lettre ressemble assez à vos vers; c'est le cœur qui me l'a dictée entièrement, et vous pouvez juger par-là, Monsieur, des sentimens dont il est rempli pour vous.

jouer de tout, et du mérite même quand il vouloit le mépriser, enfin l'art d'égayer et de simplifier le travail du cabinet, faisoient de Maurepas le plus séduisant des ministres. »

Tel étoit l'homme que Louis XVI, lors de son avénement au trône, investit malheureusement de sa confiance, et dont il suivit avec trop de soumission les conseils!

AU MÊME.

A Paris, le 11 septembre 1744.

Il n'est plus question de vous reparler de vos vers, Monsieur, puisque je viens de les recevoir imprimés*. Je vous dirai seulement que, si vous me trouvez quelquefois un peu trop difficile sur vos ouvrages, vous ne devez l'attribuer qu'à une amitié qui me rend plus critique pour vous que je ne le serois pour un autre : j'aurois plus d'indulgence si je vous aimois moins. Je parlois encore hier à M. l'abbé de Pompone et à M. d'Argenson de votre affaire académique. Je vois bien que leur vœu étoit pour vous, et qu'ils ont cru que vous aviez la pluralité; mais je crains qu'ils ne se soient trompés dans leur calcul : si cela est, votre sort est entre les mains de M. de Maurepas. Il seroit bon qu'il sût le sentiment de M. de Boze,

* M. de Marville venoit de faire imprimer cette pièce, sans la participation de Louis Racine. (*Voyez* la note de la lettre suivante.)

témoin le plus instruit et le plus fidèle de votre académie. Je n'ai pu lui parler encore, parce qu'il est à la campagne; mais je pourrai avoir bientôt une occasion de le voir; et en attendant, ce que vous pourrez faire de mieux est de retarder, s'il est possible, la décision. Je voudrois que votre fortune fût entre mes mains; c'en seroit une pour moi de pouvoir vous donner des preuves réelles de tous les sentimens dont je suis rempli pour vous, Monsieur.

AU MÊME.

A Paris, le 14 septembre 1744.

Je suis encore plus charmé que surpris, Monsieur, de la fortune que vos vers ont faite* ; elle montre bien que la route la plus sûre pour arriver au cœur, est celle du sentiment. Ce qui pouvoit vous nuire vous a servi ; des vers plus travaillés auroient peut-être eu moins de succès, et les vôtres pourroient faire dire qu'une heureuse négligence est un effet de l'art. Ne devriez-vous point profiter de cette occasion pour vous faire

* L'épître de Racine ayant été distribuée à l'hôtel-de-ville de Paris, pendant les réjouissances qui eurent lieu pour la convalescence du Roi, l'auteur écrivit à M. de Marville, lieutenant de police, pour le remercier de la publicité qu'il avoit donnée à ses vers. Ce magistrat lui répondit le 15 septembre : « Je connois les sentimens de » Paris ; mais il falloit un Racine pour les rendre : aussi » puis-je vous répondre de la reconnoissance de la ville, » et de la mienne en particulier. » *(Pièce manuscrite de la collection de M. de Monmerqué, conseiller à la cour royale de Paris.)*

assurer, par le moyen de M. de Maurepas, la première pension qui vaquera dans votre Académie? Je voudrois bien que le solide se joignît ici au frivole, et, si vous le voulez, à l'honneur stérile de la couronne poétique, que vous n'enviez plus à Pétrarque. Ce que j'aimerois encore mieux pour vous que la pension même, seroit un changement d'emploi qui vous mît en état de demeurer à Paris, et qui me procurât souvent le plaisir de vous dire moi-même que personne ne peut vous estimer ni vous aimer plus véritablement que je le fais, Monsieur.

A M.me LA COMTESSE DE CHASTELLUX.

A Paris, le 23 septembre 1744.

Je réponds bien tard à votre lettre, ma chère fille; et pendant que j'accuse vos enfans d'être paresseux à écrire, je mérite le même reproche de votre part. Ce n'est pourtant pas trop ma faute; mes journées sont tellement remplies, que le temps me manque pour ce qui me feroit le plus de plaisir, et il s'y joint quelques incommodités que l'agitation où la maladie du Roi avoit mis mon sang, peut avoir encore augmentées, et qui font qu'il y a des momens où je suis obligé par des battemens de cœur d'interrompre toute application, ce dont le docteur Pousse ne fait que rire, et qu'il attribue à la même cause que mon asthme. Le remède, selon lui, est de n'y point penser : mais cela est plus aisé à dire qu'à faire; et l'effet de tout ce qui a l'air de vapeurs, mal qui ne convient guère à mon âge, est d'inquiéter toujours et de troubler l'imagination.

L'air de Fresnes pourroit m'être fort utile; mais le retour de M. le Dauphin*, qui doit arriver à Versailles dimanche prochain, ne me permettra d'y aller que vers la fin de la semaine suivante.

La santé du Roi se fortifie tellement tous les jours, qu'on ne doute presque plus, quoiqu'il n'en dise encore rien, qu'il n'aille à Strasbourg et peut-être jusqu'à Fribourg, dont le siége est commencé. La tranchée est aussi ouverte du 12 devant Coni**, et on la croit aussi ouverte par le roi de Prusse devant Prague. L'Europe est

* Louis, Dauphin, père de Sa Majesté Louis XVIII. Ce prince fut un modèle de vertu dans cette royale famille où les vertus sont héréditaires. On ne lit point sans attendrissement tous les traits de sa vie qui peignent la beauté de son ame : courageux, humain, doux, affable, éclairé, pieux, constamment appliqué à ses devoirs, il emporta en mourant les regrets de la France entière. *Le ciel,* disoit son auguste mère, *ne m'a donné qu'un fils, mais il me l'a donné tel que j'aurois pu le souhaiter.*

** Louis XV assista en effet à ce siége. Le général Dawnitz, gouverneur de la ville de Coni, « arbora le drapeau blanc le 6 novembre, après deux mois de tranchée ouverte. »

L'infant don Philippe et le prince de Conti l'assiégeoient. Ce dernier, « qui étoit général et soldat, eut sa cuirasse percée de deux coups, et deux chevaux tués sous lui : il n'en parla point dans sa lettre au Roi. »

en feu de toutes parts, et je crois que la paix n'habite plus que dans les montagnes de Chastellux. Si vous pouvez nous la rapporter, quand vous viendrez en ce pays-ci, c'est un bien dont je ferai plus de cas que de tous les exploits militaires. Je vois avec plaisir approcher la fin de votre campagne, aussi bien que celle de nos guerriers. Ceux auxquels je m'intéresse le plus, ont recommencé à donner quelque signe de vie. L'aîné a écrit à mon fils, le cadet à M. de Fresnes : pour moi, je n'ai reçu que des *gélinoteaux* envoyés par l'homme du comte de Chastellux* à Givet, suivant l'ordre qu'il dit en avoir reçu. Je l'ai fait prier de ne plus se charger de pareilles commissions, et je viens d'écrire à votre fils que je ne suis point affamé de gélinoteaux, mais que je le suis fort de ses lettres. Quand pourrons-nous n'en avoir plus besoin? Entre nous ce ne sera jamais aussitôt que je le desire, ma chère fille, par la tendresse dont je suis rempli pour vous, et pour tous les aimables compagnons de votre solitude, que j'embrasse ici de tout mon cœur.

* Petit-fils de M. le Chancelier.

A LA MÊME.

A Fontainebleau, le 6 octobre 1744.

J'APPRENDS avec beaucoup de plaisir, ma chère fille, que vous avez fait très-heureusement votre course jusqu'à Ragennes, et je ne doute pas que M. l'évêque d'Auxerre * n'ait été fort aise de vous y recevoir avec votre aimable suite. Il faut bien qu'il ferme les yeux sur la conduite d'un chanoine marié, qui tient néanmoins le premier rang dans son église**. Après tout, comme la chanoinesse*** que vous lui avez présentée est aussi unique en son genre que le canonicat de son mari, M. d'Auxerre n'a pas tro pà craindre les conséquences de cet exemple.

* M. Charles-Gabriel de Caylus.

** César-François, comte de Chastellux, colonel du régiment d'Auvergne, brigadier d'infanterie, mort en 1749, étoit chanoine héréditaire de la cathédrale d'Auxerre. (*Voyez* la note de la page 234 de ce second volume.)

*** Olympe-Élisabeth du Thil, fille unique de M. le marquis du Thil. (*Voyez* la note de la page 360 de ce second volume.)

Il vous reste à présent d'achever votre voyage aussi heureusement que vous l'avez commencé; et ce que vous pouvez faire de mieux est de passer le mauvais temps à Ragennes, et de prendre le beau pour aller célébrer l'entrée de la nouvelle chanoinesse à Chastellux, où elle sera reçue avec encore plus d'acclamation qu'à Ragennes. Mais il est bien juste qu'elle vous épargne la peine de m'en faire le récit; c'est bien assez que vous m'ayez envoyé la relation de la moitié de votre voyage, et je compte que ce sera d'elle que je recevrai la relation de la seconde partie. Je sens comme vous toute la peine de notre séparation; mais comme elle est nécessaire pour votre famille, il faut se consoler par l'espérance que vous me donnez qu'elle ne sera pas longue. Je ne doute pas que nous ne voyions bientôt arriver ici votre fils aîné. L'armée de Flandre se sépare, et je crains que nous ne gardions pas long-temps un époux impatient de revoir une épouse si aimable. Je l'embrasse comme vous, ma chère fille, aussi bien que vos deux enfans, et je vous souhaite à tous santé, gaieté, utilité dans le séjour que vous allez faire loin de nous.

Si cette lettre vous trouve à Ragennes, je

vous prie, en faisant encore mille complimens à M. l'évêque d'Auxerre, de lui demander pour moi un exemplaire de son mandement sur le jubilé. Je n'ai rien lu de plus beau sur les indulgences, ni de mieux écrit, et je crains qu'on ne m'oblige à restituer celui que j'ai presque volé.

Je vous envoie le récit abrégé d'un nouvel avantage remporté dans le Piémont, qui fait un grand plaisir en ce pays-ci.

A LA MÊME.

A Paris, le 6 novembre 1744.

Je fus fort surpris et fort aise en même temps, ma chère fille, de voir, avant-hier au soir, M. de Beauvoir entrer dans mon cabinet. Je ne m'attendois pas qu'on permît sitôt aux officiers de l'armée de Flandre de revenir en ce pays-ci; mais il me dit que tous les officiers de son régiment avoient reçu leurs semestres à Cambrai, où ils étoient, et qu'il étoit parti comme les autres. Vous jugez bien que je ne suis pas tenté de le renvoyer; mais je vois que nous ne le garderons pas longtemps, par la grande envie qu'il a de vous aller rejoindre à Chastellux. Je n'aurois pas été fâché, cependant, qu'il eût pu voir exécuter tout ce que l'on prépare ici pour la réception la plus brillante qu'on ait peut-être jamais faite à un Roi. Mais le retour de Sa Majesté, ou plutôt le moment de ce retour, demeure toujours incertain, de même que celui de la fin du siége de Fribourg*.

* « On fut obligé de détourner la rivière de Tréseim,

Il paroît cependant, par les dernières nouvelles, que tout est en état pour faire la descente du fossé et donner l'assaut; c'est ce qui peut même être fait à présent. On ne doute guère que le commandant n'ait pris le parti de le soutenir, et l'on croit même qu'il a fait des coupures et des retranchemens pour disputer encore le terrain pendant plusieurs jours; après quoi il se retirera peut-être dans les châteaux, qu'on ne compte pas de prendre autrement que par la famine: mais cela ne retardera pas le retour du Roi*.

et de lui ouvrir un canal de 2,600 toises; mais à peine ce travail fut-il achevé qu'une digue se rompit, et on recommença: on travailloit sous le feu des châteaux de Fribourg; il falloit saigner à-la-fois deux bras de la rivière : les ponts construits sur le canal nouveau furent dérangés par les eaux; on les rétablit dans une nuit, et le lendemain on marcha au chemin couvert sur un terrain miné et vis-à-vis d'une artillerie et d'une mousqueterie continuelles. Cinq cents grenadiers furent couchés par terre, tués ou blessés; deux compagnies entières périrent par l'effet des mines du chemin couvert, et le lendemain on acheva d'en chasser les ennemis, malgré les bombes, les pierres et les grenades dont ils faisoient un usage continuel et terrible. Il y avoit seize ingénieurs à ces deux attaques, et tous les seize y furent blessés. » *(Précis du siècle de Louis XV.)*

* Il ne revint à Paris qu'après la prise de Fribourg. La ville se rendit le 6 novembre et les châteaux le 25.

Nous en saurons peut-être davantage aujourd'hui ou demain; et s'il faut nous détacher de M. de Beauvoir, ce ne sera qu'à condition qu'il vous ramenera bientôt en ce pays-ci. Je compte que votre fils aîné y arrivera aussi bientôt, comme il me l'a annoncé par sa dernière lettre, et que nous lui donnerons la même commission qu'à M. de Beauvoir. Vous serez charmée, ma chère fille, de vous retrouver avec tous vos enfans, et je ne le serai pas moins quand j'aurai le plaisir de vous revoir avec eux.

A LA MÊME.

A Paris, le 10 novembre 1744.

Les choses ont bien changé de face, ma chère fille, depuis la lettre que je vous écrivis hier matin. M. le duc de Péquigny* passa à Paris sur les deux heures après midi, envoyé par le Roi, pour faire part à la Reine de la reddition de Fribourg, que nous regardions tous ici comme devant se défendre encore huit jours au moins. Vous trouverez le détail de ce qui s'est passé dans ces événemens, tel que je l'ai appris hier et aujourd'hui par des bulletins ou par des lettres du 5 et du 6 de ce mois. Le Roi est parti d'hier pour aller coucher à Huningue, et Sa Majesté a écrit qu'elle comptoit d'arriver à Paris vendredi

* Michel-Ferdinand d'Albert d'Ailly, duc de Péquigny, fils de M. le duc de Chaulnes. Il étoit alors aide-de-camp du Roi, et eut l'honneur de suivre Sa Majesté en cette qualité dans toutes ses campagnes. Il contribua au gain de la bataille de Fontenoy : c'est lui qui fut chargé de faire pointer les quatre pièces de canon qui attaquoient de front la fameuse colonne angloise.

prochain ou samedi au plus tard. Si c'est le vendredi, il ira le samedi entendre la messe à Notre-Dame, le dimanche dîner à l'hôtel-de-ville, le lundi chasser au bois de Boulogne, le mardi entendre la messe à Sainte-Geneviève, et le mercredi il partira pour Versailles. Je n'ai pu me résoudre, dans ces circonstances, à laisser partir votre fils de Beauvoir, quoiqu'il y fût tout déterminé; et comme c'est ici une espèce d'occasion unique, dont le spectacle singulier ne retardera son départ que de quatre ou cinq jours, je m'imagine que vous me pardonnerez de l'avoir retenu. Je me hâte de vous l'écrire, afin que vous ne soyez point en peine de ne le pas voir arriver dans le temps que vous vous y seriez attendue; et j'ai été tellement détourné aujourd'hui, que j'ai à peine le temps de vous assurer, ma chère fille, de toute la tendresse dont je suis rempli pour vous et pour vos enfans.

Je suis obligé de vous écrire dès ce soir, parce que demain matin je dois aller à Versailles, faire mes complimens à la Reine.

Le Roi a nommé M. le marquis de la Fare* chevalier d'honneur de Mme la Dauphine.

* Philippe-Charles de la Fare, fils de l'ami de Chaulieu,

A Mlle HENRIETTE DE FRESNES.

A Versailles, le 4 janvier 1745.

VOTRE belle écriture, ma chère fille, et votre style, qui me plaît encore plus, me font commencer très-agréablement l'année. Je suis charmé de voir avec quelle légèreté vous ne faites qu'un saut de votre âge à l'antiquité la plus reculée, et du cloître de Saint-Denis jusqu'à l'Égypte et à Carthage. Comment le caractère des habitans de cette ville pourroit-il vous plaire? Vous êtes née trop vraie pour supporter la mauvaise foi, même dans Annibal, et je ne doute pas que vous ne soyez l'admiratrice des vertus encore plus que des victoires de son rival Scipion l'Africain, dont je voudrois bien voir le portrait tracé de votre main.

de ce marquis de la Fare assez heureux pour s'être immortalisé par quelques vers charmans que leur mérite grave de bonne heure dans la mémoire de tous les amis de notre poésie. M. le marquis de la Fare, dont M. le Chancelier parloit, fut fait maréchal de France en 1746, et mourut en 1752.

Je vois que l'Égypte vous plaît plus que Carthage, et la préférence que vous lui donnez est une preuve de votre jugement. Je ne sais cependant si l'on peut accuser les Égyptiens de n'avoir pas connu le vrai Dieu; peut-être m'apprendrez-vous dans la suite qu'ils ont voulu seulement le cacher sous des images mystérieuses, qui ont porté un peuple grossier à prendre la figure pour la réalité. J'espère que vous me ferez retrouver bientôt tout ce que j'ai oublié sur ce sujet, et je m'attends qu'avec le goût que vous avez pour l'Égypte, vous m'écrirez incessamment en caractères *hiéroglyphiques*. Vous ne serez point effrayée d'un mot qui pourroit faire fuir toutes les pensionnaires de votre maison, si vous ne les rassuriez; et quand vos caractères seroient encore plus difficiles à déchiffrer que ceux des prêtres d'Égypte, je démêlerai toujours les sentimens de votre cœur pour moi. Vous ferez croître aussi toujours les miens pour vous, ma chère fille, par les progrès de votre esprit, de votre raison, de votre sagesse, et je n'aurai bientôt plus d'expressions pour vous faire connoître toute la tendresse dont je suis rempli pour vous.

A LA MÊME.

A Paris, le 27 février 1745.

PUISQUE vous lisez l'Écriture sainte, ma chère fille, vous aurez vu *que les présens aveuglent les sages mêmes*, et c'est ce que vous me faites éprouver. Je dois une réponse au compliment que vous m'avez fait sur le mariage du comte de Chastellux *, et je différois, à la vérité assez malgré moi, de vous la faire. Vos pains de citron sont arrivés, et j'ai trouvé sur-le-champ le temps qui m'avoit manqué jusque-là pour vous répondre. Après tout, si vous avez voulu me corrompre par vos présens, la corruption est si innocente et si aimable même, que je m'y livre avec un grand plaisir. Je suis ravi de voir que vous savez *pâtisser* aussi bien qu'écrire, et que vous cherchez de si bonne heure à imiter les mœurs des femmes et des filles des patriarches. Vous me permettrez

* Il venoit d'épouser la fille de M. le marquis du Thil, dont nous avons parlé dans la troisième note de la page 350.

cependant de préférer toujours les ouvrages de votre esprit à ceux de vos doigts; il faut bien qu'après avoir flatté mon goût par des alimens sensibles, vous en donniez de spirituels à mon ame. Si j'étois capucin, je vous dédierois un livre qui auroit pour titre *la Boulangerie spirituelle*, et je vous laisse à penser combien il sortiroit de jolies choses du froc d'un capucin sur cette matière. En attendant, je partagerai l'ouvrage de vos mains entre nos nouveaux mariés, qui ont grande envie d'aller recevoir eux-mêmes vos complimens. Le temps froid, et l'absence de votre papa, qui s'en est allé à la campagne, me privent du plaisir que je me faisois de vous voir ici un des jours gras; mais j'espère de m'en dédommager bientôt, et d'avoir la satisfaction d'embrasser *la disciple* de M. Rollin, et, ce qui vaut beaucoup mieux, celle de l'Écriture sainte, où je ne doute pas que vous n'acquériez une science fort supérieure à celle de bien pâtisser, et qui redoublera toujours de plus en plus la tendresse dont mon cœur est rempli pour vous, ma chère fille, au-delà de toute expression.

A LA MÊME.

A Paris, le 24 septembre 1745.

Je reçois votre compliment, ma chère fille, aussi joyeusement que vous me le faites. Si la petite sœur* qui vient de vous arriver vous ressemble un jour, je n'aurai rien à desirer : votre papa, s'il m'en croit, se reposera sur vous du soin de son éducation, et vous établira sa petite maman. Vous me paroissez fort propre à en soutenir le caractère, et vous en aurez sûrement la tendresse. Je suis fort aise de voir que vous trouviez *qu'il n'y a rien de si joli que d'avoir des frères et des sœurs :* si cela est, j'espère que vous aurez satisfaction. Pour moi, je trouve qu'il est charmant de recevoir des lettres aussi aimables que les vôtres : mais ne croyez pas que je me contente d'un compliment fait par écrit ; je veux le recevoir de vous-même, ma chère fille, et avoir le plaisir de vous assurer aussi moi-

* Elle étoit née le 15 août précédent. C'est celle qui épousa M. le président Bochart de Saron.

même de toute la tendresse dont je suis rempli pour vous.

A M.me LA COMTESSE DE CHASTELLUX.

A Fresnes, le 25 novembre 1745.

Je reçus votre lettre, ma chère fille, la veille de mon départ de Fontainebleau; et le seul jour que j'aie passé à Paris fut si chargé d'affaires ou de distractions, que je n'ai pu trouver qu'ici le temps de vous faire réponse. J'y suis venu moins pour me promener que pour arranger les ouvrages qui se feront pendant l'hiver. Nous y avons eu un temps passable pour la saison, et même un fort beau jour; les deux derniers ne lui ont pas ressemblé; et un brouillard très-froid nous fait quitter sans regret le séjour de la campagne, pour retourner samedi à Versailles, où le Roi doit arriver demain. Pour vous, ma chère fille, vous vous trouvez si bien de vos rochers, que vous n'êtes pas tentée de les quitter sitôt. Je m'en étonne moins à présent que vous avez la compagnie la plus aimable pour vous; vous trouvez même le moyen de vous y donner des scènes plus divertissantes que celles qu'on voit sur les théâtres de la ville et de la cour. J'ai été bien tenté d'écrire à M.me votre belle-fille, qu'elle se défasse d'un imposteur qui s'étoit présenté à elle sous le nom de Chastellux, et que nous lui gardions ici le véritable; mais j'ai eu peur qu'elle ne trouvât la plaisanterie mauvaise : il faut pourtant qu'elle se prépare à s'entendre dire mille jolies choses sur son aventure comique, lorsqu'elle reviendra en ce pays-ci. Je souhaite que, pour s'en consoler, elle suive le bon exemple de M.me la Dauphine *, et qu'elle revienne de Chastellux dans le même état où on croit tou-

* Marie-Thérèse, infante d'Espagne. Elle avoit été mariée à M.gr le Dauphin le 15 février précédent, et mourut au commencement de 1746. Ce prince contracta l'année d'après une de ces alliances qui frappent l'esprit du vulgaire, incapable d'apprécier les intérêts politiques qui président aux mariages des grands. On lui choisit pour seconde femme la fille de celui qui avoit renversé du trône son grand-père. Cette union n'en fut pas moins fortunée : la nouvelle épouse mérita par ses vertus et sa touchante affabilité toute la tendresse du prince, et la vertueuse Reine de France ne cessa de la regarder comme sa fille chérie.

jours que cette princesse est revenue de Fontainebleau.

Où en êtes-vous pour la vente de vos bois? Voici le temps où vous devez naturellement prendre votre parti sur ce sujet; et comme vous écrivez que les bois de votre voisinage se vendent fort bien, j'espère que vous parviendrez à faire un bon marché pour vos enfans. Vous devez être bien contente des deux qui vous sont arrivés : je trouve qu'ils ont bien profité de leur campagne; et votre chevalier*, qui est un censeur assez rigide, me dit tous les jours que l'aîné s'est conduit à merveille dans son nouveau régiment, où il se fait extrêmement aimer. Vous serez obligée de nous le rendre bientôt, par rapport aux affaires de ce régiment, qui demanderont sa présence en ce pays-ci; mais j'espère que vous ne différerez pas long-temps de le suivre, et que j'aurai, dans le mois de janvier, le plaisir d'embrasser la mère, les enfans, et une belle-fille à laquelle je compte de présenter le portrait de son mari, pour soulager dorénavant sa mémoire, afin qu'elle serve mieux son

* Jacques-François, chevalier de Chastellux, qui devint colonel du régiment de Guienne, infanterie.

cœur. Le mien ne peut exprimer tout ce qu'il sent pour elle et pour tout ce qui habite Chastellux, à commencer, comme de raison, par vous, ma chère et très-chère fille. Je ne vous dis rien sur les vues que j'avois pour le petit Beauvoir, parce que je ne m'attends pas à rien avoir pour lui dans le moment présent; mais M. d'Argenson me paroît bien disposé, et il faut toujours retenir date; c'est une espèce de titre pour obtenir que d'avoir été refusé.

A M.LLE HENRIETTE DE FRESNES.

A Versailles, le 1.er janvier 1746.

JE commence très-agréablement cette année, ma chère fille, par le plaisir de répondre à une lettre aussi aimable que la vôtre. Votre cœur l'a finie comme il l'avoit commencée, et c'en étoit assez pour me la faire trouver charmante.

Les réflexions que votre esprit y a mêlées n'y ont rien gâté; et quoique la Grèce n'ait pas été regardée autrefois comme un pays ennuyeux, je ne suis pas surpris que vous vous lassiez de voir renouveler toujours des guerres, souvent assez peu intéressantes, entre les Athéniens et les Lacédémoniens. Je vois bien qu'il vous faut un plus grand spectacle pour vous amuser. Philippe, roi de Macédoine, en est informé; et vous le verrez bientôt paroître sur la scène pour dissiper votre ennui, jusqu'à ce que son fils Alexandre, qui se prépare à jouer un plus grand rôle, vienne fixer encore plus votre attention. Mais si vous n'aimez pas la jalousie qui a excité tant de guerres entre les Athéniens et les Lacédémoniens, que direz-vous de l'ambition qui a armé et Philippe et Alexandre contre la liberté de la Grèce? Il faut bien que je vous fasse des questions à mon tour, ma chère fille, puisque c'est vous qui m'attaquez la première par celles que vous me proposez. Croyez-vous donc que ce soit une bagatelle de prendre parti entre Sparte et Athènes, comme s'il s'agissoit de choisir entre un ruban rouge et un ruban bleu? Voilà de quoi on est ordinairement occupé à votre âge; mais puisque vous portez vos vues plus haut, je vous dirai, pour ne point me brouiller avec l'une ou l'autre des deux plus célèbres républiques de la Grèce, que celle de Sparte me paroît meilleure pour les hommes, et celle d'Athènes pour les dames. Après cela, duquel de ces deux objets le fondateur d'une république doit-il être le plus occupé? Est-ce des hommes? est-ce des femmes? C'est une question que je vous laisse à résoudre. Le ferez-vous sans partialité? Je suis sûr au moins que vous n'imiterez pas la légèreté des Athéniens dans vos sentimens pour moi; vous me répondrez de leur constance, et j'ai trop de plaisir à le croire pour pouvoir en douter. Ne soyez pas moins persuadée, ma chère fille, de toute ma tendresse : elle ne fera que croître avec vous; et quoique vous vous piquiez de constance, j'espère que vous me permettrez cette espèce de changement.

A M.me LA COMTESSE DE CHASTELLUX.

A Paris, le 5 janvier 1746.

JE voudrois, ma chère fille, avoir pu mieux mériter les remerciemens que vous me faites. Si j'étois plus riche, mes enfans et mes petits-enfans s'en trouveroient bien, et c'est la seule raison qui pourroit me faire desirer une fortune un peu plus abondante. J'ai été fort édifié de la bonne volonté de votre fils de Beauvoir, et l'inutilité même de son voyage doit en augmenter le mérite. M. d'Argenson m'a paru fort content de le voir se présenter de si bonne grâce à un service qu'on n'exigeoit pas de lui. J'espère qu'il s'en souviendra, et que cela pourra contribuer à nous faire obtenir plutôt un régiment; je lui en ai parlé encore en dernier lieu, et je compte que vous serez bientôt à portée d'y travailler avec moi. Vous nous envoyez toujours d'avance votre belle-fille, et vous avez cru, avec raison, ne pouvoir la refuser à l'impatience que M. et Mme du Thil ont de la revoir. Son mari n'en dit rien, mais je crois qu'il n'en pense pas moins; je voudrois seulement qu'elle revînt avec quelque chose de plus que ce qu'elle a emporté de ce pays-ci; mais il faut s'abandonner sur cela, comme sur tout le reste, à la Providence.

Nos affaires ne vont pas aussi bien qu'elles alloient dans le temps que vos frères vous ont écrit. Le traité du roi de Prusse avec la reine de Hongrie *, qui ne paroît pas douteux, y met une grande différence; et l'entreprise du prince Charles ** en Angleterre est dans un état de crise

* Marie-Thérèse abandonna pour la seconde fois la Silésie au roi de Prusse, qui ne lui fit d'autre avantage que de reconnoître François Ier empereur. Ce traité de paix rendit très-fâcheuse la situation de la France.

** « Le prince Charles-Édouard étoit fils de celui qu'on appeloit le Prétendant ou le chevalier de Saint-George. On sait assez que son grand-père avoit été détrôné par les Anglois, son bisaïeul condamné à mourir sur un échafaud par ses propres sujets, sa quadrisaïeule livrée au même supplice par le Parlement d'Angleterre. Ce dernier rejeton

qui ne peut manquer de donner une grande inquiétude : c'est bien le cas de demander à Dieu qu'il élève son bras et qu'il juge sa cause.

de tant de rois et de tant d'infortunés attendoit dans Paris quelque occasion favorable, pendant que la France s'épuisoit d'hommes et d'argent en Allemagne, en France et en Italie. Les vicissitudes de cette guerre universelle ne permettoient plus qu'on pensât à lui ; il étoit sacrifié aux malheurs publics, lorsque, s'entretenant un jour avec le cardinal de Tencin, celui-ci lui dit : « Que ne tentez-vous » de passer sur un vaisseau vers le nord de l'Écosse? Votre » seule présence pourra vous former un parti et une ar- » mée ; alors il faudra bien que la France vous donne des » secours. » Ce conseil hardi, conforme au courage de Charles-Édouard, le détermina. Il ne fit confidence de son dessein qu'à sept officiers, les uns Irlandois, les autres Écossois, qui voulurent courir sa fortune, et il s'embarqua, le 12 juin 1745, sur une frégate de dix-huit canons qui appartenoit à un négociant de Nantes, nommé Walsh, d'une famille noble irlandoise attachée à la maison de Stuart. Ce prince n'avoit, pour une expédition dans laquelle il s'agissoit de la couronne de la Grande-Bretagne, que sept officiers, environ dix-huit cents sabres, douze cents fusils et quarante-huit mille francs.......... Il débarqua dans un petit canton de l'Écosse appelé le Moydart. Quelques habitans auxquels il se déclara se jetèrent à ses genoux : « Mais que pouvons-nous faire, lui dirent- » ils? Nous n'avons point d'armes, nous sommes dans la » pauvreté, nous ne vivons que de pain d'avoine, et nous » cultivons une terre ingrate. — Je cultiverai cette terre

A M.lle Henriette DE FRESNES.

A Paris, le 4 mars 1746.

C'est votre faute, ma chère fille, si je ne vous écris pas aussi souvent que vous le vou-

» avec vous, répondit le prince; je mangerai de ce pain, » je partagerai votre pauvreté, et je vous apporte des » armes. »........ D'abord vainqueur, ensuite vaincu et malheureux, il revint en France le 10 octobre 1746, après avoir échappé à mille dangers. Mais « le prince Édouard ne fut pas alors au terme de ses calamités; car, se voyant obligé à la fin de sortir de France pour satisfaire les Anglois, qui l'exigèrent dans le traité de paix, son courage, aigri par tant de secousses, ne voulut pas plier sous la nécessité : il résista aux remontrances, aux prières, aux ordres, prétendant qu'on devoit lui tenir la parole de ne le pas abandonner. On se crut obligé de se saisir de sa personne; il fut arrêté, garrotté, mis en prison, conduit hors de France. Ce fut là le dernier coup dont la destinée accabla une génération de rois pendant trois cents années.

» Charles-Édouard, depuis ce temps, se cacha au reste de la terre (il alla se réfugier à Avignon, où le légat du pape lui rendit de grands honneurs). Que les hommes privés, qui se plaignent de leurs petites infortunes, jettent les yeux sur ce prince et sur ses ancêtres! » (Voltaire, *Précis du siècle de Louis XV.*)

driez : pourquoi faites-vous des lettres si savantes, que le temps me manque pour y bien répondre? Vous me transportez tantôt à Lacédémone, tantôt à Athènes; tout de suite vous me faites remonter aux patriarches et descendre aux pères du désert : il faudroit avoir des ailes pour vous suivre, et vous croyez que j'ai à peine dix ans comme vous. Qu'ai-je à faire, après tout, d'aller courir à Sparte ou à Athènes? Vous y voyagez pour moi, et les jeunes yeux voient plus clair que les vieux. Je ne suis pas surpris que la triste austérité de l'une vous paroisse avoir quelque chose de farouche, et que les mœurs plus douces de l'autre vous la rendent plus aimable. Mais pourquoi voudrois-je en faire le parallèle, et décider entre elles de la préférence? J'espère, ma chère fille, de les voir réunies en votre personne : vous me donnez déjà les agrémens d'Athènes, et vous y joindrez un jour la solidité de Sparte. Je trouve seulement que vous n'êtes pas trop juste à l'égard de votre sexe, quand vous avez l'humilité de donner tant d'avantage aux hommes sur les femmes. Retournez à Sparte; vous y verrez des Lacédémoniennes non moins illustres que leurs maris, et ce sera peut-être un moyen de vous y réconcilier avec la république qui les a produites. Mais je m'imagine que vous n'avez plus à présent que du mépris pour toutes les républiques profanes, et que votre horreur pour l'ambition, qui a été leur vice commun, est ce qui vous a fait chercher, dans les déserts de la Thébaïde et de l'Égypte, cette société de saints solitaires dont vous me paroissez toute occupée. Seriez-vous donc tentée de vous faire anachorète à leur exemple? J'ai assez de peine à le croire; j'en aurois encore plus à y consentir, par des sentimens peut-être humains, mais qui m'attachent plus tendrement à vous, ma chère fille, que je ne puis vous l'exprimer.

Il m'a paru que vous goûtiez fort l'Histoire de Josephe, et je me suis imaginé que vous seriez bien aise de l'avoir en propre. Si vous aimez quelque autre livre, je serai charmé de commencer votre petite bibliothèque; mais je compte que vos écrits en seront le principal ornement. Il m'est venu dans l'esprit de vous donner une petite écritoire que vous pourrez mettre, si vous le voulez, dans votre poche, afin que le public ne perde aucune des pensées qui se présenteront à vous, en quelque lieu que vous soyez. J'espère y avoir quelque part, et il est bien juste que vous vous souveniez quelquefois d'un grand papa qui pense toujours à vous.

A LA MÊME.

A Fontainebleau, le 27 octobre 1746.

IL y a long-temps, ma chère fille, que votre belle écriture n'avoit paru à mes yeux, et j'ai été très-aise de la recevoir à l'occasion de la naissance du petit cousin que M.me de Chastellux vient de vous donner si heureusement; la joie que vous en avez augmente la mienne: je souhaite qu'il vous ressemble un jour, et que ma nouvelle qualité de bisaïeul me donne autant de plaisir que celle de grand-père d'une petite-fille telle que vous. Je ne doute point de votre tendresse pour moi; mais, vous avez beau vous en vanter, je ne croirai jamais qu'elle puisse égaler celle que je sens pour vous; vous savez qu'on dit que l'amitié descend et qu'elle ne remonte point. Si vous avez de bonnes raisons pour combattre ce vieux préjugé, je serai charmé que vous me les expliquiez. En attendant, laissez-moi jouir du plaisir de penser que je vous aime, ma chère fille, encore plus tendrement que vous ne sauriez m'aimer.

A M. PREVOST DE LA JANNÈS.

A Paris, le 12 janvier 1747.

Monsieur, j'ai parcouru avec plaisir les essais que ceux qui étudient sous vous le droit françois, font sur les principes de ce droit, en préparant ainsi eux-mêmes la matière des examens qu'ils subissent en public. Vous avez tout le mérite de ce nouvel usage *, dont je crois

* Prevost de la Jannès conçut, l'un des premiers, cette idée si féconde en grands résultats, que la jurisprudence ne peut être utilement enseignée ni bien apprise qu'autant qu'on la rattache aux préceptes du droit divin et aux principes de l'équité naturelle. Ses leçons n'eurent jamais d'autre base. Le premier aussi il établit, parmi ses élèves, l'usage des *conférences*, et il faisoit rédiger par chacun d'eux, en traités abrégés, mais méthodiques, les matières qui devoient être l'objet de leurs actes probatoires. Telle étoit l'heureuse innovation, qui valut à Prevost de la Jan-

qu'aucun de ceux qui enseignent le droit françois ne vous a donné l'exemple. Non-seulement vous obligez par-là ceux qui prennent vos leçons à s'y appliquer plus fortement, mais vous excitez entre eux une émulation qui ne peut que leur être fort utile, et dont le public profitera un jour. Continuez donc de suivre une méthode qui vous a si bien réussi, et qui mérite fort d'être imitée dans les autres facultés de droit, sans vous embarrasser des critiques de ceux qui portent trop loin leur prétention pour le droit romain : vous leur fermez la bouche avec raison, en leur disant que le droit est la base et le fondement de toute bonne jurisprudence, mais qu'il ne suffit pas seul pour former un bon avocat ou un digne magistrat. Ce seroit cependant aller un peu trop loin, de prétendre que le droit françois est la fin de l'étude de l'un et de l'autre, et que le droit romain n'est que le moyen.

Les questions que l'on juge par les principes de ce droit, qui est comme l'interprète du droit naturel, sont beaucoup plus fréquentes que celles qui se décident par le droit coutumier;

nès les éloges que M. le Chancelier lui donna dans cette lettre.

et, dans l'application même que l'on fait de ce droit aux cas particuliers, on est encore obligé de faire souvent usage des règles écrites dans les lois romaines. Ainsi ce que l'on peut dire de plus correct lorsque l'on compare la connoissance du droit écrit avec celle du droit coutumier, et ce que vous en dites vous-même, est que ce sont deux sciences qu'il ne faut point séparer, et qui doivent se prêter un secours mutuel.

Je suis, Monsieur, votre affectionné à vous servir*.

* M. le président de la Place de Montevray a bien voulu nous communiquer cette lettre, dont il possède l'original.

A M.lle Henriette DE FRESNES.

A la Malmaison, le 15 septembre 1747.

Je me reproche fort, ma chère fille, le trop long silence que je garde envers vous, et je ne serois pas étonné, encore moins fâché, si votre cœur en murmuroit. Le mien n'est pas plus à son aise, quand il ne vous donne pas des marques de sa tendresse ; vous ne perdez aucune occasion de la réveiller, quoiqu'elle n'en ait pas besoin, et j'ai reçu avec plaisir le compliment que vous m'avez fait à l'occasion d'une nouvelle petite sœur que M.me de Fresnes vous a donnée *. Je me console de ce que ce n'est pas un petit frère, parce que vous n'auriez pu vous charger de l'élever, au lieu que vous pourriez bien être chargée de l'éducation de la cadette comme vous l'êtes déjà de celle de l'aînée. Si le nombre en augmente encore, vous aurez à la fin de quoi fonder une

* Claire-Geneviève-Pauline. *Voyez* la note de la page 274.

jeune communauté, dont je ne sais pourtant pas si vous aurez envie d'être l'abbesse. On dit que vous en avez les talens et que vous remplissez à merveille le personnage de petite maman à l'égard de la sœur qui est confiée à vos soins. Tâchez de la rendre aussi aimable que vous, ma chère fille : on m'assure qu'elle le devient tous les jours de plus en plus, depuis qu'elle est entre vos mains. Je n'en suis pas surpris; mais ce qui m'afflige est de n'en pouvoir pas juger par moi-même. J'espère cependant obtenir de M. de Fresnes qu'il me procure bientôt ce plaisir, et je ne saurois en avoir de plus sensible pour moi que lorsque je pourrai vous dire moi-même jusqu'où va la tendresse dont je suis rempli pour vous, ma chère fille.

A M.LLE DE CHASTELLUX

(DEPUIS MARQUISE DE LA TOURNELLE*).

A Fontainebleau, le 9 novembre 1747.

VOUS remplissez fort bien, ma chère fille, la fonction de secrétaire de votre mère, et vous me faites presque desirer qu'elle soit souvent paresseuse à m'écrire elle-même. J'ai appris par votre lettre qu'elle étoit arrivée fort heureusement à Chastellux. Il me semble qu'elle arrange tellement son voyage, qu'elle prend les beaux jours pour les lieux où elle séjourne, et qu'elle garde les mauvais pour le temps de sa marche. Si elle vouloit bien choisir votre bonne tête pour son conseil, au lieu de ne se servir que de votre plume, je m'imagine qu'elle s'en trouveroit mieux.

Nous nous préparons à quitter, mardi prochain, sans beaucoup de regrets, le séjour de

* Marie-Judith, mariée, en février 1749, à M. le marquis de la Tournelle, qui devint (en 1762) capitaine des gendarmes d'Orléans.

Fontainebleau. Vous habiterez plus long-temps celui de Chastellux, et nous vous y envoyons pour fort aimable compagnie, deux frères que j'ai été charmé de revoir; et M. de Beauvoir, qui vient d'arriver ici dans le moment, et qui ne peut y passer que comme voyageur, sera le porteur de cette lettre. Il a eu quelques accès de fièvre dont il est bien guéri : il ne lui en reste qu'un peu de maigreur; mais il va se mettre en mue à Chastellux, d'où j'espère que vous nous le renverrez bien gras quand il aura son congé pour nous revenir trouver. Vous aurez aussi bientôt le plaisir de revoir le comte de Chastellux, grand joueur de *comète;* je crois qu'on ne l'oublie point à Chastellux. Vous y apprendrez encore de meilleures choses, ma chère fille, et je suis bien sûr que vous ferez toujours croître, s'il est possible, la tendresse dont je suis rempli pour vous.

A LA MÊME.

A Versailles, le 3 janvier 1749.

L'IMPORTUNITÉ des lettres de bonne année a ses exceptions, ma chère fille, et vous méritez bien que j'en fasse une en votre faveur. Je ne regarde point vos lettres comme de simples complimens dictés par l'usage et par une mode qui, pour être fort ancienne, n'en est peut-être pas meilleure; je les reçois comme une expression fidelle des sentimens de votre cœur, et son langage ne peut que me faire grand plaisir. J'aimerois mieux, à la vérité, l'entendre parler par votre bouche que par votre plume; mais il faut laisser à votre digne mère le temps d'arranger les affaires de l'aimable famille que Dieu lui a donnée, et se contenter de vous dire de loin, ma chère fille, qu'on ne peut rien ajouter à la tendresse dont je suis rempli pour vous.

Mille amitiés à tous les habitans de Chastellux, à commencer par la mère. Je suis dans mon tort à l'égard du chevalier*; j'espère de le réparer bientôt.

A LA MÊME.

A Versailles, le 28 janvier 1749.

C'EST à l'auteur de tout bien, ma chère fille, que vous devez rendre grâce d'un établissement* où il semble que la conduite de la Providence est clairement marquée. J'ai eu trop de plaisir à y contribuer de loin, en quelque manière, pour en recevoir des remerciemens. Je prie Dieu d'achever son ouvrage et de vous faire jouir de tout le bonheur qu'on peut se promettre d'un pareil mariage. Vous le mériterez, sans doute, de plus en plus, par une vertu dont vous êtes destinée à avoir toujours l'exemple des deux côtés devant vos yeux. Je ne suis pas moins persuadé de l'at-

* Le chevalier de Chastellux n'avoit que seize ans lorsqu'il fut tué sur mer, d'un coup de canon.

* Elle alloit épouser M. le marquis de la Tournelle. (*Voyez* la note de la page 381.)

tention que vous aurez continuellement à plaire à une belle-mère* qui joint à une piété si solide, des procédés aussi nobles que ceux qu'elle a eus en cette occasion : c'est ici une alliance qui est vraiment selon mon cœur. Mes vœux vous suivront dans le lieu où elle sera entièrement formée, puisqu'il m'est impossible d'y être présent. Je vous souhaite par avance, ma chère fille, les bénédictions du ciel et de la terre ; vous n'en aurez jamais autant que ma tendresse pour vous me le fait desirer.

* M.me de la Tournelle étoit sœur de Jean Baillon de Cervon, maître des requêtes, qui fut ensuite intendant de la Rochelle et de Lyon.

A M.ME LA MARQUISE DE LA TOURNELLE.

A Paris, le 17 février 1749.

J'AIMOIS beaucoup M.lle de Chastellux, mais il me semble que j'aime encore mieux M.me la marquise de la Tournelle. J'ai été charmé de voir ces deux noms au bas de la lettre que vous m'avez écrite, ma chère fille; j'aurois été encore plus aise d'en voir célébrer l'union. Soyez aussi heureuse que je le desire et qu'il y a lieu de l'espérer, par tout ce que mon fils m'a dit de l'aimable époux que le ciel vous a donné. Je ne doute pas que vous ne fassiez son bonheur, comme il fera le vôtre; je voudrois avoir pu vous donner encore de plus grandes marques de la joie que j'ai d'un mariage qui remplit tous mes vœux. C'est une satisfaction que vous ferez croître tous les jours; mais je doute fort que vous puissiez augmenter la tendresse dont mon cœur est rempli pour vous, ma chère fille, au-delà de toute expression.

Je dois des réponses à M. de Chastellux et à

M. de Beauvoir; mais, après quatre lettres que vous me faites écrire aujourd'hui, j'espère qu'ils se contenteront que je vous prie de leur renouveler mes complimens, en attendant que je m'acquitte à leur égard de deux réponses qu'ils n'attendront pas long-temps.

A LA MÊME.

A Compiègne, le 7 juillet 1749.

Les complimens que vous me faites, ma chère fille, sur le second petits-fils que M.me de Fresnes vient de me donner, augmentent la joie que j'en ai : c'est une nouvelle marque de votre amitié, et vous savez combien je suis charmé d'en recevoir. Je suis bien éloigné de vous souhaiter des souffrances; mais comme vous en êtes menacée dans l'état d'ailleurs si heureux où vous vous trouvez, je souhaite de bon cœur que, si cela arrive, vous vous en tiriez aussi heureusement que M.me de Fresnes, et que vous suiviez un si bon exemple. Je suis bien sûr au moins que M. de la Tournelle ne blâmera point ce souhait.

Vous jouissez à présent du plaisir de vous voir avec lui à Chastellux, avec une mère dont il fait comme vous les délices. Je voudrois bien pouvoir les partager avec elle; mais, puisque cela ne m'est pas possible, revenez tous au moins, le plutôt que vos affaires vous le permettront, me donner la satisfaction de voir toute ma famille réunie auprès de moi, et de pouvoir vous assurer moi-même, ma chère fille, de tous les sentimens qui m'attachent tendrement à vous.

FIN.

www.ingramcontent.com/pod-product-compliance
Ingram Content Group UK Ltd.
Pitfield, Milton Keynes, MK11 3LW, UK
UKHW022327190726
13856UKWH00001B/255

9 782011 953